Acción de Enriquecimiento
y
Acción de Enriquecimiento Cambiario

2ª edición, actualizada, corregida y aumentada

Volumen I
Partes General y Especial

Diego Buitrago Flórez

ISBN 979-8705286386

Segunda edición

© Diego Buitrago Flórez
Email: dibuflo@gmail.com

Primera edición 2011

A mi hija, a mi madre y a mi esposa.

ANOTACIONES A LA PRESENTE EDICIÓN

1ª.   En esta segunda edición, que consta de dos volúmenes, han sido revisadas y actualizadas las materias tratadas en la primera, quedando en tal forma integrada con las normas del Código General del Proceso y las más recientes sentencias de la Corte Suprema de Justicia (SC) y del Consejo de Estado (Sección Tercera) en relación con la acción de enriquecimiento, y puntualmente en relación con la acción de enriquecimiento cambiario.

2ª.   En el *infra* 28 del Volumen I se incluye una sencilla y útil tabla (de fácil consulta y manejo) sobre las formas de caducidad o prescripción de la acción cambiaria en los distintos instrumentos negociables.

3ª.   Incluye también comentarios (*infras* 72 a 76 mismo Volumen I) al salvamento de voto consignado en la sentencia de 9 de septiembre de 2013, en el cual se sostiene la tesis de que el término de prescripción de un año de la **actio in rem verso cambiario** consagrado en el artículo 882 del Código de Comercio debe comenzar a contarse a partir de la ejecutoria de la sentencia judicial que declara la prescripción de la acción cambiaria.

4ª   En consonancia con la nueva nomenclatura alfanumérica para la identificación de providencias adoptada por la Corte Suprema de Justicia, según Circular 04 de 2014, se emplean las siguientes siglas o abreviaturas:

CSJ	Corte Suprema de Justicia
C	Sala de Casación Civil
L	Sala de Casación Laboral
P	Sala de Casación Penal
PL	Sala de Casación Plena
A	Auto
S	Sentencia
T	Tutela

Se emplean también las siguientes abreviaturas:

C.C.	Código Civil
C.Co.	Código de Comercio
C.G.P.	Código General del Proceso
C.P.C.	Código de Procedimiento Civil
M.P.	Magistrado ponente

ÍNDICE GENERAL

Capítulo I

GENERALIDADES DE LA *ACTIO IN REM VERSO* Y DE LA *ACTIO IN REM VERSO CAMBIARIO*

Capítulo II

EVOLUCIÓN LEGISLATIVA DE LA *ACTIO IN REM VERSO CAMBIARIO*

Capítulo III

FORMAS DE CADUCIDAD Y PRESCRIPCIÓN DE LA ACCIÓN CAMBIARIA

Capítulo IV

PARTICULARIDADES DE LAS OBLIGACIONES NATURALES ÚTILES PARA EL ESTUDIO DE LAS MATERIAS AQUÍ TRATADAS

Capítulo V

Capítulo VI

ELEMENTOS CONSTITUTIVOS Y REQUISITOS DE LA *ACTIO IN REM VERSO COMÚN* Y DE LA *ACTIO IN REM VERSO* CAMBIARIO

Capítulo VII

LEGITIMACIÓN EN MATERIA DE *ACTIO IN REM VERSO CAMBIARIO*

Capítulo VIII

PARTICULARIDADES DE LA *ACTIO IN REM VERSO CAMBIARIO*

Capítulo IX

Capítulo X

OPTIMIZACIÓN DEL PROCESO

INTRODUCCIÓN

Según establece el artículo 882 (inciso 3°) del Código de Comercio, el descargo de un instrumento negociable, o título valor de contenido crediticio, a causa de la caducidad o prescripción de la acción cambiaria, conlleva la extinción de la obligación originaria o fundamental, *"no obstante"* –advierte el apartado final de dicho inciso 3°– el acreedor *"tendrá acción contra quien se haya enriquecido sin causa a consecuencia de la caducidad o prescripción. Esta acción prescribirá en un año"*.

La aludida acción, conocida como acción de enriquecimiento cambiario (o ***actio in rem verso*** cambiario), que forma parte del ordenamiento jurídico colombiano desde el 1° de enero de 1972, fecha en que comenzó a regir el Decreto-Ley 410 de 27 de marzo de 1971, por el cual fue expedido el Código de Comercio, constituye una institución compleja, que ha venido siendo promovida cada vez con mayor frecuencia, empero sin el éxito que sería de esperarse, debido en no pocos eventos a una inadecuada estructuración de la demanda, o al desacertado manejo de los intríngulis procesales originados en el parco conocimiento de la acción en mención, que, puede decirse, se encuentra todavía en fase de decantación, aparte de que acerca de la misma existe escasa doctrina, amén de insuficiente jurisprudencia.

El anterior estado de cosas mantiene vivo el interés por ahondar en el estudio de la ***actio in rem verso*** cambiario. Un ensayo (inicial) sobre el particular, elaborado por el autor de las

1

presentes líneas, fue publicado en la *Revista de Derecho Privado* número 21 (páginas 267 - 292), año 1998, de la Universidad De Los Andes. A ese momento la Sala de Casación Civil de la Corte Suprema de Justicia se había pronunciado en torno a la citada acción mediante apenas 8 providencias (7 sentencias y 1 auto), proferidas entre 1989 y 1995.

Entre el año en que fue publicado el referido ensayo (1998) y la fecha en que es editado el presente texto jurídico, la Corte ha proferido nuevas providencias sobre la materia (más de 15 sentencias), en algunas de las cuales se tratan tópicos no considerados antes, no pacíficos algunos, al punto que varios de ellos han sido objeto de sólidos salvamentos de voto, todo lo cual acrecienta el interés por continuar escudriñando en el estudio de la acción resarcitoria que le asiste al tenedor de un instrumento negociable descargado por caducidad o prescripción de la acción cambiaria.

Esta nueva versión (actualizada, corregida y aumentada), consta de dos volúmenes: *I. Partes General y Especial*; y *II. Jurisprudencia / Modelos de demandas / Solicitud de audiencia de conciliación prejudicial.*

El *Volumen I* incluye la disertación y análisis de temas de interés jurídico permanente y universal tales como: **actio in rem verso** común o general; aplicación de ésta en la jurisprudencia contencioso administrativa originada en el Consejo de Estado; **actio in rem verso** cambiario y evolución de la figura; formas de caducidad o prescripción de la acción cambiaria que dan lugar a

2

la *actio in rem verso* cambiario; la caducidad procesal, la caducidad cambiaria y la prescripción; elementos constitutivos y requisitos de la *actio in rem verso* común y de la *actio in rem verso* cambiario; legitimación por activa y por pasiva; y vicisitudes procesales y probatorias de la *actio in rem verso* cambiario.

De manera concreta se analizan temas polémicos, también de interés, como el inherente a si se requiere o no la declaración judicial de la caducidad o prescripción de la acción cambiaria a efectos de que se abra paso la *actio in rem verso* cambiario; el atinente a si es necesario o no que el deudor acepte que se ha producido la prescripción de la acción cambiaria ejecutiva para que proceda la *actio in rem verso cambiario*; y el concerniente a si el título valor descargado por caducidad o prescripción de la acción cambiaria es prueba suficiente de los elementos de la *actio in rem verso* cambiario y en particular de la obligación de restitución del enriquecimiento.

El *Volumen II* condensa a su turno una detallada y concordada reseña de providencias judiciales, con lo cual quedan identificadas las líneas jurisprudenciales alusivas a las distintas cuestiones allí tratadas, como lo son: el carácter autónomo de la acción, la carga de la prueba del enriquecimiento y del empobrecimiento correlativo, los límites al monto de la obligación de restitución, el momento en que comienza a correr el término de prescripción para el ejercicio de la acción, y la idoneidad probatoria del título valor descargado por caducidad o prescripción de la acción cambiaria. Contiene además dos modelos de demanda (con las correspondientes notas explicativas): uno sobre la *actio in rem*

3

verso cambiario como pretensión autónoma (no acumulada a otra), y el otro sobre la ***actio in rem verso*** cambiario acumulada, de manera subsidiaria, a la pretensión causal. Incluye, así mismo, un esquema de solicitud de audiencia de conciliación como requisito de procedibilidad de la acción.

Quizás resta por agregar que dichas minutas constituyen una herramienta útil para la consecución de los fines de la pluricitada acción que, como se anotó ya, suele no tener el éxito esperado debido en no pocos casos a una inadecuada estructuración del libelo de demanda.

Se someten, pues, a la discusión académica las ideas aquí contenidas. Cualquier opinión que se desee compartir será bien recibida en el correo electrónico *dibuflo@gmail.com*

Diario El Nuevo Siglo
Bogotá
(Edición de 2 de marzo de 2012)

Columna de opinión
Por *Horacio Gómez Aristizábal* (abogado, tratadista y escritor).

El enriquecimiento injusto

En una forma o en otra, el derecho nos envuelve por todas partes. En el derecho vivimos, nos movemos y somos. Todo el impuso de protesta, todo el afán de justicia, que muchas veces lleva a los peores excesos y a las más sangrientas conmociones sociales, se calma y se convierte en serena quietud, cuando se transforma en derecho. El despotismo cuando triunfa se transforma en violencia. La fuerza moral cuando se impone se vuelve regla jurídica. Estas normas son condensación de equidad y de equilibrio, de todos aquellos valores que el hombre, tras penoso esfuerzo va transformando en convivencia civilizada.

Tanto el derecho como la moral son obligatorios, pues nadie puede decir que no practica una moral siquiera unitaria.

Sobre el enriquecimiento injusto ha empezado a circular un denso libro -345 páginas, Librería Jurídica, del catedrático y experimentado litigante Diego Buitrago Flórez. El esclarecedor volumen titula Acción de enriquecimiento y acción de enriquecimiento cambiario. En el primer capítulo de la obra se lee lo que sigue: "... Nadie podrá enriquecerse sin causa a expensas de otro. Esta es la máxima consignada, a manera de mandato general en el artículo 831 del Código de Comercio, estatuto que de manera específica, en el inciso final del artículo 882, advierte que operado el descargo del título valor a causa de la caducidad o prescripción de la acción, el acreedor 'tendrá acción contra quien se haya enriquecido sin causa a consecuencia de la caducidad o prescripción. Esta acción prescribe en un año'".

El libro contiene 13 capítulos en que explica en forma pedagógica todas las incidencias, eventos y apreciaciones vitales que se desprenden de este apasionante tema. Diego Buitrago Flórez, con habilidad, amenidad y éxito, le hace fácil lo difícil al lector. El estudio de la obra se dirige fundamentalmente a la academia, a la universidad, a los docentes, litigantes y al público en general. Con orden y rigor se citan doctrinas jurisprudenciales y conceptos de maestros del derecho. Son macizos los planteamientos, claras las teorías y convincentes los argumentos.

A la hora de la verdad ley no es lo que ordena el legislador, sino lo que el tribunal o el juez decide en la sentencia. Este hecho real hace pensar muy en serio, sobre lo inconveniente de improvisar funcionarios para decidir pleitos de gran valor y complejidad, so pretexto de agilizar despachos y evacuar montañas de expedientes. La sabiduría, el dominio de la ley y el manejo de la prueba no están al alcance de cualquier empírico. Administrar justicia es algo problemático, complejo y muy difícil. Nadie confiaría una peligrosa ametralladora a un niño, a un demente o a un ignorante e irresponsable. La injusticia ha originado revoluciones.

Diario La Crónica del Quindío

(Edición de 12 de abril de 2012)

Columna de opinión

Por *Gabriel Echeverri González* (abogado y escritor)

"Donde termina la ley, empieza la tiranía". John Locke

Debo confesar mi alegría y orgullo personal al presentar este tratado (1) del abogado quindiano Diego Buitrago Flórez, conjuez del Tribunal Superior de Armenia, y aventajado discípulo del expresidente del Consejo de Estado Dr. César Hoyos Salazar.

Experto en derecho comercial y constitucional, Buitrago Flórez exhibe una destacada hoja profesional, donde se destaca su anhelo por contribuir en el estudio de temas jurídicos que ameritan profunda reflexión y análisis. Y ese es precisamente el interés que ocupa su inteligente estudio, ya reseñado por Ámbito Jurídico y el Nuevo Siglo, entre otros medios.

Desde la introducción, el autor señala su propósito: *"...conocida como acción de enriquecimiento cambiario —o actio in rem verso cambiario—, que forma parte del ordenamiento jurídico colombiano desde el primero de enero de 1972, fecha en que comenzó a regir el Decreto/ley 410 de 27 de marzo de 1971, por el cual fue expedido el Código de Comercio, constituye una institución compleja, que ha venido siendo promovida cada vez con mayor frecuencia, empero sin el éxito que sería de esperarse..."* (Pág. 17). Al desarrollar la actio in rem verso cambiario, el tratadista incursiona en asuntos como su evolución, formas de caducidad o prescripción; la caducidad procesal, la caducidad cambiaria y la prescripción; y las vicisitudes probatorias y procesales, entre otros temas.

En este caso, se trata de una ampliación muy elaborada, con bibliografía especializada y examen de las providencias de la Corte Suprema, de un ensayo previo publicado en la revista de Derecho privado de la universidad de Los Andes.

La tabla, a dos columnas —págs. 205 y siguientes—, en orden cronológico, de las providencias de la Sala de Casación Civil de la CSJ, en materia de actio in rem verso cambiario, muestra el rigor investigativo del autor. Algo similar debe decirse de la elaboración de finos y puntuales modelos de demandas con notas explicativas —págs. 291 y siguientes—, y modelo de demanda de acción causal y subsidiaria de actio in rem verso cambiario; es decir, todo a pedir de boca, en un manjar de inmensa utilidad para abogados, jueces, economistas y público en general.

El Quindío y Colombia tienen en un profesional como Diego Buitrago, un estudioso de valía, provisto de un serio propósito pedagógico y académico, invaluable para el avance de la ciencia del Derecho y que esperamos continúe en la línea investigativa en que está inmerso. Es claro que para los estudiantes que se asoman al estudio de estas asignaturas en el campo de la ciencia jurídica, será de enorme utilidad el aporte del abogado quindiano, por el esfuerzo que ha impreso a su estudio.

Recomiendo la lectura de este manual, porque es un ensayo

que mantiene vivo el interés por un tema novedoso, y por la variedad de criterios encontrados frente a la intención que le asiste o no al tenedor de un instrumento negociable, descargado por caducidad o prescripción de la acción cambiaria. Es una polémica actual que debe enriquecerse con este invaluable aporte.

(1) Diego Buitrago Flórez. Acción de enriquecimiento y acción de enriquecimiento cambiario. Comlibros 2011. 349 págs.

Capítulo I

GENERALIDADES DE LA *ACTIO IN REM VERSO* Y DE LA *ACTIO IN REM VERSO CAMBIARIO*

Sumario. 1. *Fundamento jurídico normativo.* 2. *Ninguna sentencia de la Corte de 19 de noviembre de 1930 versa sobre la* **actio in rem verso.** 3. *Orígenes del principio que prohíbe enriquecerse ilegítimamente a expensas de otro.* 4. *Alusión a la jurisprudencia de la Corte Suprema de Justicia, Sala de Casación Civil.* 5. *Alusión a la jurisprudencia del Consejo de Estado, Sección Tercera.* 6. Tabla de sentencias del CE, Sección Tercera, que se ocupan de la **actio in rem verso.** 7. *Doctrina según la cual la institución no es un principio sino una regla.* 8. *Relación entre la* **actio in rem verso** *y el principio en que se fundamenta aquella.* 9. *Es más apropiado hablar de enriquecimiento sin* **justa causa** *o* **injusto,** *y preferiblemente* **injustificado.** *1) Enriquecimiento con justa causa (justo y por ende justificado). 2) Enriquecimiento sin justa causa (o injusto) en principio, pero finalmente justificado. 3) Enriquecimiento sin justa causa (o injusto o injustificado). 10. Hubiera sido más apropiada la expresión* enriquecido a causa de la caducidad o prescripción de la acción cambiaria. *11. Empleo de la fórmula "no enriquecimiento sin causa" por parte de la Sección Tercera del Consejo de Estado.*

1. FUNDAMENTO JURÍDICO NORMATIVO

"Nadie podrá enriquecerse sin justa causa a expensas de otro", es la premisa consignada en el artículo 831 del Código de Comercio, estatuto éste que de manera puntual, en el inciso final de su artículo 882, advierte que operado el descargo del título valor de contenido crediticio a causa de la caducidad o prescripción de la acción cambiaria (evento en el cual se extingue también la obligación originaria o fundamental), el acreedor *"tendrá acción contra quien se haya enriquecido sin causa a consecuencia de la caducidad o prescripción. Esta acción prescribirá en un año"*.

Tal acción (la de *enriquecimiento cambiario*, así denominada y reconocida por la Corte Suprema de Justicia –en adelante CSJ–, Sala de Casación Civil –en adelante SC o C simplemente–)[1], se

---

[1] S N° 300 de 18 de agosto de 1989, sin publicar, M. P. Alberto OSPINA BOTERO. En el mismo sentido: i) la S N° 138 de 3 de abril de 1990, M. P. Pedro LAFONT PIANETTA, *G. J.* t. CC; ii) la S de 6 de diciembre de 1993, M. P. Carlos Esteban JARAMILLO SCHOLSS, *G. J.* t. CCXXV, y publicada también en *Jurisprudencia y Doctrina*, t. XXIII, núm. 266, Legis, feb. de 1994, pp. 146 y sigs., en la cual se analiza ampliamente la figura y se comenta que sus antecedentes se remontan hasta el artículo 89 [sic] (en realidad es el artículo 83) de la Ordenanza Alemana de 1848 u Ordenanza General de Cambios, declarada, dicha ordenanza, Ley Imperial a partir de 16 de abril de 1871, con fuerza obligatoria en toda Alemania y que sirvió de modelo a otros sistemas jurídicos (véase a GÓMEZ CONTRERAS, César Darío, *Títulos-Valores*, Parte General, Bogotá, Temis, 1996, pp. 23 a 25); iii) la S de Casación de 18 de septiembre de 1995, M. P. Carlos Esteban JARAMILLO SCHOLSS, *G. J.* t. CCXXXVII; iv) la S de Casación de 30 de julio de 2001, M. P. Carlos Ignacio JARAMILLO JARAMILLO, publicada en: *Jurisprudencia y Doctrina*, Legis, t. XXX, núm. 357, sep. de 2001, pp. 1599 y sigs; v) la S de 21 de mayo de 2002, M. P. Manuel ARDILA VELÁSQUEZ; vi) la S de 16 de diciembre de 2004, M. P. César Julio VALENCIA COPETE; (vi) la S N° 54 de 6 de abril de 2005, M. P. César Julio VALENCIA COPETE; vii) la S de 26 de junio de 2008, M. P. César Julio VALENCIA COPETE; viii) la S de 13 de octubre de 2009, M. P. César Julio VALENCIA COPETE; y ix) la S de 18 de diciembre de 2009, M. P. Arturo SOLARTE RODRÍGUEZ; y aun sentencias posteriores.

No sobra anotar que, en sentencia de vieja data, de 6 de julio de 1899 (publicada en *G. J.* t. XIV, p. 298), la Corte aludió someramente al *enriquecimiento* con base

fundamenta, según la jurisprudencia, en la misma teoría en que se fundamenta la *acción de enriquecimiento sin causa* común o general, cuyo fin primordial es el de impedir el enriquecimiento injusto o torticero a expensas de otro. Dicha teoría, erigida en principio universal del derecho, hubo de ser adoptada en Colombia, primero por la Jurisprudencia[2], y luego por la Ley, concretamente por el Código de Comercio de 1971 (artículo 831), en el cual se le dio un nombre más técnico: *"enriquecimiento sin justa causa".*

Empero, conforme se irá observando a medida que se avance en el estudio de la acción de enriquecimiento cambiario o ***actio in rem verso cambiario***, se encontrará que no obstante tratarse de una modalidad especial de la ***actio in rem verso*** común o *general*, difiere de ésta en cuanto a los elementos que la estructuran.

2.   NINGUNA SENTENCIA DE LA CORTE DE 19 DE NOVIEMBRE DE 1930 VERSA SOBRE LA ***ACTIO IN REM VERSO***

---

en una letra de cambio.

[2] Casación de 28 de febrero de 1933, M. P. Francisco TAFUR A., *G. J.*, t. XLI, pp. 192 a 200, en la cual se prohijó la aplicación que de tal principio (***actio in rem verso***) hizo el Tribunal Superior de Bogotá en S de 26 de mayo de 1931 en un caso caracterizado porque el enriquecimiento consistió en la conservación de un patrimonio evitando gastos que de otra manera se hubieran ocasionado. Uno de los apartes de la sentencia del Tribunal pregona: *"Con los actos de Campos, la Villarriaga obtuvo un enriquecimiento, porque le evitó los gastos que de otra manera hubiera tenido que erogar. Quien ayuda a conservar un patrimonio, lo enriquece indirectamente con el ahorro de pérdidas, que sin aquella vigilancia hubiéranse causado. (...) Resumiendo, tenemos que los tres elementos tradicionales de la acción in rem verso hállanse reunidos aquí: enriquecimiento del demandado, con la economía de pérdidas y gastos en que se traduce generalmente toda gestión administrativa; empobrecimiento del demandante, porque dejaría de recibir una indemnización por los servicios prestados; y falta de una justa causa en el enriquecimiento, porque no había ninguna obligación preexistente, ni voluntad expresa de Campos que justificara la prestación gratuita de los servicios"* (G. J. t. XLI, p. 195, 2ª).

Aunque podría ser un aspecto de menor importancia, es pertinente relievar que, debido probablemente a un primer *lapsus cálami* [error al escribir], en el cual se han venido apoyando documentos posteriores, en algunas referencias bibliográficas[3] se registra como de 19 de noviembre de 1930 una importante sentencia de la Corte sobre la *actio in rem verso*.

La verdad es que, consultada la Gaceta Judicial y la relatoría de la CSJ, no se encontró ninguna sentencia de 19 de noviembre de 1930 que versara sobre el fenómeno de la *actio in rem verso*.

Existe, sí, una sentencia de Casación de 19 de noviembre de 1936 (no de 19 de noviembre de 1930), con ponencia del magistrado Juan FRANCISCO MÚJICA, publicada en G. J., t. XLIV, pp. 471 a 476, en la cual se dio aplicación al principio en que se fundamenta la *actio in rem verso*. Y es al contenido de dicha providencia que suele acudirse cuando se alude a la supuesta sentencia de 19 de noviembre de 1930 sobre la referida materia.

Se confirma en la anterior forma que se produjo, en algún momento, un *lapsus cálami* (en el cual se ha reincidido en algunas ocasiones) al citar como de 19 de noviembre de 1930 la sentencia de 19 de noviembre de 1936, mismo *lapsus* en el cual ha incurrido incluso la propia Corte, conforme se avizora en la sentencia de 21

---

[3] Tales como i) el ensayo intitulado *El Enriquecimiento Sin Causa*, de autoría de Eleonora ROSSI B., Carlos J. DÍAZ R., Manuel BELTRÁN M. y Guillermo VANEGAS R., publicado en la *Revista Universitas*, Nº 59, de la Universidad Javeriana, Facultad de Ciencias Jurídicas y Socioeconómicas, año 1980, página 57; y el ii) el *Código Civil Comentado* de Jorge ORTEGA TORRES, 16ª edición, año 1984, página 33.

de mayo de 2002, en la cual se menciona como de 19 de noviembre de 1930 la sentencia que aparece publicada en la G. J., t. XLIV, cuando en realidad –se insiste– se trata de la proferida el 19 de noviembre de 1936, según ha quedado elucidado.

3. ORÍGENES DEL PRINCIPIO QUE PROHÍBE ENRIQUECERSE ILEGÍTIMAMENTE A EXPENSAS DE OTRO

Eleonora ROSSI B., Carlos J. DÍAZ R., MANUEL BELTRÁN M. y Guillermo VANEGAS R. comentan:

"El principio que prohíbe enriquecerse ilegítimamente a expensas de otro encuentra sus orígenes en el derecho romano en virtud de un famoso texto que el DIGESTO atribuye a Pomponio según el cual 'es conforme a la equidad del derecho natural que nadie se haga más rico con detrimento e injuria de otro' (Libro L – Título XVIII fr. 206) regla que en términos análogos, formula también Pomponio en el Libro XII, Título VI – FR. 14 de la misma obra al decir: 'porque es equitativo naturalmente que nadie se haga más rico con perjuicio de otro'"[4].

Por su parte, el doctor Raimundo EMILIANI ROMÁN[5] precisa

---

[4] ROSSI B., Eleonora; DÍAZ R., Carlos J.; BELTRÁN M., Manuel; y Vanegas R., Guillermo, *"El Enriquecimiento Sin Causa"*, en *Revista Universitas* Nº 59, Universidad Javeriana, Facultad de Ciencias Jurídicas y Socioeconómicas, 1980, p. 53, donde se realiza un pormenorizado estudio de la figura a la luz de la doctrina y la jurisprudencia.

En el mismo sentido el numeral 4.4. de la SC3890 de 15 de septiembre de 2021, Sala Civil, M. P. Luis Armando TOLOSA VILLABONA, publicada en: *Jurisprudencia y Doctrina*, Legis, t. XLX (o L), núm. 599, nov. de 2021, pp. 1904.

[5] EMILIANI ROMÁN, Raimundo, *El Enriquecimiento Sin Causa Como Fuente de*

que en el derecho romano dicho principio tenía aplicación tanto en el terreno contractual como en el extracontractual. En el primero mediante acciones denominadas **condictio**, y cita como ejemplos la **condictio certae creditare pecuniae** (creada por la Ley Silia), cuando el enriquecimiento injusto versaba sobre una suma de dinero; y la **condictio certae rei** (creada por la Ley Calpurnia)[6], cuando se trataba de una cosa cierta. Y en el segundo mediante la aplicación directa de la **actio in rem verso**.

Según URIBE HOLGUÍN, *"En el Derecho Romano el enriquecimiento injusto no constituyó propiamente un principio general"*[7] y *"Tenía lugar en varios casos concretos en los cuales el patrimonio de una persona aumentaba a costa del de otra, sin que hubiera causa o relación jurídica previa que justificara este desplazamiento, o mediando una inexistente, inválida, insubsistente o irreal"*[8].

En los referidos casos, comenta el nombrado autor, el injustamente empobrecido disponía de la correspondiente **condictio sine causa** para recuperar lo que hubiera enriquecido al

---

Obligaciones, Institución Universitaria Sergio Arboleda, Serie Minor – 7, Bogotá, D. C., 1996, p. 14, obra en la que se hace igualmente un exhaustivo análisis sobre el principio según el cual *nadie puede enriquecerse sin derecho a expensas de otro*.

[6] ROSSI B., Eleonora; DÍAZ R., Carlos J.; BELTRÁN M., Manuel; y Vanegas R., Guillermo, Op. Cit., p. 53.

[7] URIBE HOLGUÍN, Ricardo, *Teoría General de las Obligaciones*, Ediciones Rosaristas, 1973, p. 173 172. Cabe señalar que el Dr. URIBE HOLGUÍN fue un reconocido jurista y admirado profesor en importantes universidades del país, dos de ellas la Universidad del Rosario y la Universidad Nacional. Fungió también como magistrado de la Corte Suprema de Justicia, Sala de Casación Civil, período 1976-1981 (información extractada de la obra *Antología Jurisprudencial, Corte de Casación, 120 años, 1886-2006*, t. I, Sala Civil, p. XXXII).

[8] Ídem.

otro.

Especies concretas de la citada acción eran las siguientes[9]:

- La **condictio indebite**, *"que permitía repetir lo que se hubiera pagado en la creencia errónea de que se debía"*;

- La **condictio ob causum datorum** (**condictio causa data non secuta**, bajo Justiniano) para los casos de prestaciones a favor de otros que no llegaban a realizarse;

- La **condictio ob turpem vel iniustam causam**, para recuperar lo entregado a otro para que realizara un acto al derecho o la moral;

- La **condictio furtiva**, conferida a las víctimas de hurto o robo;

- La **condictio ex causa finita** (**condictio liberationis** en el derecho Justiniano), para repetir lo dado por razón de una relación inexistente o insubsistente; y

- La propia, general y residual **condictio sine causa**, aplicable en los todos casos de enriquecimiento que no encajaran en ninguno de los anteriores.

---

[9] Ibíd., pp. 173 y 174. También AGUIAR LOZANO, Hugo Fernando, *Tratado sobre la Teoría del Enriquecimiento Injustificado Sin Causa en el Derecho Civil de las Obligaciones, Historia, Legislación, Doctrina, Jurisprudencia y Derecho Comparado*, Biblioteca Virtual del Derecho, Economía y Ciencias Sociales, edición Electrónica gratuita, pp. 24 y 25, en: www.eumed.net/libros/2010c/748/.

Cabe anotar que las *condictio* son diferentes a las *conditio* (o condiciones), propias éstas de los negocios jurídicos modales[10].

4. ALUSIÓN A LA JURISPRUDENCIA DE LA CORTE SUPREMA DE JUSTICIA, SALA DE CASACIÓN CIVIL

A nivel jurisprudencial, la CSJ, C, en sentencia de 7 de octubre de 2009 (M. P. Edgardo VILLAMIL PORTILLA)[11], realizó una sólida semblanza acerca de la *actio in rem verso* –y de otras instituciones– en el derecho colombiano.

Los fallos proferidos por la CSJ, C, citados en la referida providencia (sobre varios de ellos se volverá en lo sucesivo), son los siguientes: el de 1° de noviembre de 1918; el publicado en la G. J., t. XLIV, pp. 471 a 476 (que, como se observó ya, corresponde a la sentencia de 19 de noviembre de 1936); el de 10 de diciembre de 1999 (exp. 5294); el de 11 de enero de 2000 (exp. 5208); el de 25 de octubre de 2000 (exp. 5744); el de 28 de agosto de 2001 (exp. 6673); el de 21 de mayo de 2002 (exp. 7061); el de 7 de junio de 2000 (exp. 7360); y el de 18 de julio de 2005 (exp. 1999-0335-01).

5. ALUSIÓN A LA JURISPRUDENCIA DEL CONSEJO DE ESTADO, SECCIÓN TERCERA

---

[10] AGUIAR LOZANO, Op. Cit., p. 19.

[11] Publicada en: *Jurisprudencia y Doctrina*, t. XXXVIII, núm. 456, diciembre de 2009, pp. 1971 a 1995.

Por su parte, el Consejo de Estado, Sección Tercera, en sentencia de 22 de julio de 2009, se refirió a la evolución de la *actio in rem verso* en la jurisdicción de lo contencioso administrativo. Delineó el tratamiento de la figura en lo tocante a las relaciones entre los particulares y las entidades públicas que reciben bienes o servicios de aquellos. Destacó que si el Estado *"a través de sus representantes impele el interés del particular a realizar o ejecutar una determinada prestación, sin que exista contrato de por medio, se impone, correlativamente, la obligación de recomponer el traslado abusivo e injustificado que se produjo, patrimonialmente hablando, de un sujeto a otro"*[12].

Con posterioridad, la Sala Plena de la misma Sección Tercera, en polémica Sentencia de Unificación de Jurisprudencia[13] de 19 de noviembre de 2012 (M. P. Jaime Orlando Santofimio Gamboa, expediente 24897), puntualizó:

*"(...) **por regla general**, el enriquecimiento sin causa, y en consecuencia la **actio in rem verso** (...) no pueden ser invocados para reclamar el pago de obras, entrega de bienes o servicios ejecutados sin la previa celebración de un contrato estatal que los justifique por la elemental pero suficiente razón consistente en que la **actio in rem verso** requiere para su procedencia, entre otros requisitos, que con ella no se pretenda*

---

[12] Publicada en: *Jurisprudencia y Doctrina*, t. XXXVIII, núm. 453, septiembre de 2009, p. 1452.

[13] Polémica por cuanto incluye sólidos y bien estructurados salvamentos de voto registrados por los magistrados Stella Contó DÍAZ DEL CASTILLO, Carlos Alberto ZAMBRANO BARRERA y Enrique GIL BOTERO.

desconocer o contrariar una norma imperativa o cogente"[14].

"(...)

*12.2. Con otras palabras, la Sala admite hipótesis en las que resultaría procedente la **actio de in rem verso** sin que medie contrato alguno pero, se insiste, estas posibilidades son de carácter excepcional y por consiguiente de interpretación y aplicación restrictiva, y de ninguna manera con la pretensión de encuadrar dentro de estos casos excepcionales, o al amparo de ellos, eventos que necesariamente quedan comprendidos dentro de la regla general que antes se mencionó"*[15].

En la misma providencia, a renglón seguido, se indicó que esos casos, *"entre otros"*[16], *"en donde, de manera excepcional y por razones de interés público o general, resultaría procedente la **actio de in rem verso**"*[17], serían, bajo ciertas circunstancias –que se detallan en el fallo–, los siguientes:

a). Los eventos en que la entidad pública constriñe al particular a ejecutar prestaciones o a suministrar bienes o servicios en su beneficio y por fuera del marco de un contrato estatal o con prescindencia del mismo.

---

[14] Publicada en: *Jurisprudencia y Doctrina*, t. LXII, núm. 497, mayo de 2013, pp. 842 y 843.

[15] Ibíd., p. 844.

[16] Ibíd., p. 844.

[17] Ibíd., p. 844.

b). Los sucesos de urgencia en que se tenga el propósito de evitar una amenaza o una lesión inminente e irreversible al derecho a la salud.

c). Los casos en que la administración solicita la ejecución de obras, la prestación de servicios, o el suministro de bienes sin mediar contrato escrito alguno y omitiendo la declaratoria de urgencia manifiesta.

Posteriormente, en sentencia –de segunda instancia– de 8 de junio de 2017, la Subsección B de la Sección Tercera se ocupó de nuevo sobre el tratamiento y evolución de la *actio in rem verso* en el seno de la Corporación[18]. En tal ocasión se dejó reseñado que el instituto en mención ha sido reconocido por la jurisdicción contencioso administrativa mediante dos tipos de acciones: la de *Reparación Directa* (que es la que rige en actualidad), y como *Acción Autónoma*.

Se trata de un fallo que reviste trascendental importancia por cuanto, en lo que atañe al tipo de acción, se acogió el precedente judicial vigente al momento de la presentación de la demanda (21 de febrero de 2008), en el cual regía la *Acción de Reparación Directa* (misma hoy vigente y también en la fecha de la sentencia de segunda instancia), y no el que imperaba al momento de la sentencia de primera instancia (15 de abril de 2011), en el cual operaba la *Acción Autónoma*.

---

[18] Publicada en: *Jurisprudencia y Doctrina*, t. XLVII, núm. 560, agosto de 2018, pp. 1496 a 1521.

6. TABLA DE SENTENCIAS DEL CE, SECCIÓN TERCERA, QUE SE OCUPAN DE LA *ACTIO IN REM VERSO*

Para mejor ilustración y comprensión del asunto, se enlistan a continuación varias sentencias –secuenciadas en el tiempo– del Consejo de Estado, Sección Tercera, con identificación de la acción reconocida para ventilar la pretensión de restablecimiento patrimonial.

Sentencia	Acción reconocida para ventilar la pretensión de restablecimiento patrimonial
Sentencia de 11 de diciembre de 1984, rad. 4070 (M. P. Carlos JARAMILLO BETANCUR).	Acción de reparación directa
Sentencia de 3 de julio de 1992, rad. 5876 (M. P. Juan de Dios MONTES HERNÁNDEZ).	"
Sentencia de 4 de julio de 1997, rad. 10030 (M. P. Ricardo HOYOS DUQUE).	"
Sentencia de 6 de abril de 2000, rad. 12275 (M. P. Ricardo HOYOS DUQUE).	"
Sentencia de 7 de junio de 2007, rad. 14669 (M. P. Ramiro SAAVEDRA BECERRA).	"

Sentencia de 26 de marzo de 2008, rad. 16152 (M. P. Mauricio FAJARDO GÓMEZ).	"
Sentencia de 30 de julio de 2008, rad. 15079 (M. P. Ramiro SAAVEDRA BECERRA).	"
Sentencia de 29 de enero de 2009, rad. 15662 (M. P. Myriam GUERRERO DE ESCOBAR).	Acción autónoma
Sentencia de 22 de julio de 2009, rad. 35026 (M. P. Enrique GIL BOTERO).	"
Sentencia de **unificación** de 19 de noviembre de 2012, rad. 24897 (M. P. Jaime Orlando SANTOFIMIO GAMBOA).	Acción de reparación directa
Sentencia de 8 de junio de 2017, rad. 41233 (M. P. Ramiro PAZOS GURRERO).	"

7. DOCTRINA SEGÚN LA CUAL LA INSTITUCIÓN NO ES UN PRINCIPIO SINO UNA REGLA

El profesor español Luis DÍEZ PICAZO Y PONCE DE LEÓN sostiene:

"La obligación de restituir los enriquecimientos injustificados o sin causa, por más que se la tilde como principio general del Derecho posee un marcado carácter de excepcionalidad: la excepcionalidad misma de todas las obligaciones restitutorias.

(...) cuando se habla de un principio general de interdicción

25

del enriquecimiento sin causa, ¿de qué principio general se trata? Es claro que no se trata de interdicción de los enriquecimientos en general. El sistema jurídico y económico de nuestro orden cultural no sólo permite los enriquecimientos, sino que los alienta y los comparte como uno de los ideales vitales. No se trata de prohibir todos los enriquecimientos, sino sólo algunos muy concretos a los que pueda calificarse como enriquecimientos obtenidos sin causa jurídica suficiente"[19].

8.   RELACIÓN ENTRE LA *ACTIO IN REM VERSO* Y EL PRINCIPIO EN QUE SE FUNDAMENTA AQUELLA

Si bien es cierto que la *actio in rem verso* se encamina a revertir un aumento patrimonial injustificado (solución propia de una regla), es innegable también que se sustenta en la máxima —o principio— que enseña que *es prohibido enriquecerse sin justa causa o torticeramente a expensas de otro*[20].

De lo antedicho se sigue que una es la (regla de la) *actio in rem verso* y otro el principio en que se fundamenta. De todas formas, es incuestionable que existe una estrecha relación entre la aludida regla y el mentado principio.

---

[19] DÍEZ PICAZO Y PONCE DE LEÓN, Luis, *La doctrina del enriquecimiento sin causa*, Grupo Editorial Ibáñez, Bogotá, D. C., 2011, pp. 72 y 73.

[20] Según ALEXY, citado en la sentencia C-1287 de 2001, un *principio* es un mandato de optimización, que se expresa como un deber ser, sujeto a ponderación con otros principios. Entendido como concepto deontológico, expresa un deber ser y se manifiesta bajo la forma de mandato, prohibición, permiso o derecho. Una *regla* refiere una consecuencia jurídica para un supuesto de hecho predefinido. Sobre el particular puede consultarse también la sentencia T-406 de 1992.

9. Es más apropiado hablar de *ENRIQUECIMIENTO SIN JUSTA CAUSA O INJUSTO, Y PREFERIBLEMENTE INJUSTIFICADO*

Para comenzar, Luis Díez Picazo y Ponce de León anota: *"Aproximadamente alrededor de los años veinte, en la doctrina de los países situados en la órbita de la tradición de la codificación francesa comienza a producirse la sustitución de la antigua idea del 'enriquecimiento injusto' por otra más moderna que habla de 'enriquecimiento sin causa'"*[21].

De manera afín, René Abeliuk (citado por Aguiar Lozano)[22] sostiene: *"(...) la denominación 'enriquecimiento sin causa' es la correcta, ya que la expresión enriquecimiento injusto no es recomendable, pues es un 'concepto moral de difícil precisión', y es así el que obtiene una persona que vende muy caro un artículo de escaso valor, no carece de causa, lo justifica la compraventa, pero puede considerarse injusta, no obstante lo cual el legislador sólo interviene en caso de lesión o estafa"*.

En contraposición con lo anterior, el propio Aguiar Lozano comenta:

"(...) desde nuestra perspectiva nos parece correcto el uso del calificativo de 'sin causa', sin embargo, el adjetivo 'injustificado' llena más el concepto de esta institución

---

[21] DÍEZ PICAZO Y PONCE DE LEÓN, Luis, op. cit., pp. 95.

[22] ABELIUK MANOSEVICH, René, *Las Obligaciones y sus Principales Fuentes en el Derecho Civil Chileno*, Editores López-Vianco, Santiago de Chile, 1971, p. 127. Citado por AGUIAR LOZANO, op. cit., pp. 148 y 149.

jurídica, e incluso supone un acierto en el uso del lenguaje castellano, ya que al ser una palabra compuesta del prefijo 'in', que supone la ausencia o la falta de una calidad, sumado a ésta, la palabra 'justificado', que significa la calidad de una cosa o acción proveniente de un ejercicio de justificación, es decir, de la explicación de la causa o del motivo razonable de una cosa, logran un mejor objetivo conceptual en cuanto a la figura del 'enriquecimiento injustificado'.

(...)

Por consiguiente, el calificativo de 'injustificado' supone la falta de justificación jurídica en el enriquecimiento (...) "[23].

Es de resaltar que a pesar de la sustitución de la locución *"enriquecimiento injusto"* por la expresión *"enriquecimiento sin causa"* atrás referida, no existe, en estricto rigor, enriquecimiento sin causa. Todo efecto tiene su causa y por ende todo enriquecimiento, sea justo o no, es una consecuencia de una causa. Cosa distinta es que proceda o no la **actio in rem verso** o acción de restitución frente a un enriquecimiento determinado. Si hay lugar a la acción, se tratará de un enriquecimiento injustificado. Si no procede aquella, será entonces un enriquecimiento justificado.

En todo caso y con independencia de cualquiera otra consideración, cuando se alude al *"enriquecimiento sin causa"*, suele tenerse la idea de un enriquecimiento que no justifica el

---

[23] Ibíd., pp. 150.

28

desplazamiento patrimonial consumado, o lo que es lo mismo, un enriquecimiento no amparado en una relación jurídica entre el enriquecido y el empobrecido. Por esta razón, en lugar de *"enriquecimiento sin causa"* a secas –sin otros aditamentos–, es más apropiado hablar de *enriquecimiento sin **justa causa**, o enriquecimiento **injusto**,* y preferiblemente –y ante todo– *enriquecimiento **injustificado**.*

Por fortuna, en el referido aspecto la Comisión Revisora designada por el legislador extraordinario (Gobierno Nacional) –que fue el que expidió, el 27 de marzo de 1971, el Decreto número 410 o Código de Comercio actual–, fue meticulosa y acertó al prohibir todo *enriquecimiento **sin justa causa*** –es decir sin una razón justificativa del provecho experimentado por el enriquecido– *a expensas de otro* (artículo 831 del C. Co.).

Ahora bien, habida cuenta que uno es el principio que prohíbe enriquecerse sin justa causa a expensas de otro y otra la ***actio in rem verso***, es lo conducente e indicado identificar los casos de enriquecimiento (tanto de orden legal como de orden jurisprudencial) en que no tiene cabida la acción, así como los eventos de enriquecimiento en que sí procede aquella. Los primeros (casos en que no tiene cabida la acción) serán sucesos de *enriquecimiento con justa causa (o justificado)*, en tanto que los segundos (eventos en que procede la acción) serán episodios de *enriquecimiento sin justa causa o injusto o injustificado.*

En el anterior orden de ideas, bien podría decirse que, atendida la procedencia o no de la ***actio in rem verso*** o acción de restitución, el enriquecimiento puede ser de tres (3) clases, a saber:

1). *Enriquecimiento con justa causa (justo y por ende justificado).* Que no da lugar a la acción. Ejemplo (simple) de ello es la percepción de intereses en el contrato de mutuo (artículos 2230 del Código Civil y 1163 del Código de Comercio)[24]. O la renta recibida por el arrendador en el contrato de arrendamiento (artículo 1973 del Código Civil).

2). *Enriquecimiento sin justa causa (o injusto) en principio, pero finalmente justificado.* Que tampoco da lugar a la acción[25]. Ejemplos de tal clase de enriquecimiento son:

i). *"Estímanse bienes vacantes* [reza el artículo 706 del Código Civil] *los bienes inmuebles que se encuentran dentro del territorio respectivo a cargo de la Nación, sin dueño aparente o conocido; y mostrencos los bienes muebles que se hallen en el mismo caso".*

Si aparece el dueño antes de que la Unión haya enajenado *"una cosa que se ha considerado vacante o mostrenca"* -agrega el inciso 1° del artículo 707 ibídem- *le será restituida, pagando las expensas de aprehensión, conservación y demás que incidieren y lo que por la ley correspondiere al que encontró o denunció la cosa vacante",* salvo que el dueño *"hubiere ofrecido recompensa por el hallazgo"* -complementa el enunciado inicial del inciso 2°-. En este caso – remata el enunciado

---

[24] *"Si se han pagado intereses, aunque no estipulados, no podrán repetirse ni imputarse a capital",* reza el artículo 2233 del C.C.).

[25] CSJ, SC de 19 de septiembre de 1936, *G. J.* t. XLIV, p. 435.

final de dicho inciso 2°- *"el denunciante elegirá entre el premio fijado por la ley y la recompensa ofrecida".*

"Enajenada la cosa -señala el artículo 709 del Código Civil-, *se mirará como irrevocablemente perdida para el dueño".*

ii). La accesión[26] *por aluvión,* que consiste en el *"aumento que recibe la ribera de un río o lago por el lento e imperceptible retiro de las aguas"* (artículo 719 del Código Civil).

iii). La *accesión por avulsión*[27] cuando el dueño del suelo removido **no** lo reclama dentro del año siguiente a la avenida o remoción, evento el en cual lo hará suyo el dueño del sitio a que fue transportado (artículo 722 ibídem).

iv). La *mezcla*[28] en que se haya hecho uso de una materia sin conocimiento del dueño y sin justa causa de error. En tal caso quien haya hecho uso de la materia *"estará sujeto en todos los casos a perder lo suyo, y a pagar lo que más de esto valieren los perjuicios irrogados al dueño"* (primer enunciado del inciso 1° del artículo 737), salvo que *"el valor de la obra excediere notablemente al de la materia"* (inciso 2° ibídem). Y si hubiere procedido a sabiendas, estaría también sujeto a la acción criminal a que hubiere lugar (segundo

---

[26] **C. C. Art. 713.-** *"La accesión es un modo de adquirir por el cual el dueño de una cosa pasa a serlo de lo que ella produce o de lo que se junta a ella. Los productos de las cosas son frutos naturales o civiles".*

[27] *Transporte, de un sitio a otro, de una parte del suelo por causa de una avenida o por otra fuerza natural violenta (artículo 719 del C.C.).*

[28] *Formación de una cosa con unión de materias áridas o líquidas, pertenecientes a diferentes dueños (inciso 1°, primer enunciado, artículo 733).*

31

enunciado del inciso 1° precitado).

v). Las *mejoras útiles*[29] y las *mejoras voluptuarias*[30] realizadas con posterioridad al vencimiento del término de respuesta a la demanda, en los casos en que no puedan separarse sin detrimento del bien a que acceden[31] y el propietario rehúse pagar el precio que tendrían los materiales después de separados (incisos 4° a 6° del artículo 966 e inciso 1° del artículo 967).

vi). Todo género de *contratos gratuitos o de beneficencia* (que solo generan utilidad para una de las partes –artículo 1497–, lo que explica de paso que en tal tipo de actos jurídicos el deudor solo sea responsable de la culpa grave[32], en tanto que el acreedor lo es hasta de la culpa levísima[33]–artículo 1604–).

---

[29] *"las que hayan aumentado el valor venal de la cosa"* (inciso 2° del artículo 966 del C. C.).

[30] *"las que solo consisten en objetos de lujo y recreo, como jardines, miradores, fuentes y cascadas artificiales, y generalmente aquellas que no aumentan el valor venal de la cosa, en el mercado general, o solo lo aumentan en una proporción insignificante"* (inciso 2° del artículo 967).

[31] Según el artículo 968 del C. C., se entiende que la separación de materiales permitida por la ley es en detrimento de la cosa *"cuando hubiere que dejarla en peor estado que antes de ejecutarse las mejoras; salvo en cuanto el poseedor vencido pudiere reponerla inmediatamente en su estado anterior, y se allanare a ello"*.

[32] *"Culpa grave, negligencia grave, culpa lata –reza el inciso 1° del artículo 63 del C.C.–, es la que consiste en no manejar los negocios ajenos con aquel cuidado que aun las personas negligentes o de poca prudencia suelen emplear en sus negocios propios. Esta culpa en materias civiles equivale al dolo"*.

[33] *"Culpa o descuido levísimo –dice el penúltimo inciso del artículo 63 del C.C.– es la falta de aquella esmerada diligencia que un hombre juicioso emplea en la administración de sus negocios importantes. Esta falta de culpa se opone a la suma diligencia y cuidado"*.

Ejemplos de tal clase de contratos son: la *donación entre vivos*, que según el artículo 1443 *"es un acto por el cual una persona transfiere, gratuita e irrevocablemente, una parte de sus bienes a otra persona que la acepta"*; y el *comodato o préstamo de uso*, que consiste en *"un contrato en que una de las partes entrega a la otra gratuitamente una especie mueble o raíz, para que haga uso de ella y con cargo de restituir la misma especie después de terminar el uso"* (artículo 2200). En este contrato, *"El comodatario es obligado a emplear el mayor cuidado en la conservación de la cosa, y responde hasta de la culpa levísima"* (inciso 1° del artículo 2203).

vii). Las *daciones o pagos por objeto o causa ilícita a sabiendas* (artículo 1525).

viii). Las *mejoras útiles introducidas o realizadas por el arrendatario* a cuyo reembolso no está obligado el arrendador si no ha consentido la expresa condición de abonarlas (artículo 1994 del Código Civil[34].

ix). El enriquecimiento originado en la *prescripción extintiva de un derecho ajeno* (artículo 2513 del Código Civil), salvo el caso regulado en el artículo 2536, que torna en ordinaria, por el término de cinco (5) años adicionales, la acción ejecutiva que prescribe a los primeros cinco (5)[35]; y salvo también el evento tratado en el

---

[34] CSJ, SC de 19 de septiembre de 1936, *G. J.* t. XLIV, p. 435; y SC1905 de 4 de junio de 2019, M. P. Margarita CABELLO BLANCO, Publicada en: *Jurisprudencia y Doctrina*, t. LXVIII, N° 576, diciembre de 2019, Bogotá, Legis, pp. 2094 a 2107).

[35] Sobre este aspecto se volverá más adelante, en el *infra 37* (*¿Es viable el cobro, mediante proceso declarativo verbal -no ejecutivo- de una obligación ejecutiva extinguida por prescripción?*).

artículo 882 del Código de Comercio, que se refiere al enriquecimiento (injusto) causado por el descargo de un instrumento negociable a causa de la caducidad o prescripción de la acción cambiaria.

3). Enriquecimiento sin justa causa (o injusto o injustificado). Que sí da lugar a la acción. Ejemplos de este tipo de enriquecimiento son:

i). La *caza en tierra ajena sin permiso del dueño debiendo obtenerlo.* En tal evento lo cazado será para el dueño del fundo (artículo 689 del C. C.).

ii). La *pesca en agua ajena sin permiso del dueño debiendo obtenerlo.* En tal caso lo pescado será para el dueño del agua (artículo 692 del C. C.).

iii). La *caza o pesca y apoderamiento de un animal bravío ya perseguido por otro cazador o pescador y sin el consentimiento de éste*, quien podrá reclamarlo como suyo (artículo 694 del C. C.).

iv). La *apropiación de palomas que abandonan un palomar y se fijan en otro cuando el dueño del segundo se vale de alguna industria para atraerlas o aquerenciarlas.* Si ello ocurre, el dueño del segundo palomar estará obligado a la restitución de las especies si el dueño del primero lo exige. Y en su defecto, a pagarle el precio (artículo 697 del C. C.).

v). La *accesión por avulsión* cuando el dueño del suelo

removido o transportado lo reclama dentro del año siguiente a la avenida o remoción (artículo 722 del C. C.).

vi). La *accesión por adjunción*[36], que se da por la *unión de cosas muebles pertenecientes a dueños diferentes, "de modo que puedan separarse y subsistir cada una después de separada, como cuando el diamante de una persona se engasta en el oro de otra, o en marco ajeno se pone un espejo propio"* (artículo 727). *"En los casos de adjunción –* advierte el 728–, *no habiendo conocimiento del hecho por una parte, ni mala fe por otra, el dominio de lo accesorio accederá al dominio de lo principal, con el gravamen de pagar al dueño de lo accesorio su valor"*.

vii). La *accesión por especificación*, que consiste en la elaboración de una obra o artefacto con la materia perteneciente a otra persona, *"como si de uvas ajenas se hace vino, o de plata ajena una copa, o de madera ajena una nave"*. (Inciso 1° artículo 732 del C. C.)

Se rige por las siguientes reglas:

a). Derecho a reclamar la nueva especie por parte del dueño de la materia. Al efecto el inciso 2° ibídem establece: *"No habiendo conocimiento del hecho por una parte, ni mala fe por otra, el dueño de la materia tendrá derecho a reclamar la nueva especie, pagando la hechura"*.

b). Derecho a reclamar la nueva especie por parte del dueño de la obra. Cuando *"el precio de la nueva especie valga mucho*

---

[36] CSJ, C, S de 28 de febrero de 1933, G. J., t. XLI, pp. 195.

más que el de la materia, como cuando se pinta en lienzo ajeno, o de mármol ajeno se hace una estatua (...) en este caso la nueva especie pertenecerá al especificante, y el dueño de la materia tendrá solamente derecho a la indemnización de perjuicios". (Inciso 3° del mismo artículo).

c). Propiedad proindiviso. *"Si la materia del artefacto es, en parte ajena, y en parte propia del que la hizo o mandó hacer, y las dos partes no pueden separarse sin inconveniente, la especie pertenecerá en común a los dos propietarios: al uno a prorrata del valor de su materia, y al otro a prorrata del valor de la suya y de la hechura".* (Inciso 4°).

viii). La *mezcla* (de materias áridas o líquidas, pertenecientes a diferentes dueños, según se indicó ya –artículo 733–) en cuanto se subsuma en alguna de las siguientes situaciones:

a). Propiedad proindiviso. *"(n)o habiendo conocimiento del hecho por una parte, ni mala fe por otra, el dominio de la cosa pertenecerá a dichos dueños pro indiviso, a prorrata del valor de la materia que a cada uno pertenezca".* (Segundo enunciado del inciso 1° del citado artículo).

b). Derecho a reclamar la cosa por parte del dueño de la materia de mayor valor. Cuando el valor de la materia fuere considerablemente superior. *"(e)n tal caso el dueño de ella tendrá derecho para reclamar la cosa producida por la mezcla, pagando el precio de la materia restante".* (Inciso 2°, mismo artículo 733).

c). Derecho a pedir la separación y entrega. En los casos

en que al dueño de una de las dos materias primas, sin cuyo conocimiento se haya hecho la unión, no le sea fácil reemplazarla por otra de la misma calidad, valor y aptitud, y pueda la primera separarse sin deterioro de lo demás, *"podrá pedir su separación y entrega, a costa del que hizo uso de ella"*. (Artículo 734).

d). Derecho a pedir (el dueño de la materia) la restitución de otro tanto de la misma naturaleza, calidad y aptitud, o su valor en dinero. Procede en *"los casos en que el dueño de una materia de que se ha hecho uso sin su conocimiento, tenga derecho a la propiedad de la cosa en que ha sido empleada"*. (Artículo 735).

e). Derecho al valor de la materia. Al respecto el artículo 736 establece: *"El que haya tenido conocimiento del uso que de una materia suya se hacía por otra persona, se presumirá haberlo consentido y sólo tendrá derecho a su valor"*.

ix). La *edificación, plantación o siembra con materiales ajenos en suelo propio* (artículo 738)[37].

En tales casos *"el dueño del suelo se hará dueño de los materiales por el hecho de incorporarlos en la construcción, pero estará obligado a pagar al dueño de los materiales su justo precio u otro tanto de la misma naturaleza, calidad y aptitud"* (inciso 1°).

---

[37] CSJ, C, sentencias de 28 de agosto de 1950, G. J., t. LXXXVIII, pp. 677 y 678; 8 de agosto de 1972, G. J., t. CXLIII, pp. 43 y 44; 31 de marzo de 1998, rad. 4674; y 19 de agosto de 2005, rad. 63001311000420050001101). Sentencias citadas, todas, en: *Jurisprudencia y Doctrina*, t. XLV, núm. 530, febrero de 2016, pp. 280 y 281.

x). La *edificación, plantación o siembra en suelo ajeno* (artículo 739)[38].

En tales sucesos *"El dueño del terreno (...) tendrá derecho de hacer suyo el edificio, plantación o sementera, mediante las indemnizaciones prescritas a favor de los poseedores de buena o mala fe en el título de la reivindicación, o de obligar al que edificó o plantó a pagarle el justo precio del terreno con los intereses legales por todo el tiempo que lo haya tenido en su poder, y al que sembró a pagarle la renta y a indemnizarle los perjuicios.*

Si se ha edificado, plantado o sembrado a ciencia y paciencia del dueño del terreno, será este obligado, para recobrarlo, a pagar el valor del edificio, plantación o sementera".

xi). Los eventos de *mejoras necesarias* invertidas en la conservación de la cosa (artículo 965), entendiéndose por tales las consistentes *"en obras permanentes, como una cerca para impedir las depredaciones, o un dique para atajar las avenidas, o las reparaciones de un edificio arruinado por un terremoto"*, que se reducirán *"a lo que valgan las obras al tiempo de la restitución"* en cuanto hubieren sido realmente necesarias (inciso 2° del artículo 965 del C. C.). *"Y si las expensas se invirtieron en cosas que por su naturaleza no dejan un resultado material permanente, como la defensa judicial de la finca, serán abonados al poseedor en cuanto aprovecharen al reivindicador y se hubieren ejecutado con mediana inteligencia y economía".* (Inciso 3° ibídem).

xii). Las *enajenaciones o deterioros de las cosas hereditarias que "hayan hecho más rico"* al ocupante de la herencia (artículo 1324).

xiii). Lo *gastado o pagado por razón de un contrato nulo celebrado con persona incapaz*, siempre que se pruebe que esta última se hizo más rica con ello (artículo 1747)[39].

xiv). El *depósito en que el depositario es persona incapaz de contratar* En tal caso *"el depositante tendrá sólo acción para reclamar la cosa depositada, mientras está en poder del depositario, y a falta de esta circunstancia, tendrá sólo acción personal contra el depositario hasta concurrencia de aquello en que por el depósito se hubiere hecho más rico, quedándole a salvo el derecho que tuviere contra terceros poseedores, y sin perjuicio de las penas que las leyes impongan al depositario en caso de dolo".* (Artículo 2243).

xv). La *agencia oficiosa o gestión de negocios ajenos* (artículo 2304 y ss.).

Se ciñe a las reglas siguientes:

a) Administración sin mandato. *"(e)l que administra sin mandato los bienes de alguna persona, se obliga para con ésta, y la obliga en ciertos casos".* (Artículo 2304).

---

[38] Ídem.

[39] CSJ, C, S de 14 de septiembre de 1976.

b)   Obligaciones del agente oficioso o gerente. *"Las obligaciones del agente oficioso o gerente son las mismas que las del mandatario"*. (Artículo 2305).

Si se ha hecho cargo de la gestión para salvar de un peligro inminente los intereses ajenos, *"sólo es responsable del dolo o de la culpa grave"*. (Primera parte del inciso 2° del artículo 2306).

Si ha tomado voluntariamente la gestión, *"es responsable hasta de la culpa leve; salvo que se haya ofrecido a ella, impidiendo que otros lo hiciesen, pues en este caso responderá de toda culpa"*. (Segunda parte del inciso 2° del artículo 2306).

"Debe, así mismo, encargarse de todas las dependencias del negocio, y continuar en la gestión hasta que el interesado pueda tomarla o encargarla a otro". (Inciso 1° del artículo 2307).

"Si el interesado fallece, deberá continuar en la gestión hasta que los herederos dispongan". (Inciso 2° del artículo 2307).

Si administra un negocio ajeno contra la expresa prohibición del interesado *"no tiene demanda contra él, sino en cuanto esa gestión le hubiere sido efectivamente útil, y existiere la utilidad al tiempo de la demanda"*. (Inciso 1° del artículo 2309).

c)   Obligaciones del interesado.   (Artículo 2308). Si el negocio ha sido bien administrado, es deber del interesado cumplir las obligaciones que el gerente ha contraído en la gestión y reembolsarle las expensas útiles o necesarias. No es obligado a pagar salario alguno al gerente.

xvi). La *utilidad efectiva recibida por un tercero en cuyo nombre se hace un negocio que se creía propio.* En este evento, *"El que creyendo hacer su propio negocio hace el de otra persona, tiene derecho para ser reembolsado hasta concurrencia de la utilidad efectiva que hubiere resultado a dicha persona, y que existiere al tiempo de la demanda".* (Artículo 2310).

xvi). La *utilidad efectiva recibida por un tercero en cuyo nombre se hace un negocio que se creía ajeno.* En tal caso, *"El que creyendo hacer el negocio de una persona hace el de otra, tiene respecto de ésta los mismos derechos y obligaciones que habría tenido si se hubiese propuesto servir al verdadero interesado".* (Artículo 2311).

xvii). El *pago de lo no debido* (artículos 2313 y ss)[40].

Son aplicables las siguientes reglas:

a) Pago por error. *"Si el que por error ha hecho un pago, prueba que no lo debía, tiene derecho para repetir lo pagado".* (Inciso 1° del artículo 2313).

b) Pago de deuda ajena por error. *"(...) cuando una persona, a consecuencia de un error suyo, ha pagado una deuda ajena, no tendrá derecho de repetición contra el que, a consecuencia del pago, ha*

---

[40] CSJ, C, S de 19 de noviembre de 1936, G. J., t. XLIV, pp. 474 y 475.

suprimido o cancelado un título necesario para el cobro de su crédito, pero podrá intentar contra el deudor las acciones del acreedor". (Inciso 2° del artículo 2313).

c)   Recibo de dinero o cosa fungible no adeudada. *"El que ha recibido dinero o cosa fungible que no se le debía, es obligado a la restitución de otro tanto del mismo género y calidad".* (Inciso 1° del artículo 2318).

En cuanto le hayan hecho más rico, *"(E)l que ha recibido de buena fe no es responsable de los deterioros o pérdidas de la especie que se le dio en el falso concepto de debérsele, aunque hayan sobrevenido por negligencia suya".* (Inciso 1° del artículo 2319).

"Pero desde que sabe que la cosa fue pagada indebidamente, contrae todas las obligaciones del poseedor de mala fe". (Inciso 2° del artículo 2319).

"El que de buena fe ha vendido la especie que se le dio como debida, sin serlo, es sólo obligado a restituir el precio de la venta, y a ceder las acciones que tenga contra el comprador que no le haya pagado íntegramente". (Inciso 1° del artículo 2320).

"Si estaba de mala fe cuando hizo la venta, es obligado como todo poseedor que dolosamente ha dejado de poseer". (Inciso 2° del artículo 2320).

c)   Derechos frente a terceros. *"El que pagó lo que no debía, no puede perseguir la especie poseída por un tercero de buena fe, a título oneroso; pero tendrá derecho para que el tercero que la tiene por cualquier título lucrativo, se la restituya, si la especie es reivindicable, y existe en su poder"*. (Inciso 1° del artículo 2321).

xviii). El *provecho recibido por el dolo ajeno, sin haber tenido parte en él.* En este caso, el que recibe provecho *"solo es obligado hasta concurrencia de lo que valga el provecho que hubiere reportado".* (Artículo 2343).

10. HUBIERA SIDO MÁS APROPIADA LA EXPRESIÓN *ENRIQUECIDO A CAUSA DE LA CADUCIDAD O PRESCRIPCIÓN DE LA ACCIÓN CAMBIARIA*

En el anterior orden de ideas y en cuanto el enriquecimiento injusto de que trata el artículo 882 del Código de Comercio es el causado por la caducidad o prescripción de la acción cambiaria en el título valor de contenido crediticio, en lugar de la expresión *"enriquecido sin causa a consecuencia de la caducidad o prescripción"*, contenida en el inciso 3° del artículo 882 citado, hubiera sido más apropiada – amén de concisa y precisa– la expresión *enriquecido a causa de la caducidad o prescripción de la acción cambiaria.*

11. EMPLEO DE LA FÓRMULA *"NO ENRIQUECIMIENTO SIN CAUSA"* POR PARTE DE LA SECCIÓN TERCERA DEL CONSEJO DE ESTADO

Otro punto de vista que es pertinente referir, es el que aparece consignado en la sentencia del Consejo de Estado, Sala de lo Contencioso Administrativo, Sección Tercera, de 8 de mayo de 1995 (M. P. Juan de Dios MONTES HERNÁNDEZ, expediente 8118), en la cual se habla de *"no enriquecimiento sin causa"*[41] como principio de justicia y equidad, fórmula ésta reiterada en sentencia de 7 de junio de 2007 de la misma *Sección Tercera* (M. P. Ramiro SAAVEDRA BECERRA, expediente 14469)[42].

Cabe señalar que la doctrina subsumida en la sentencia de 8 de mayo de 1995 antes mencionada, es a su vez citada por la Corte Constitucional en la sentencia C-333 de 1996 (M. P. Alejandro MARTÍNEZ CABALLERO)[43], que versa sobre la exequibilidad del enunciado inicial del artículo 50 de la Ley 80 de 1993 (*"Las entidades responderán por las actuaciones, abstenciones, hechos y omisiones antijurídicos que les sean imputables y que causen perjuicios a sus contratistas"*).

---

[41] Publicada en: *Jurisprudencia y Doctrina*, t. XXIV, núm. 283, julio de 1995, p. 759 y sigs.

[42] Publicada en: *Jurisprudencia y Doctrina*, t. XXXVI, núm. 430, octubre de 2007, p. 1820 y sigs.

[43] Publicada en: *Jurisprudencia y Doctrina*, t. XXV, núm. 298, octubre de 1996, p. 1263.

Capítulo II

EVOLUCIÓN LEGISLATIVA DE LA *ACTIO IN REM VERSO CAMBIARIO*

Sumario. *12. Ordenanza Alemana de 1848. 13. Ley Uniforme de Ginebra. 14. Código de Comercio de 1887. 15. Ley 46 de 1923. 16. Proyecto Intal. 17. Proyecto de Código de Comercio de 1958. 18. Código de Comercio de 1971. 19. Fórmula del Proyecto Intal y Fórmula del Código de Comercio Colombiano. 20. La diferencia estriba en el hecho de haber acudido ambos sistemas, el Intal y el Colombiano, a fuentes distintas. 21. Sistema colombiano y sistema italiano.*

12. ORDENANZA ALEMANA DE 1848

Según se anticipó en nota de pie de página número 1, fue la Ordenanza Alemana de 1848 u Ordenanza General de Cambios, el primer estatuto legal que se ocupó de la acción de enriquecimiento cambiario. El artículo 83 de la misma dispuso:

> *"Cuando el librador o el aceptante dejan de estar obligados por derecho cambiario, bien sea por prescripción o ya por la omisión de las formalidades que la ley determina para la conservación del crédito, el portador no puede proceder contra el librador o el aceptante, sino en la medida en que ellos se enriquecerían a su costa. Esta acción no se da contra los*

46

endosantes que han dejado de estar obligados por la letra de cambio".

Como puede observarse, a la luz de la Ordenanza Alemana de 1848 procedía la acción cuando el librador o el aceptante dejaban de estar obligados cambiariamente, ya fuera por prescripción, o por omisión de las formalidades determinadas en la ley para la conservación del crédito, formalidades que en la praxis comercial actual aluden a las diligencias necesarias para evitar la caducidad de la acción, o, lo que es lo mismo, para conservar la acción cambiaria de regreso. Por ende y habida cuenta que la norma en comento establecía que el portador sólo podía dirigirse contra el librador o el aceptante en la medida en que éstos se enriquecieran a su costa, resultaba innecesario que en el enunciado final de la misma se hiciera la advertencia de que la acción de enriquecimiento no procedía contra los endosantes (que son siempre obligados de regreso, nunca libradores ni aceptantes) que hubieran dejado de estar obligados por la letra de cambio.

13. LEY UNIFORME DE GINEBRA

La Ley Uniforme de Ginebra (de 7 de junio de 1930), sobre Letras de Cambio[44], que se inspiró en la Ordenanza Alemana de 1848, en su artículo 87 establece:

"Aunque la obligación cambiaria del librador o del aceptante se haya extinguido por haberse perjudicado la letra, quedarán ambos obligados respecto del tenedor, en tanto en cuanto se hayan enriquecido en su perjuicio. La acción de enriquecimiento a favor del tenedor prescribe a los tres años de haberse extinguido la obligación cambiaria.

Contra los endosantes cuya obligación cambiaria se haya extinguido no tienen lugar tales acciones de enriquecimiento".

Es de resaltar que el artículo 87 de la Ley Uniforme de Ginebra no se refiere de manera expresa a la prescripción, como tampoco a la caducidad de la acción cambiaria[45]. Incluye, sí, una fórmula similar a la adoptada en la Ordenanza Alemana de 1848, en la cual se inspiró. Con arreglo a dicha fórmula la acción de enriquecimiento procede también contra el librador o el aceptante en tanto y en cuanto éstos se hayan enriquecido en perjuicio del

---

[44] Los países que suscribieron la Ley Uniforme de Ginebra fueron: Alemania, Austria, Bélgica, Brasil, Checoslovaquia, Colombia, Dantzig, Dinamarca, Ecuador, España, Finlandia, Francia, Grecia, Hungría, Italia, Japón, Luxemburgo, Noruega, Países Bajos, Perú, Polonia, Portugal, Suecia, Suiza, Turquía y Yugoslavia. *"Al día de hoy* –comenta GARCÍA MUÑOZ, José Alpiniano, Profesor-Investigador Asociado, Facultad de Derecho Universidad De La Sabana– *rige los títulos-valores en Austria, Alemania, Azerbaiyán, Bélgica, Bielorrusa, Brasil, Dinamarca, Finlandia, Francia, Grecia, Holanda, Hungría, Italia, Japón, Kazajstán, Lituania, Luxemburgo, Mónaco, Noruega, Polonia, Portugal, Suecia, Suiza, Surinam, Ucrania y Unión Soviética".* (Proyecto de Investigación Derecho Comparado De Los Títulos-Valores, información consultada en internet).

[45] El tema de la caducidad lo abordó el artículo 83 de la Ordenanza Alemana de 1848 (*"omisión de las formalidades que la ley determina para la conservación del crédito"*, dispuso la norma en cita).

tenedor por haberse perjudicado la letra. Como elemento nuevo, reguló lo atinente al término para el ejercicio de la acción de enriquecimiento, fijado en tres (3) años contados a partir de la extinción de la acción cambiaria.

De otro lado y en cuanto los sujetos pasivos de la acción son el librador o el aceptante, era, al igual que en el caso de la Ordenanza Alemana de 1848, innecesaria la advertencia consignada en el inciso segundo del artículo 87 citado, según el cual *"Contra los endosantes* (que como se dijo son siempre obligados de regreso) *cuya obligación cambiaria se haya extinguido no tienen lugar tales acciones de enriquecimiento".*

14. CÓDIGO DE COMERCIO DE 1887

En lo que concierne a la época durante la cual rigió el Código de Comercio Terrestre (de 1887), la ***actio in rem verso*** en materia cambiaria procedía, en cierta forma, cuando el cedente o el librador de la letra de cambio omitían hacer la provisión de fondos y además el portador era negligente en realizar el protesto por falta de pago o en dar el aviso correspondiente. Una alusión al respecto se encuentra consignada en sentencia de Casación de 6 de julio de 1899, en la cual se advierte: *"(...) si en esas circunstancias* [no provisión de fondos y no protesto ni aviso por falta de pago] *se declarase caducado el derecho del portador, sería lo mismo que autorizar el lucro y enriquecimiento por parte del cedente o del librador contra razón y derecho"*[46].

---

[46] CSJ, Casación de 6 de julio de 1899, G. J. t. XIV, p. 298.

Soportes legales al respecto eran los artículos 777 –inciso 2º–
, 827 y 829 del citado Código de Comercio de 1887, que, en su
orden, disponían:

*Art. 777.– "(...) Inc. 2º.– Faltando la provisión, o hallándose
en quiebra el librado, el librador estará obligado al reembolso
del importe de la letra y gastos causados, aun cuando el
portador haya hecho el protesto fuera del tiempo designado
por la ley".*

*Art. 827.– "Las letras no cobradas el día de su vencimiento, ni
protestadas en la oportunidad legal, se tendrán por
perjudicadas; y en tal evento, caducarán los derechos del
portador, salvo los siguientes casos:*

*1º)En cuanto el librador que no hizo provisión de fondos, o si
habiéndola hecho, hubiere quebrado el librado o aceptante
antes del vencimiento;*

*2º)Respecto del endosante que se mantenga en su sano crédito,
cuando el librador, aceptante y demás endosantes hubieren
quebrado antes de vencida la letra;*

*3º)Por lo que hace al librador o endosante que se hallare en el
caso previsto en el artículo 829".*

*Art. 829.– "La caducidad de la letra perjudicada por falta de
presentación al pago y de protesto, no tendrá efecto alguno*

*respecto del librador o endosante que, después de
transcurridos los términos señalados para la ejecución de esos
actos, se hallare cubierto del importe de la letra en sus cuentas
con el deudor, sea con efectos de comercio, sea con otros
valores de la pertenencia de éste".*

15. LEY 46 DE 1923

Bajo la vigencia de la Ley 46 de 1923 (*Sobre Instrumentos
negociables*), el Tribunal Superior de Bogotá, en auto de fecha 27
de febrero de 1931, sentó la siguiente doctrina:

*"El inciso segundo del art. 777 y el numeral 1° del art. 827 del
C. de Co. Terrestre están en parte derogados por los arts. 63,
129, 72, 86, 91, 154 y 156 de la ley 46 de 1923 sobre
instrumentos negociables.*

*Por tanto, hoy día aunque el librador de una letra no haga
provisión de fondos para el pago, no queda obligado a pagarla
si el tenedor no practica las debidas diligencias, entre ellas, el
protesto por falta de aceptación o por falta de pago, a menos
que el protesto esté excusado o por la ley se dispense su falta o
se excuse su demora"*[47].

Las mencionadas normas de la Ley 46 de 1923 (artículos 63,

---

[47] Tribunal de Bogotá, auto de 27 de febrero de 1931, I, núm. 9, 629 (tomado de
Código de Comercio Terrestre, ORTEGA TORRES, Jorge, 5ª ed., Temis, Bogotá,
1956, pp. 292 y 293).

72, 86, 91, 129, 154 y 156) disponían:

Art. 63.– El girador, por el hecho de girar el instrumento, admite la existencia del beneficiario y su capacidad para endosarlo a tiempo de hacer el giro; y se obliga a que a su debida presentación el instrumento será aceptado o pagado o ambas cosas, de acuerdo con su tenor literal, y a que si fuere rechazado y se practicaren las debidas diligencias de protesto, pagará el monto de tal instrumento al tenedor o a cualquier endosante posterior que pueda ser obligado a pagarlo. Pero el girador puede insertar en el instrumento estipulaciones especiales para desconocer o limitar su propia responsabilidad para con el tenedor.

Art. 72.– La presentación para el pago no es necesaria para exigirlo a la persona primariamente obligada en el instrumento; pero si éste fuere, por su texto, pagadero en una plaza especial y aquella persona pudiere y quisiere pagarlo allí a su vencimiento y tuviere fondos disponibles para ello, esta capacidad y voluntad son equivalentes a un ofrecimiento de pago. Salvo disposición en contrario, la presentación para el pago es necesaria para obligar al girador y endosantes.

Art. 86.– Con sujeción a lo dispuesto en este capítulo, cuando el instrumento no es pagado, el tenedor tiene derecho para recurrir inmediatamente a las demás partes obligadas al pago.

Art. 91.– Salvo disposición en contrario, cuando un instrumento haya sido rechazado por no aceptación o no pago, debe darse noticia de ello al girador y a cada endosante; y los giradores o endosantes a quienes no se haya dado tal noticia, quedan descargados.

Art. 129.– La letra de cambio, por sí misma, no implica provisión de fondos en manos del girado para efectuar el pago y éste no está obligado a hacerlo sino mediante su aceptación.

Art. 154.– Subrogado. Ley 8ª de 1925, art. 1.– Cuando una letra es rechazada por no aceptación debe ser debidamente protestada por tal motivo, y la que no ha sido rechazada por no aceptación, sino por falta de pago, debe ser protestada por este motivo. Si no es protestada, el girador y endosantes quedan libres.

Art. 156.– Subrogado. Ley 8ª de 1925, art. 2.– Los protestos por falta de aceptación o de pago deben ser formalizados dentro de los quince días siguientes a la presentación de la letra o a su vencimiento, para todos los efectos legales.

Comentarios: El texto original del artículo 154 de la Ley 46 de 1923, antes de que fuera subrogado por el artículo 1° de la Ley 8ª de 1925, era casi idéntico a este último. Se diferenciaba apenas en que, en lugar de la voz *"girador"* (incluida en la frase final), empleaba (probablemente por error), el vocablo *"girado"*. La aludida frase rezaba: *"Si no es protestada, el girado y endosantes quedan libres"*.

A su turno, el artículo 156 de la Ley 46 de 1923, antes de que fuera subrogado por el artículo 2 de la Ley 8ª de 1925, disponía: *"Cuando una letra es protestada, el protesto debe ser hecho el día del rechazo, a menos que la demora se justifique de acuerdo con esta ley"*.

16. PROYECTO INTAL

Al incursionar en el sistema latinoamericano, pronto se detecta que en el artículo 26 del Proyecto Intal se estableció:

"Si se extinguió la acción cambiaria contra el creador del título, el tenedor que carezca de acción causal contra éste y de acción cambiaria o acción causal contra los demás signatarios, podrá exigir al creador del título la suma con que se haya enriquecido en su daño. Esta acción prescribirá en un año, a partir del día en que la acción cambiaria contra el creador del título se haya extinguido".

En otros términos, el tenedor que carezca de acción, sea cambiaria o causal, contra cualquiera de los signatarios del título, puede incoar contra el creador del mismo acción por la suma con que se haya enriquecido en su daño, la cual podrá ejercitar dentro del año siguiente, contado a partir del día en que la acción cambiaria contra el creador del título se haya extinguido.

El Proyecto Intal, en materia de **actio in rem verso cambiario** (como en el resto de materias que regula), siguió muy de cerca la Ley General de Títulos y Operaciones de Crédito Mexicana de 1932, LTOCM. (Quizás podría decirse que era de esperarse así en cuanto el autor del citado proyecto fue el profesor mexicano Raul CERVANTES AHUMADA).

Sobre el punto el artículo 169 del proyecto mencionado reza:

"Extinguida por caducidad la acción de regreso contra el girador, el tenedor de la letra que carezca de acción causal contra éste y de acción cambiaria o acción causal contra los demás signatarios, puede exigir al girador la suma de que se haya enriquecido en su daño.

Esta acción prescribe en un año, contado desde el día en que caducó la acción cambiaria.

Es de destacar que, a diferencia de la Ordenanza Alemana de 1848, de la Ley Uniforme de Ginebra e, incluso, de la Ley General de Títulos y Operaciones de Crédito Mexicana de 1932, LTOCM (estatutos todos que se refieren a la acción de enriquecimiento cambiario en materia de letras de cambio), el Proyecto Intal omitió aludir a algún tipo de título valor en particular, haciendo en esta forma extensiva la acción a toda clase de títulos valores, sin supeditar su ejercicio a la extinción de la acción cambiaria consumada en cierta clase de instrumentos.

17. PROYECTO DE CÓDIGO DE COMERCIO DE 1958

El Proyecto de Código de Comercio de 1958 (artículo 298) disponía:

*"La entrega de **un instrumento negociable** por una obligación anterior valdrá como pago de ésta, sino se estipula otra cosa; pero llevará implícita la condición resolutoria del **acto del** pago, en caso de que el instrumento sea rechazado, o no sea descargado de cualquier manera.*

Cumplida la condición resolutoria, el acreedor podrá hacer efectivo el pago de la obligación originaria o fundamental, devolviendo el instrumento o dando caución, a satisfacción del Juez, de indemnizar al deudor los perjuicios que pueda causarle la no devolución del mismo.

El ejercicio de la acción procedente de la obligación originaria no impedirá el de la acción cambiaria; pero el pago de aquélla o el descargo del instrumento extinguirá ambas acciones.

*Si el acreedor deja caducar o prescribir el instrumento, la obligación originaria o fundamental se extinguirá asimismo; **pero** tendrá acción contra quien se haya enriquecido sin causa a consecuencia de la caducidad o prescripción. Esta acción prescribirá en un año"*[48].

(Se incluyen en negrilla las expresiones que diferencian al artículo 298 del Proyecto de Código de Comercio de 1958 del artículo 882 del Código de Comercio Vigente. Aunque es de

---

[48] *Proyecto de Código de Comercio*, elaborado por la Comisión Revisora del Código de Comercio, t. I., Bogotá, julio de 1958, pp. 62 y 63.

resaltar que dichas expresiones, conforme se constata con la simple lectura de ambas normas, constituyen simples giros idiomáticos que en nada afectan la esencia de éstas).

Cabe anotar que la norma contenida en el mencionado artículo 298 había sido ya propuesta, desde varios años antes, por la Comisión Revisora del Código de Comercio. De ello da fe la obra *Instrumentos Negociables* del tratadista Emilio ROBLEDO URIBE[49], editada en el año 1945, editorial Pax, p. 55, donde se lee:

"(...) la falta de claridad del artículo 215 y del artículo 216 del Código de Comercio imponen la necesidad de una reforma legislativa sobre el particular, reforma que ha sugerido ya la Comisión Revisora del Código de Comercio en los siguientes términos:

'La entrega de un instrumento negociable por una deuda anterior vale como pago de ésta, salvo que se haya convenido otra cosa, y lleva envuelta la condición resolutoria en caso de rechazarse el instrumento. Cumplida esta condición el acreedor podrá hacer efectiva la deuda anterior o fundamental siempre que, o devuelva el instrumento o dé caución, a

---

[49] El doctor ROBLEDO URIBE, justo es reconocerlo, participó activamente en las diferentes Comisiones Revisoras del Código de Comercio creadas a partir de la expedición de la Ley 73 de 1935, artículo 1°. La última de ellas con ocasión de la entrada en vigencia de la Ley 16 de 1968, por la cual le fueron otorgadas facultades al Presidente de la República para adoptar las reformas de varios códigos, al tiempo que se le autorizó para que por conducto de una comisión de expertos realizara la revisión final del Proyecto de Código de Comercio, de cuya labor fue, por fin, preparado y expedido el ya vetusto (si se tienen en cuenta las sustanciales reformas de que ha sido objeto y las que con urgencia reclama) "nuevo" Código de Comercio.

satisfacción del juez, de indemnizar al deudor los perjuicios que la no entrega del mismo pudiera causarle. El ejercicio de esta acción no impide la cobranza del instrumento, pero el pago de la deuda fundamental o del instrumento extingue ambas acciones.

Si el acreedor deja caducar o prescribir el instrumento, la deuda fundamental se extingue; pero el acreedor tiene derecho a ser indemnizado por quien a consecuencia de tal extinción se hubiere enriquecido sin justa causa, si fuere el caso. Esta última acción prescribe en un año'".

Con el fin de facilitar el entendimiento del fenómeno en estudio, se transcriben a continuación los artículos 215 y 216 del derogado Código de Comercio Terrestre, que, dicho sea de paso, tenían íntima relación con el artículo 217 ibídem, razón por la cual se transcribe también:

Art. 215.– La dación en pago de efectos de comercio, verificada en cumplimiento de un pacto accesorio, no produce novación, aun cuando la obligación que supongan los efectos entregados no pueda coexistir con la obligación de que procede la deuda.

Art. 216.– Ejecutada la dación en virtud de un contrato principal, la novación quedará perfeccionada por ese solo hecho, si la deuda procediere de un contrato incompatible con el que hubiere dado origen a los valores de crédito entregados en pago.

No habiendo incompatibilidad entre los contratos indicados, la dación causará novación, toda vez que los efectos de comercio fueren al portador, y que al recibirlos el acreedor no hiciere formal reserva de sus derechos para el caso de que no sean pagados.

Art. 217.– Si los efectos de comercio entregados por consecuencia de un nuevo convenio fueren transmisibles por endoso, se presumirá que la recepción de ellos lleva la condición de ser pagados.

La novación, en este caso, no se perfeccionará sino por la realización del pago efectivo.

Los efectos de comercio, eran, a su vez, definidos en el artículo 94, que al efecto disponía:

Art. 94.– Son efectos de comercio, todas las obligaciones privadas negociables o transmisibles por la vía del endoso, como letras de cambio, pagarés a la orden, libranzas, conocimientos a la orden y pólizas de préstamo a la gruesa.

En el *mare magnum* de normas consignadas en los artículos transcritos, que no alcanzaron a ser suficientemente desarrollados (ni por la jurisprudencia ni por la doctrina), se regulaban cuatro (4) aspectos esenciales, a saber:

i). En primer lugar, de acuerdo con el artículo 215, en

ningún caso la dación en pago de efectos de comercio, verificada en cumplimiento de un pacto accesorio, producía novación;

ii).   En segundo lugar, conforme al artículo 216, primer inciso, para que la dación en pago de un efecto de comercio implicase novación, era necesario que se surtiere en virtud de un contrato principal (cuya determinación de por sí planteaba dificultades) que fuera a su vez incompatible con el contrato original del cual procedía la deuda;

iii).   De acuerdo con el segundo inciso del referido artículo, si los contratos (el principal en virtud del cual se efectuaba la dación y el originario del cual procedía la deuda) no fueren incompatibles entre sí, para que la dación entrañase novación, era menester que los efectos de comercio con los cuales se realizare fueren al portador y que al recibirlos el acreedor no hiciere formal reserva de sus derechos para el caso en que resultaren impagados; y

iv).   Conforme al artículo 217, cuando el efecto de comercio fuere transmisible por endoso, se presumía que su recepción aparejaba la condición de ser pagado, caso en el cual la novación sólo quedaba perfeccionada con la realización del pago efectivo.

18.   CÓDIGO DE COMERCIO DE 1971

La norma correspondiente en el Código de Comercio Colombiano actualmente vigente, se encuentra contenida en el tercero y último inciso del artículo 882, que al respecto preceptúa:

Si el acreedor deja caducar o prescribir el instrumento[50], la obligación originaria o fundamental se extinguirá así mismo; pero tendrá acción contra quien se haya enriquecido sin causa a consecuencia de la caducidad o prescripción. Esta acción prescribirá en un año.

Es de advertir que el inciso transcrito se refiere a los instrumentos mencionados en el inciso primero de la norma de la cual forma parte, esto es, a *"letras, cheques, pagarés y demás títulos valores de contenido crediticio".* De ello se sigue que en el derecho colombiano la **actio in rem verso cambiario** sólo procede cuando, por caducidad o prescripción de la acción cambiaria, se descarga un instrumento negociable, vale decir, un título valor de contenido crediticio.

19. FÓRMULA DEL PROYECTO INTAL Y FÓRMULA DEL CÓDIGO DE COMERCIO COLOMBIANO

A simple vista se observa que el Proyecto Intal es **impreciso** en cuanto a los presupuestos para el ejercicio de la acción de enriquecimiento, además de **limitado** en lo que concierne al sujeto pasivo de la acción. Lo primero por cuanto para su ejercicio sólo exige que la acción cambiaria contra el creador del título se haya extinguido –sin precisar a causa de qué fenómeno– y que el

---

[50] Para los efectos previstos en la primera parte del inciso final del artículo 882 del C. Co. y tal como tempranamente lo advirtió HELO KATTAH, Luis S. (*De los Títulos Valores en General*, Bogotá, 1973, pp. 143 y 147), no es el instrumento el que caduca o prescribe, como en forma errada da a entenderlo la norma. La que caduca o prescribe, por vía extintiva, es la acción cambiaria.

tenedor carezca de acción cambiaria contra dicho creador y de acción cambiaria o causal contra los demás signatarios. Lo segundo puesto que la acción de enriquecimiento sólo puede intentarse contra el referido creador[51] (del título), no contra un suscriptor diferente.

Un punto de vista similar, y más limitado aun, se infiere de la fórmula consignada en el transcrito artículo 169 de la Ley General de Títulos y Operaciones de Crédito Mexicana de 1932, LTOCM, que supedita el ejercicio de la *actio in rem verso cambiario* al evento de la caducidad de la acción de regreso contra el girador de la letra, no al del descargo del título por prescripción de la acción cambiaria directa contra el aceptante o sus avalistas (artículo 151)[52].

En lo que atañe al Código de Comercio Colombiano, es **más preciso**, aunque **más restrictivo** a la vez, que el Proyecto Intal en cuanto a los presupuestos para el ejercicio de la acción de enriquecimiento, pues a la luz del mismo la acción de enriquecimiento cambiario sólo procede cuando la extinción de la acción causal se haya producido por el descargo del instrumento acaecido por caducidad o prescripción de la acción cambiaria.

---

[51] El creador del título no siempre es el principal obligado ni quien resulta a la postre enriquecido o beneficiado con la extinción, ya por caducidad, ora por prescripción, de la acción cambiaria y la consiguiente desaparición de la obligación causal. Tal es el caso de la letra de cambio girada a la orden del girador (creador del título) y a cargo del girado, en la que éste, una vez acepta, se torna en principal obligado u obligado directo.

[52] LTOCM de 1932. Art. 151.- *"La acción cambiaria es directa y de regreso; directa, cuando se reduce contra el aceptante y sus avalistas; de regreso, cuando se ejercita contra cualquier obligado".*

El Código de Comercio Colombiano es, en igual forma, **más flexible** en cuanto al sujeto pasivo de la acción, habida cuenta que con arreglo al citado estatuto la acción de enriquecimiento cambiario procede contra quien resulte enriquecido a causa de la caducidad o la prescripción, sin importar que se trate del creador, del girador, del aceptante, o del endosante del título. En este aspecto el inciso final del artículo 882 es categórico al advertir que la acción de enriquecimiento procede *"contra quien se haya enriquecido"* **a causa de la caducidad o la prescripción**, sin hacer distinción alguna sobre el particular.

Sobre el citado tópico, la CSJ, C, en sentencia de 30 de julio de 2001, precisó:

"(...) la ley mercantil colombiana, siguiendo de cerca el artículo 26 del denominado Proyecto INTAL, que habilitaba la actio in rem verso pero únicamente contra el creador del título –limitación que el ordenamiento colombiano no acogió–, y para atemperar el 'riguroso formalismo característico de los títulos-valores', así como 'para afrontar un problema de justicia conmutativa que emerge ante situaciones que el propio sistema de regulación implanta', privó a la caducidad y a la prescripción de tales instrumentos 'del carácter de justas causas para consolidar desplazamientos patrimoniales, no obstante que en su producción haya podido jugar papel importante la culpa o la voluntad de la víctima'"[53].

---

[53] Casación de 30 de julio de 2001, expediente 6150, M. P. Carlos Ignacio JARAMILLO JARAMILLO, publicada en: *Jurisprudencia y Doctrina*, Legis, t. XXX,

20. LA DIFERENCIA ESTRIBA EN EL HECHO DE HABER ACUDIDO AMBOS SISTEMAS, EL INTAL Y EL COLOMBIANO, A FUENTES DISTINTAS

La razón por la cual la fórmula adoptada en el Código de Comercio Colombiano difiere de la acogida en el Proyecto Intal, estriba en el hecho de haber acudido ambos sistemas a fuentes distintas. Mientras el artículo 26 del Proyecto Intal se inspiró, como se dijo antes, en el artículo 169 de la Ley General de Títulos y Operaciones de Crédito Mexicana de 1932 (LTOCM), el artículo 882 del Código de Comercio Colombiano se basó en el artículo 298 del Proyecto de Código de Comercio de 1958.

21. SISTEMA COLOMBIANO Y SISTEMA ITALIANO

En lo atinente al sujeto pasivo de la acción, el texto del tercero y último inciso del artículo 882 del Código de Comercio actual (sobre ejercicio de la acción de enriquecimiento cambiario), idéntico en esencia al cuarto y último inciso del artículo 298 del Proyecto de Código de Comercio de 1958, es, en el fondo, el mismo del artículo 67 del Real Decreto Italiano N° 1669 de 14 de diciembre de 1933[54], que legitima al portador (tenedor) para ejercitar la acción, bien contra el librador, bien contra el aceptante, o bien contra el endosante, que son en últimas quienes pueden resultar

---

núm. 357, sep. de 2001, p. 1600.

[54] Su tenor literal es el siguiente: **Real Decreto Italiano N° 1169, Art. 67.-** *"Cuando el portador haya perdido la acción cambiaria contra todos los obligados y no tenga acción causal contra los mismos, puede accionar contra el librador o el aceptante o el endosante, por la suma en que se hayan enriquecido en daño suyo".*

enriquecidos con el descargo del instrumento por caducidad o prescripción de la acción cambiaria.

No ocurre lo mismo con el tipo de títulos en que procede la acción de enriquecimiento cambiario. En este aspecto el sistema colombiano es más amplio que el italiano inmerso en el artículo 67 del Real Decreto precitado, habida cuenta que dicho artículo 67 está dispuesto en un acápite especial y delimitado: el Capítulo VII (Del regreso por falta de aceptación o falta de pago) del Título I (De la letra), en tanto que el artículo 882 del Código de Comercio colombiano aparece incluido en un apartado más general: el Capítulo V (El pago), del Título I (De las obligaciones en general) del Libro Cuarto (De los contratos y obligaciones mercantiles). Consagra, además, la acción de enriquecimiento cambiario para toda clase de instrumentos negociables.

Lo antes expuesto explica que el Real Decreto Italiano N° 1736 de 21 de diciembre de 1993 regule, en una norma de carácter especial (el artículo 59 del susodicho decreto), la acción de enriquecimiento cambiario para el caso de descargo del cheque por extinción de la acción cambiaria. Para mejor ilustración el artículo 59 citado establece:

Cuando el portador haya perdido la acción cambiaria contra todos los obligados y no tenga acción causal contra los mismos, puede accionar contra el librador que no haya hecho provisión o se haya de todas maneras enriquecido injustamente en daño suyo. Igual acción puede ejercitar, en las condiciones anteriores, contra los endosantes.

Capítulo III

FORMAS DE CADUCIDAD Y PRESCRIPCIÓN DE LA ACCION CAMBIARIA

Sumario. *22. El descargo del instrumento conlleva la extinción de la obligación causal. 23. Aunque medie transacción o conciliación, el incumplimiento de éstas no revive, en principio, la acción cambiaria, ni la causal, extinguidas en virtud de la transacción o la conciliación. 24. Casos en que es viable demandar, bien la nulidad, o bien la rescisión de la transacción. 25. Acción, bien de resolución, o bien de cumplimiento, cuando la conciliación implica la celebración de un contrato nuevo. 26. Formas de caducidad y prescripción de la acción cambiaria que dan lugar a la acción de enriquecimiento cambiario. 1) Caducidad de la acción cambiaria de regreso contra el librador del cheque y sus avalistas. 2) Prescripción de la acción cambiaria de regreso en el cheque. 3) Prescripción de la acción cambiaria directa en los títulos valores de contenido crediticio distintos al cheque. 4) Prescripción de la acción cambiaria de regreso contra el girador de la letra no aceptada por el girado. 27. Formas de caducidad y prescripción de la acción cambiaria (de regreso) que no dan lugar a la acción de enriquecimiento cambiario. 1) Caducidad de la acción cambiaria de regreso contra los endosantes y sus avalistas en el cheque. 2) Caducidad de la acción cambiaria de regreso (que deja vigente la acción cambiaria directa) en los demás instrumentos negociables distintos del cheque. 3) Prescripción de la acción cambiaria de regreso (que también deja vigente la acción cambiaria directa) en*

66

*los demás instrumentos negociables distintos al cheque. 28. Tabla de resumen de las formas de caducidad y prescripción de la acción cambiaria en los distintos instrumentos negociables. 29. De lege ferenda, ¿qué debería disponer el inciso tercero del artículo 882 del Código de Comercio?. 30. Interpretación con más sentido útil del inciso tercero del artículo 882 del Código de Comercio. 31. Regulación especial de la acción causal en el inciso tercero del artículo 882 del Código de Comercio. 32. La **actio in rem verso cambiario** procede también en caso de caducidad o prescripción de la acción cambiaria surgida del título valor de contenido crediticio emitido o transferido con ocasión del surgimiento de la relación causal (caso del artículo 643 del C. Co.).*

22. EL DESCARGO DEL INSTRUMENTO CONLLEVA LA EXTINCIÓN DE LA OBLIGACIÓN CAUSAL

En materia cambiaria la voz *"descargo"* es concebida como la expresión genérica con que se designa cualquiera de los modos de extinción de las obligaciones cambiarias[55]. Al mismo instituto se refiere el artículo 882 al advertir que si el título valor entregado en pago de una obligación preexistente no es descargado *"de cualquier manera"*, se resuelve entonces el pago. A *contrario sensu*, descargado el título no hay lugar a la resolución del pago de la obligación antecedente.

Significa lo anterior que cuando el instrumento es descargado

---

[55] TRUJILLO CALLE, Bernardo, *De los Títulos-Valores*, t. I., Parte General, 16ª ed., Leyer, 2008, p. 447.

de cualquier manera (incluso por caducidad o prescripción), se produce la extinción de la obligación cambiaria y se extingue también la obligación causal. Al respecto la CSJ, C, en la sentencia de Casación de 30 de julio de 2001 ya citada, puntualiza:

> *"(...) cuando el empobrecimiento del acreedor, **recta via**, surge del decaimiento por prescripción o caducidad de la acción cautelar reconocida a los títulos-valores, la acción de enriquecimiento sin causa, consagrada normativamente en el artículo 831 del Código de Comercio, adquiere, en tal caso, una naturaleza autónoma, como se desprende de la misma norma que la consagró, el inciso final del artículo 882 de la misma codificación, cuyo presupuesto, justamente, es que el acreedor haya dejado 'caducar o prescribir el instrumento', caso en el cual, como 'la obligación originaria o fundamental se extinguirá así mismo' no es posible –y por ello necesario–, desde una perspectiva etiológica, acudir al negocio causal para edificar una pretensión que evite el empobrecimiento (...)."* [56]

23. Aunque medie transacción o conciliación, el incumplimiento de éstas no revive, en principio, la acción cambiaria, ni la causal, extinguidas en virtud de la transacción o la conciliación

Si entre el deudor y el acreedor se acuerda, ya por vía de

---

[56] CSJ, C, S de 30 de julio de 2001, M. P. Carlos Ignacio JARAMILLO JARAMILLO, publicada en: *Jurisprudencia y Doctrina*, Legis, t. XXX, núm. 357, sep. de 2001, p. 1600.

transacción, ora mediante una conciliación, extinguir la obligación cambiaria y la consiguiente prestación causal, y empero el acuerdo (transacción o conciliación) es incumplido por el deudor, mal puede el acreedor pretender revivir la acción cambiaria o la causal extinguidas con ocasión de la transacción o la conciliación, ya que éstas, atendida su especial tipología, surten efectos de cosa juzgada (artículo 2483 del Código Civil y penúltimo inciso del parágrafo 3° del artículo 101 del Código de Procedimiento Civil – quinto inciso del artículo 6 del Decreto 2651 de 1991–).

En otros términos, incumplida la obligación contraída en virtud de una transacción o una conciliación, no es posible, en principio, intentar la resolución de la transacción o la conciliación, ni el consiguiente cumplimiento de la obligación extinguida por virtud de cualquiera de los referidos fenómenos.

Lo procedente, en el evento de tal incumplimiento, es que el acreedor ejercite la acción a que da lugar el acto contenido en la transacción (o en la conciliación, en su caso), incumplida por el deudor (artículos 2483 del Código Civil).

En el referido sentido se pronunció la CSJ, C, en sentencia de Casación de 22 de noviembre de 1999 (expediente N° 5020, M. P. Luis Fernando RAMÍREZ GÓMEZ). En la aludida sentencia, al precisar el sentido y alcance del penúltimo inciso del parágrafo 3° del artículo 101 del Código de Procedimiento Civil (quinto inciso del artículo 6 del Decreto 2651 de 1991), según el cual *"La conciliación y el auto que la aprueba, tendrán efectos de cosa juzgada"*, la Corte indicó:

"El tenor de la norma citada conduce a una lectura inequívoca y clara: si la conciliación y el auto que la aprueba traen como implicaciones la autocomposición del conflicto de intereses y la terminación del proceso, en el caso que una cualquiera de las partes quisiera volver a plantear una proposición jurisdiccional de idéntico conflicto, la otra parte, estaría en la posibilidad de formular la excepción de cosa juzgada, como lo estaría en los eventos de la transacción o el desistimiento cuando éstas sean las formas de finalización del proceso en los términos de los artículos 340 y 342 ib"[57].

En la misma sentencia y para poner de manifiesto que en caso de incumplimiento de la conciliación, es lo conducente desatar la controversia dentro del marco del acuerdo conciliatorio, la Corte puntualizó:

"Ella [la conciliación]*, per se, carece de contenido sustancial. Su substrato es abierto y libre, de modo tal que ella puede adoptar el contenido de cualquier acto jurídico idóneo para romper el desacuerdo. Puede ser transacción, pero también puede contener otro acto, contrato o negocio jurídico que produzca como efecto la renuncia, la aceptación o modificación de la pretensión. En todo caso ella es la norma jurídica que entra a regir el conflicto para componerlo una vez el juez la homologue con la providencia aprobatoria.*
El acto de las partes aunado al del juez, 'tendrán los efectos de

---

[57] Publicada en: *Jurisprudencia y Doctrina*, t. XXIX, N° 337, enero de 2000, Legis, p. 5.

la cosa juzgada', dice el artículo inicialmente mencionado. Efectos que se producen al interior y al exterior del proceso. Interiormente se torna inimpugnable en forma absoluta; externamente, según se vio, obra como impedimento para una resolución de mérito que no sea la declaratoria de la cosa juzgada.

Esa inimpugnabilidad interior del acto conciliatorio visto en el espectro de su contenido sustancial, es la que abre la senda jurisdiccional para el conocimiento de pretensiones impugnativas como las propuestas por la parte recurrente en la demanda promotora del proceso, frente a las cuales no hay cosa juzgada por la disimilitud de objeto y causa"[58].

24. CASOS EN QUE ES VIABLE DEMANDAR, BIEN LA NULIDAD, O BIEN LA RESCISIÓN DE LA TRANSACCIÓN

Según lo dispone el artículo 2483 del Código Civil, *"La transacción produce el efecto de cosa juzgada en última instancia"*. No obstante, a renglón seguido advierte que podrá impetrarse la declaración de nulidad o la rescisión de la transacción, *"en conformidad a los artículos precedentes"*[59].

---

[58] Ibíd., p. 5.

[59] Cabe memorar que bajo la vigencia del inciso 1° del artículo 102 de la Ley 446 de 1998 (artículo derogado por el artículo 69 de la Ley 794 de 2003, por la cual se modifica el Código de Procedimiento Civil, se regula el proceso ejecutivo y se dictan otras disposiciones), en concordancia con el inciso 1° del artículo 24 del Decreto 1818 de 1998 (también derogado por el artículo 69 citado), en los juicios de ejecución en que eran propuestas excepciones de mérito y se surtía por ende la audiencia de conciliación de que trataban los incisos precitados, el proceso terminaba cuando se daba cumplimiento a lo conciliado en el término acordado.

Pertinente es agregar que en la misma providencia antes citada (sentencia de casación de 22 de noviembre de 1999) la Corte indicó:

"Según el artículo 2483 del Código Civil, la transacción (y ésta puede ser una de las modalidades de la conciliación), 'produce efectos de cosa juzgada en última instancia; pero podrá impetrarse la declaración de nulidad o la rescisión, en conformidad a los artículos precedentes', es decir, por las causales previstas por los artículos 2476 a 2482, pero también por las causales generales de nulidad de los negocios jurídicos consagradas por los artículos 1740 a 1756, y por supuesto demandarse la resolución de conformidad con el artículo 1546 ejúsdem, por tratarse de un contrato bilateral. Obviamente la norma no diferencia entre la transacción que ocurre antes del proceso y aquella que se da estando éste en curso, pues esa no es distinción que toque con su naturaleza o núcleo esencial, como se infiere del artículo 2478 cuando preceptúa como causal de nulidad de la transacción la celebrada cuando el proceso estuviere ya terminado con sentencia con fuerza de cosa juzgada, siempre que las partes o alguna de ellas no hubiere tenido conocimiento al tiempo de transigir.

A decir verdad, el tema de la resolución de la transacción, y se acude a este contrato por vía ejemplificativa en consideración a que él muchas veces es el contenido de la conciliación,

---

En caso contrario, continuaba el trámite respecto del título ejecutivo inicial.

*como ya se anotó, ha sido debatido, pero la doctrina más tradicional y amplia en cuanto al número de autores, ha sostenido la procedencia de la pretensión de resolución cuando las obligaciones derivadas de la transacción no son cumplidas, sin que halle impedimento en la fuerza de la cosa juzgada que a ella le asigna la ley respecto de las partes, pues entiende, como ya se había expuesto, que debido a esa eficacia el demandado ante el desconocimiento de una transacción 'puede oponer la exceptio litis per transactionem finitae, análoga en todo a la **exceptio rei iudicatae**' (véase Planiol y Ripert, Laurent, Ricci, Baudry-Lacantinerie, De Ruggiero, José Mélich-Orsini, entre otros). Concretamente A. Colin y H. Capitant, fincados en decisión de la Corte francesa, sostienen que 'Es perfectamente compatible con el contexto de la transacción la existencia de prestaciones que pueden ser cumplidas luego o en fecha determinada, sin perjuicio de la acción que pueda corresponderle a cualquiera de la partes para instar la resolución de la transacción si abiertamente se faltase a sus estipulaciones por el contrario' (Curso Elemental de Derecho Civil, t. IV, p. 998)"[60].*

25. ACCIÓN, BIEN DE RESOLUCIÓN, O BIEN DE CUMPLIMIENTO, CUANDO LA CONCILIACIÓN IMPLICA LA CELEBRACIÓN DE UN CONTRATO NUEVO

En la susodicha providencia (sentencia de casación de 22 de noviembre de 1999) la Corte concluyó:

---

[60] Publicada en: *Jurisprudencia y Doctrina*, t. XXIX, N° 337, enero de 2000, Legis, pp. 5 y 6.

"(...) si bien es cierto, el pleno acuerdo conciliatorio tiene la virtud de impedir la iniciación de un proceso o de terminarlo, pues produce efectos de cosa juzgada entre las partes respecto de la materia litigiosa, también es cierto que cuando dicha conciliación concluya con la celebración de un contrato, del cual surjan nuevas obligaciones bilaterales, no se le puede desconocer o cercenar la prerrogativa que tiene el contratante cumplido frente al contratante incumplido de pedir a su arbitrio, o la resolución o el cumplimiento del contrato con indemnización de perjuicios, de conformidad con lo dispuesto en el artículo 1546 del Código Civil.

En este orden de ideas, resulta válido sostener que los efectos de cosa juzgada son para el litigio primigenio, pero en ningún momento se pueden extender dichos efectos a los nuevos contratos que surjan con ocasión del acuerdo conciliatorio, ya que una cosa es la conciliación como instrumento para poner fin a un litigio y otra muy distinta es el medio de que se valen las partes para llegar a aquella, que en este caso consistió en la celebración de un contrato de promesa de compraventa. En verdad el Tribunal confundió, y de ahí su equivocación, el contrato que dio origen al primer proceso en que se concilió, con el contrato demandado, como si fuera un solo acto jurídico, cuando en realidad no lo son, pues se trata de dos contratos perfectamente diferentes. Adviértase que la conciliación que se plasmó en un nuevo contrato de promesa de compraventa, dio lugar a la autocomposición del conflicto de intereses que originó el proceso que con ocasión de ella finalizó, con el efecto de cosa juzgada que la norma atribuye, porque definitivamente así se zanjaron las diferencias que se habían presentado en desarrollo del contrato de promesa de compraventa originalmente celebrado. Circunstancia esta que lógicamente, y dada la vocación de permanencia que comporta la cosa juzgada, impide que esa controversia pueda ser nuevamente objeto de una pretensión procesal (...).

Empero tal forma de entender las cosas, que a decir verdad es la que corresponde a los fenómenos objeto de análisis, no significa, como ya quedó explicado, que el contrato que hubo de ajustarse como contenido del acuerdo conciliatorio no sea susceptible de impugnarse en proceso diferente y por causa distinta, como ocurre en este caso, pues las vicisitudes de éste sin duda que son extrañas al juzgamiento anterior, que como tal sigue siendo un caso juzgado y en manera alguna puede revivirse"[61].

26. FORMAS DE CADUCIDAD Y PRESCRIPCIÓN DE LA ACCIÓN CAMBIARIA QUE DAN LUGAR A LA ACCIÓN DE ENRIQUECIMIENTO CAMBIARIO

Dos de los presupuestos básicos para el ejercicio de la acción de enriquecimiento cambiario son: 1) que la acción cambiaria se extinga por caducidad o prescripción, y 2) que dicha caducidad o prescripción conlleve la extinción de la obligación causal.

---

[61] Ibíd., p. 7.

Examinado con detenimiento el asunto, se encuentra que las formas más corrientes de caducidad y prescripción de la acción cambiaria que conllevan el descargo del instrumento negociable y la consiguiente extinción de la obligación causal, son:

1). *Caducidad de la acción cambiaria de regreso contra el librador del cheque y sus avalistas.*

La caducidad de la acción cambiaria de regreso contra el librador del cheque (título valor en el cual no existen obligados directos) y sus avalistas (si los hubiere), acontece cuando el título no es presentado y protestado en tiempo, siempre que durante todo el plazo de presentación el librador (titular de la cuenta corriente bancaria) hubiere tenido fondos suficientes en poder del banco librado y por causa no imputable a dicho librador (lo que en la práctica significa que la no presentación en tiempo no se deba a culpa del librador), el cheque haya dejado de pagarse (artículo 729, C. Co.);

2). *Prescripción de la acción cambiaria de regreso en el cheque.*

La prescripción de la acción cambiaria de regreso en el cheque, acontece, para el último tenedor, cuando no habiendo caducado la acción cambiaria contra el librador y sus avalistas (si los hubiere), deja transcurrir seis (6) meses contados desde la presentación; y, para los endosantes o avalistas, cuando, no habiendo caducado la acción cambiaria contra los demás signatarios, dejan pasar el mismo término, pero contado desde el día siguiente al en que pagan el cheque (artículo 730, C. Co.)[62];

3). Prescripción de la acción cambiaria directa en los títulos valores de contenido crediticio distintos del cheque.

La prescripción de la acción cambiaria directa en los títulos valores de contenido crediticio distintos del cheque, se configura, simplemente, cuando el tenedor del instrumento deja transcurrir tres (3) años, contados a partir del día del vencimiento (artículo 789, C. Co.).

En tratándose de bonos, las acciones para el cobro de intereses y capital prescriben en cuatro (4) años contados desde la fecha de su exigibilidad (Dec. 2555/2010, artículo 6.4.1.1.39).

4). Prescripción de la acción cambiaria de regreso contra el girador de la letra no aceptada por el girado.

La prescripción de la acción cambiaria de regreso contra el girador de la letra, cuando es persona distinta del girado y no ha mediado la aceptación de éste (evento en el cual no existe acción cambiaria directa), se configura en los términos de los artículos 790 y 791 del C. Co., esto es: **(i)** para el último tenedor, *"en un año contado desde la fecha del protesto o, si el título fuere sin protesto, desde*

---

[62] Otra forma, excepcional, de prescripción de la acción cambiaria en el cheque, que acarrea el descargo del instrumento, es la prescripción del cheque de viajero o turístico, que se configura, frente al (banco) librador, por la no presentación del título dentro de los diez (10) años siguientes a su emisión (momento a partir del cual se encuentra disponible la provisión) y, frente al corresponsal que lo ponga en circulación, por su no presentación dentro de los cinco (5) años siguientes a la emisión. (Arts. 746 y 751, C. Co.).

la fecha del vencimiento; y, en su caso, desde que concluyan los plazos de presentación" (artículo 790); y **(ii)** para el obligado de regreso contra los demás obligados anteriores, *"en seis meses, contados a partir de la fecha del pago voluntario o de la fecha en que se le notifique la demanda"* (artículo 791).

27. FORMAS DE CADUCIDAD Y PRESCRIPCIÓN DE LA ACCIÓN CAMBIARIA (DE REGRESO) QUE NO DAN LUGAR A LA ACCIÓN DE ENRIQUECIMIENTO CAMBIARIO

Para los efectos previstos en el tercer inciso del artículo 882 del C. Co., las formas de caducidad o prescripción antes enunciadas son prácticamente las únicas que dan lugar al descargo definitivo del instrumento y a la consiguiente extinción de la obligación *fundamental*, y que legitiman al acreedor para dirigirse contra quien haya resultado enriquecido a causa de la caducidad o de la prescripción.

Cabe preguntar entonces ¿cuáles son las formas de caducidad y prescripción de la acción cambiaria que no conllevan el descargo del instrumento negociable y que, por lo mismo, no dan lugar a la acción de enriquecimiento cambiario?

La respuesta a dicho interrogante es: no producen descargo del título ni dan lugar a la acción de enriquecimiento cambiario los eventos de caducidad y prescripción de la acción cambiaria de regreso que a continuación se enuncian y sustentan:

1). Caducidad de la acción cambiaria de regreso contra los endosantes y sus avalistas en el cheque (que en principio deja subsistente la acción cambiaria de regreso contra el librador y sus avalistas).

La caducidad de la acción cambiaria de regreso contra los endosantes y sus avalistas en el cheque, que se configura por la simple falta de presentación o protesto oportunos (inciso 2° del artículo 729 del C. Co.), no obstante ocurrida, deja vigente la acción cambiaria de regreso contra el librador y sus avalistas siempre que el librador no hubiere tenido fondos suficientes en poder del librado durante todo el plazo de presentación (pues de tenerlos y no habiendo el tenedor presentado el cheque operaría también la caducidad de la acción contra dichos librador y avalistas –inciso 1° del artículo 729 del C. Co.–), dando lugar a la posibilidad de ejercer la *actio in rem verso cambiario* de que se viene hablando.

En orden a remediar la pérdida que sufre el tenedor del cheque, cuando éste no es presentado en tiempo pese a existir fondos suficientes para su pago, con lo cual se configura la caducidad de la acción cambiaria contra el librador y sus avalistas (si los hubiere), el artículo 721 consagra una solución en virtud de la cual el tenedor puede evitar el trámite del engorroso proceso de la *actio in rem verso cambiario* de que trata el artículo 882. Al respecto, el citado artículo 721 dispone: *"Aun cuando el cheque no hubiere sido presentado en tiempo, el* [banco] *librado deberá pagarlo si tiene fondos suficientes del librador o hacer la oferta de pago parcial, siempre que se presente dentro de los seis meses que sigan a su fecha".*

2). *Caducidad de la acción cambiaria de regreso (que deja*

79

vigente la acción cambiaria directa) en los demás instrumentos negociables distintos del cheque.

En los demás instrumentos negociables distintos del cheque, la caducidad de la acción cambiaria de regreso (que deja subsistente la acción cambiaria directa), opera por no haberse presentado el título en tiempo para su aceptación o para su pago, o por no haberse levantado el protesto conforme a la ley (artículos 698 y 787 ibídem).

3). Prescripción de la acción cambiaria de regreso (que también deja vigente la acción cambiaria directa) en los demás instrumentos negociables distintos del cheque.

En igual forma, en los demás instrumentos negociables distintos del cheque, la prescripción de la acción cambiaria de regreso deja subsistente la acción cambiaria directa, y se configura (la prescripción de la acción cambiaria de regreso) en los términos de los artículos 790 y 791 del C. Co., valga reiterar: **(i)** para el último tenedor, *"en un año contado desde la fecha del protesto o, si el título fuere sin protesto, desde la fecha del vencimiento; y, en su caso, desde que concluyan los plazos de presentación"* (artículo 790); y **(ii)** para el obligado de regreso contra los demás obligados anteriores, *"en seis meses, contados a partir de la fecha del pago voluntario o de la fecha en que se le notifique la demanda"* (artículo 791).

En síntesis, acontecida la caducidad de la acción cambiaria de regreso contra el **librador del cheque y sus avalistas**, o prescrita la acción cambiaria de regreso en tal tipo de instrumentos negociables, fluye para el tenedor la acción de enriquecimiento cambiario. Del mismo modo, ocurrida la caducidad de la acción cambiaria de regreso en un **instrumento negociable distinto del cheque**, se extingue la acción causal contra el obligado de regreso correspondiente, pero le queda al tenedor la acción cambiaria directa, prescrita la cual emerge en su favor la acción de enriquecimiento cambiario.

28. TABLA DE RESUMEN DE LAS FORMAS DE CADUCIDAD Y PRESCRIPCIÓN DE LA ACCIÓN CAMBIARIA EN LOS DISTINTOS INSTRUMENTOS NEGOCIABLES

Las formas de caducidad y prescripción de la acción cambiaria en los distintos instrumentos negociables, se concretan a las que se reseñan en la siguiente *TABLA DE RESUMEN*, en la cual se indican, respecto de cada una de las eventualidades enunciadas, si se produce o no el descargo del instrumento negociable y si hay lugar o no a la acción de enriquecimiento cambiario.

Tipo de instrumento negociable	Evento	Forma en que opera la caducidad o prescripción	¿Conlleva el descargo del título y da lugar a la acción de enriquecimiento cambiario?
	Caducidad de la acción cambiaria de regreso contra el librador y sus	No presentación y protesto en tiempo, siempre que durante todo el plazo de presentación el librador hubiere tenido fondos	Sí

Cheque	avalistas.	suficientes en poder del banco librado y por causa no imputable a dicho librador el cheque haya dejado de pagarse (artículo 729, inciso 1°, C. Co).	
	Caducidad de la acción cambiaria de regreso contra los <u>endosantes</u> y sus avalistas.	Falta de presentación o protesto oportunos (artículo 729, inciso 2°).	No
	Prescripción de la acción cambiaria de regreso.	Para el último tenedor, cuando no habiendo caducado la acción cambiaria contra el librador y sus avalistas (si los hubiere), deja transcurrir seis (6) meses contados desde la presentación (artículo 730, primera parte). Para los endosantes o avalistas, cuando no habiendo caducado la acción cambiaria contra los demás signatarios, dejan pasar el mismo término (6 meses), pero contado desde el día siguiente al en que paguen el cheque (artículo 730, segunda parte).	Sí
	Prescripción de la acción cambiaria directa.	Tres (3) años a partir del día del vencimiento (artículo 789).	Sí

Títulos valores de contenido crediticio distintos del cheque	Caducidad de la acción cambiaria de regreso.	No presentación del título en tiempo para su aceptación o para su pago, o no levantamiento del protesto conforme a la ley (artículos 698 y 787).	No
	Prescripción de la acción cambiaria de regreso (incluida la acción cambiaria de regreso contra el girador de la letra no aceptada por el girado).	Para el último tenedor, cuando deja transcurrir *"un año contado desde la fecha del protesto o, si el título fuere sin protesto, desde la fecha del vencimiento; y, en su caso, desde que concluyan los plazos de presentación"* (artículo 790).	No
		Para el obligado de regreso contra los demás obligados anteriores, cuando deja transcurrir *"Seis meses, contados a partir de la fecha del pago voluntario o de la fecha en que se le notifique la demanda"* (artículo 791).	Sí

29. **DE *LEGE FERENDA*, ¿QUÉ DEBERÍA DISPONER EL INCISO TERCERO DEL ARTÍCULO 882 DEL CÓDIGO DE COMERCIO?**

Según lo advierte el enunciado final del primer inciso del artículo 882 del C. Co., si el título valor de contenido crediticio es descargado *"de cualquier manera"*, no hay lugar entonces a la resolución del pago de la obligación preexistente.

Por consiguiente, en cuanto las formas de caducidad y prescripción señaladas en el numeral o *supra* 26 (*Formas de caducidad o prescripción de la acción cambiaria que dan lugar a la acción de enriquecimiento cambiario*), constituyen típicos prototipos de descargo del instrumento que no dan lugar a la resolución del pago, amén de que conllevan la extinción de la obligación consiguiente, no era menester que el tercer inciso de la norma enfatizara que si el acreedor deja caducar o prescribir el instrumento la obligación originaria o fundamental expira asimismo. De *lege ferenda* (para una futura reforma legislativa) y sobre la base de que la *actio in rem verso cambiario* se cimenta en la caducidad o prescripción de la acción cambiaria, que conlleva el descargo del instrumento y la consecuente extinción de la obligación causal, sería suficiente y más técnico a la vez que el precitado inciso simplemente dispusiera: *si el instrumento fuere descargado por caducidad o prescripción de la acción cambiaria, el acreedor tendrá acción contra quien resulte enriquecido a causa de dicha caducidad o prescripción.*

El texto actual de la norma es el siguiente: *"Si el acreedor deja caducar o prescribir el instrumento, la obligación originaria o fundamental se extinguirá así mismo; pero tendrá acción contra quien se haya enriquecido sin causa a consecuencia de la caducidad o prescripción. Esta acción prescribirá en un año".* El texto que debería adoptarse es: ***Si el instrumento fuere descargado por caducidad o prescripción de la acción cambiaria, el acreedor*** *tendrá acción contra quien se haya enriquecido a **causa** de la caducidad o prescripción. Esta acción prescribirá en un año.* (Se incluyen en negrilla las expresiones cuyo orden de ubicación o redacción se modifican).

30. INTERPRETACIÓN CON MÁS SENTIDO ÚTIL DEL INCISO TERCERO DEL ARTÍCULO 882 DEL CÓDIGO DE COMERCIO

El inciso tercero del artículo 882 presenta anfibología en el aparte que dice *"si el acreedor deja caducar o prescribir el instrumento"*. En realidad el documento no caduca ni prescribe. La que caduca o prescribe, por vía extintiva, es la acción cambiaria.

No obstante, si dicha expresión anfibológica (*"si el acreedor deja caducar o prescribir el instrumento"*) se lee en armonía con el enunciado que le subsigue (*"la obligación originaria o fundamental se extinguirá así mismo"*), se concluye que el sentido, alcance o interpretación con más sentido útil del inciso tercero del artículo 882 es: *Si el acreedor deja caducar o prescribir la acción cambiaria, la obligación causal* (o, si se quiere, originaria o fundamental) *que lo vincula con su endosante se extinguirá asimismo. No obstante, si el instrumento es descargado por caducidad o prescripción, tendrá acción contra quien se haya enriquecido a causa de la caducidad o prescripción. Esta acción prescribirá en un año.*

31. REGULACIÓN ESPECIAL DE LA ACCIÓN CAUSAL EN EL INCISO TERCERO DEL ARTÍCULO 882 DEL CÓDIGO DE COMERCIO

Los términos de caducidad y prescripción de la acción cambiaria suelen ser más reducidos que los términos de caducidad[63] (cuando

---

[63] Acerca de la **caducidad cambiaria** (que sólo implica la pérdida de una vía de

hay lugar a ésta), y ante todo más cortos que los términos de prescripción de la acción causal. Ésta es quizás una de las razones por las cuales, en lo que atañe a tal aspecto, el inciso tercero del artículo 882 se limita a señalar que el descargo del título por caducidad o prescripción de la acción cambiaria extingue asimismo la obligación originaria o fundamental.

Por la aludida razón, podría pensarse que el citado artículo no admite la posibilidad de que la acción causal caduque o prescriba antes de que opere la caducidad o prescripción de la acción cambiaria. Empero, más que eso, lo que hace es disponer la interrupción de la acción causal y, consecuentemente, darle un tratamiento especial consistente en que, *"pagada"* la obligación fundamental con un título valor de contenido crediticio, su extinción definitiva queda supeditada al descargo del instrumento. De suerte que si el instrumento es rechazado puede perfectamente el acreedor hacer efectivo el pago de la obligación originaria o fundamental, siempre y cuando ejercite la acción correspondiente antes de que opere la caducidad o prescripción de la acción cambiaria.

En lo tocante al carácter cambiario que adquiere la obligación causal pagada con un instrumento negociable (carácter que según se indicó antes se traduce en la interrupción de la acción causal, que desde el momento del *"pago"* sigue la suerte de la acción

cobro), y sus diferencias con la denominada **caducidad procesal** (que supone la pérdida de una vía judicial especial) y otros tipos de caducidad, puede consultarse a PEÑA CASTRILLÓN, Gilberto, en *Algunas Falacias Interpretativas de los Títulos Valores,* op. cit., pp. 27 a 32.

cambiaria), la CSJ, C, en sentencia de Casación de 30 de julio de 1992, precisó:

> *"(...) como la condición resolutoria al cumplirse extingue retroactivamente los efectos del pago, mientras ella pende, forzoso es entender que hay "pago" con todas las consecuencias que los puros y simples producen, lo que entre otras cosas significa que, entre tanto o sea mientras dicha situación de pendencia subsista, la obligación que se reputa saldada no tiene la calidad de exigible y por ende contra el acreedor ninguna prescripción corre respecto de acciones en su favor derivadas de la relación causal (Art. 2535 del Código Civil)*[64].

> *c) Finalmente, todo cuanto va dicho hasta el momento conduce a concluir que tratándose de la entrega con fines solutorios de títulos valores de contenido crediticio y una vez cumplida la condición resolutoria, condición ésta que se considera configurada cuando a pesar de la conducta diligente observada por el acreedor-tenedor y sin necesidad de acudir a procedimiento judicial esos títulos son rechazados o de cualquier manera no se les descarga, vuelve a situarse en primer plano, a reactivarse en toda su extensión el negocio jurídico de base que vinculó a las partes, **pero no es ciertamente un resurgir omnímodo que faculte a ignorar de***

---

[64] El art. 2535 del C. C. reza:

"La prescripción que extingue las acciones y derechos ajenos exige solamente cierto lapso de tiempo durante el cual no se hayan ejercido dichas acciones.

Se cuenta este tiempo desde que la obligación se haya hecho exigible".

plano el ensayo de pago ocurrido, sino que lo restringen precisos límites previstos por el legislador para evitar abusos originados en la pluralidad de acciones disponibles e incompatibles en cuanto a sus posibles objetivos, ya que de no existir tales restricciones el deudor podría acabar pagando varias veces una misma obligación o lo que también reviste singular gravedad, verse forzado a cubrir indebidamente prestaciones materia de deudas desaparecidas. Por eso, de conformidad con el artículo 882 del Código de Comercio y ante la evidente necesidad de eliminar estos riesgos, preciso es entender que la vigencia jurídica de cualquier acción derivada de la causa exige varias condiciones a saber:

(i). La primera que no por ser elemental suponerla puede dejar de mencionarse, es que la eficacia apenas "pro solvendo" de la entrega de títulos, presumida por el sistema legal según se explicó a espacio líneas atrás, no haya sido descartada por las partes. Si lo hicieron y de ello hay prueba irrefragable, es imposible entonces pretender que por la vía indicada en aquel precepto, pueda restaurarse la eficacia integral del vínculo obligatorio original.

*(ii). **Otra condición, la segunda, que aparece consagrada expresamente en el inciso final del artículo 882 tantas veces citado, es que ante el evento del rechazo del título, la fuerza jurídica que éste pueda conservar en beneficio de quien lo entregó, no se vea menoscabada por la desidia del acreedor, de manera que si éste '... deja caducar o prescribir el instrumento ...', la obligación originaria se tendrá asimismo***

por extinguida, lo que en síntesis quiere significar que proceder 'ex causa' contra el deudor tampoco le está permitido al acreedor en cuestión cuando ha sido responsabilidad suya el deterioro del documento por efecto de la caducidad o de la prescripción de los recursos cambiarios que al primero pudieran corresponderle frente a signatarios anteriores" [65].

"(...) al aceptar el acreedor causal que le sean entregados "pro solvendo" instrumentos negociables, no es que al crédito primitivo venga a sumársele por arte de antojadiza ficción otro distinto de naturaleza cambiaria, sino que el primero adquiere provisionalmente este último carácter, obligándose por tanto aquel acreedor a agotar de preferencia esta vía en busca de la normal satisfacción de su derecho, de suerte que cualquier proceso fundado en la relación originaria, contractual por ejemplo, no podrá iniciarse sino en tanto el instrumento haya sido rechazado sin que medie culpa del acreedor (...)"* [66]. (Las negrillas son ajenas al texto original).

32. LA *ACTIO IN REM VERSO CAMBIARIO* PROCEDE TAMBIÉN EN CASO DE CADUCIDAD O PRESCRIPCIÓN DE LA ACCIÓN CAMBIARIA SURGIDA DEL TÍTULO VALOR DE CONTENIDO CREDITICIO EMITIDO O TRANSFERIDO CON OCASIÓN DEL SURGIMIENTO DE LA RELACIÓN CAUSAL (CASO DEL ARTÍCULO 643 DEL C. CO.)

---

[65] CSJ, C, S de Casación de 30 de julio de 1992, M. P. Carlos Esteban JARAMILLO SCHLOSS, en *G. J.*, t. CCXIX, núm. 2458, pp. 227 a 229.

[66] Ibíd., p. 230.

En cuanto la de enriquecimiento sin justa causa es una acción especial, que solo procede a falta de otra acción y por excepción en los eventos señalados de manera expresa en la ley, podría argüirse que la ***actio in rem verso cambiario*** (que según la jurisprudencia se basa en la misma teoría en que fundamenta la acción de enriquecimiento sin justa causa), solo procede en los eventos previstos en el aludido artículo 882. Es decir, cuando el acreedor deja caducar o prescribir la acción cambiaria surgida del título valor de contenido crediticio que recibe por una obligación anterior (ya existente para cuando el título es emitido o transferido, o, lo que es lo mismo, **anterior o preexistente** a la emisión o transferencia del instrumento), no cuando deja caducar o prescribir la acción cambiaria emanada del título valor de contenido crediticio que recibe con ocasión del **nacimiento** de la relación causal (caso regulado en el artículo 643).

Sin embargo, el anterior no puede ser el entendimiento de la norma, entre otras razones por las siguientes: **(i)** porque el inciso segundo del artículo 643 es categórico al disponer que *"La acción causal podrá ejercitarse **de conformidad con el artículo 882"** (se resalta), norma ésta que en su inciso 3° (y final), tras advertir: *"Si el acreedor deja caducar o prescribir el instrumento, la obligación originaria o fundamental* [que es la misma obligación causal] *se extinguirá así mismo"*, a renglón seguido agrega: *"no obstante* [vale decir, pese a que la obligación causal, originaria o fundamental se extinga por razón de la caducidad o prescripción de la acción cambiaria] *tendrá acción contra quien se haya enriquecido sin causa a consecuencia de la caducidad o prescripción"*, y **(ii)** porque, si al

90

acreedor le asiste la ***actio in rem verso cambiario*** cuando el título descargado por caducidad o prescripción de la acción cambiaria ha sido recibido por una *obligación anterior o preexistente*, **a fortiori** (con mayor razón) le asiste la misma acción cuando el título descargado por caducidad o prescripción de la acción cambiaria ha sido recibido en virtud de la *obligación por la cual fue emitido o transferido el título*. No en vano, por disposición expresa del artículo 643, en tal evento no se produce la extinción de la obligación causal que da lugar a la emisión o entrega del título, aparte de que, como se anotó antes, *"(L)a acción causal podrá ejercitarse de conformidad con el artículo 882"*.

Capítulo IV

PARTICULARIDADES DE LAS OBLIGACIONES NATURALES ÚTILES PARA EL ESTUDIO DE LAS MATERIAS AQUÍ TRATADAS

Sumario. *33. Las obligaciones cambiaria y causal extinguidas por caducidad o prescripción de la acción cambiaria, subsisten en su condición de naturales. 34. En qué se diferencian las obligaciones naturales del juego y la apuesta. 35. El que la obligación natural no confiera (en principio) derecho para exigir su cumplimiento, no excluye que pueda intentarse éste. 36. Obligaciones naturales distintas de las enunciadas en el artículo 1527 del Código Civil. 1) El pago de intereses no estipulados en el mutuo. 2) La multa estipulada por uno de los esposos a favor del otro en caso de no cumplir la promesa de matrimonio mutuamente aceptada. 3) La obligación cambiaria extinguida por caducidad de la acción (cambiaria) de regreso. 37. ¿Es viable el cobro, mediante proceso declarativo verbal (no ejecutivo), de una obligación ejecutiva extinguida por prescripción? 38. Configuración de la cosa juzgada con ocasión del ejercicio de la acción.*

33. Las obligaciones cambiaria y causal extinguidas por caducidad o prescripción de la acción cambiaria, subsisten en su condición de naturales

Es de relievar que las obligaciones cambiaria y causal extinguidas por la caducidad o prescripción de la acción cambiaria, subsisten en su condición de *naturales*[67] (muy a pesar del surgimiento de la acción de enriquecimiento contra quien se haya lucrado a causa de la caducidad o prescripción). Prueba de ello es que si bien son obligaciones que no confieren derecho alguno para exigir su cumplimiento, una vez *"cumplidas autorizan para retener lo que se ha dado o pagado, en razón de ellas"* (inciso 3º, artículo 1527, C. C.), sin que sea factible repetir lo dado o pagado cuando *"el pago se haya hecho voluntariamente por el que tenía la libre administración de sus bienes"* (enunciado final del artículo 1527 citado).

34. EN QUÉ SE DIFERENCIAN LAS OBLIGACIONES NATURALES DEL JUEGO Y LA APUESTA

Las obligaciones naturales se diferencian del *juego* y la *apuesta* en que éstos, al contrario de aquellas, *"no producen acción ni excepción"* (inciso 1° del artículo 2283 del Código Civil). *"no producen acción ni*

---

[67] Artículo 1527 del C. C.:

"Las obligaciones son civiles o meramente naturales.

Civiles son aquellas que dan derecho para exigir su cumplimiento.

Naturales las que no confieren derecho para exigir su cumplimiento, pero que cumplidas autorizan para retener lo que se ha dado o pagado, en razón de ellas.

Tales son:

1. Las contraídas por personas que, teniendo suficiente juicio y discernimiento, son, sin embargo, incapaces de obligarse según las leyes (...).

2. Las obligaciones civiles extinguidas por la prescripción.

3. Las que proceden de actos a que faltan las solemnidades que la ley exige para que produzcan efectos civiles; como la de pagar un legado, impuesto por testamento, que no se ha otorgado en la forma debida.

4. Las que no ha sido reconocidas en juicio por falta de prueba (....)".

excepción" (inciso 1° del artículo 2283 del Código Civil). *"Sin embargo (...), producirán acción los juegos de fuerza o destreza corporal, como el de armas, carreras a pie o a caballo, pelota, bola y otros semejantes, con tal que en ellos no se contravenga a las leyes de policía"* (inciso 1° del artículo 2286 ibídem).

Las obligaciones naturales, a diferencia del fuego y la apuesta, producen *acción* por cuanto a pesar de que en principio el deudor (de obligación natural) no está obligado a pagar, nada obsta para que el acreedor pueda pedirle el pago, aun por vía judicial. Y producen también *excepción* puesto que, en lo que atañe al deudor, puede éste alegar con éxito la condición de inexigibilidad; y en lo que concierne al acreedor, en caso de cumplida la obligación natural, si se intenta luego en su contra la restitución de lo pagado, puede –también con éxito– proponer la excepción de cumplimiento voluntario de la obligación. Al respecto, RODRIGO NOGUERA sostiene: *"La obligación natural es, pues, aun cuando no sea en sí misma exigible, en cierto grado **obligatoria** para su deudor principal, porque, cumplida voluntariamente, el estado de cosas creado por el pago le es completamente obligatorio; por fuerza tiene que someterse a él, no puede alterarlo"*[68].

Aparte de lo anterior, en el juego y la apuesta, *"Si el que pierde paga, tiene, en todo caso, acción para repetir lo pagado"* (inciso 3° del artículo 2283 citado), cosa que no se da en las obligaciones naturales, en las que es dable retener lo dado o pagado en razón de ellas. *"No se podrá repetir lo que se ha dado para cumplir una obligación puramente natural, de las enumeradas en el artículo 1527"*,

---

[68] NOGUERA, Rodrigo, *op. cit.* p. 16.

94

advierte el artículo 2314 del Código Civil.

35. EL QUE LA OBLIGACIÓN NATURAL NO CONFIERA (EN PRINCIPIO) DERECHO PARA EXIGIR SU CUMPLIMIENTO, NO EXCLUYE QUE PUEDA INTENTARSE ÉSTE

En consonancia con lo antedicho y en perfecta armonía con lo dispuesto en los artículos 2513 del Código Civil, y 96 –num.3– y 282 del Código General del Proceso (92 –num. 3–, y 306 del Código de Procedimiento Civil), que imponen la carga de alegar la prescripción a quien pretenda aprovecharse de ella, si el acreedor ejercita la acción cambiaria ejecutiva luego de transcurrido el término en que opera la prescripción de la acción, y el deudor demandado no propone oportunamente la excepción de prescripción (extintiva de la obligación), mal puede el juez de conocimiento declararla de oficio, y con mayor razón si se observa que la prescripción puede ser renunciada por quien está legitimado para alegarla una vez cumplida o configurada (artículo 2514 del C. C.).

En suma, de la interpretación sistemática de los artículos 1527, 2314, 2513[69] y 2514 del Código Civil (el 1527, sobre obligaciones naturales; el 2314, que prohíbe reclamar lo dado en cumplimiento de obligación natural *"de las enumeradas en el artículo 1527"*; el 2513, que exige alegación de parte interesada para declarar la prescripción; y el 2514, que posibilita la renuncia a la prescripción), se concluye que es procedente intentar el cumplimiento de obligaciones civiles extinguidas por prescripción.

---

[69] En correlación con los artículos 96 –num. 3– y 282 del Código General del Proceso (92 –num. 3– y 306 del Código de Procedimiento Civil).

A igual conclusión conduce el artículo 1528 del Código Civil, que señala: *"La sentencia judicial que rechaza la acción intentada contra el naturalmente obligado, no extingue la obligación natural"*. Ese rechazo de la acción supone el ejercicio de ésta (i. e. el intento de cumplimiento de la obligación natural). En otros términos, el rechazo de la acción intentada contra el naturalmente obligado (rechazo que puede fundarse en la prosperidad de la excepción de prescripción, por ejemplo), entraña el reconocimiento de que es viable pretender el cumplimiento de la obligación natural por vía judicial.

Por lo mismo, si a pesar de ejercitada la acción (de cobro de una obligación natural), el demandado –deudor de la obligación– no propone la excepción de inexigibilidad, se hace efectiva aquella, lo que confirma que sí procede su ejercicio.

En el anterior orden de ideas, la posibilidad de proponer la excepción de caducidad cambiaria, o de prescripción –también cambiaria–, según el caso, es un aspecto que toca más con la prosperidad o no de la acción, que con la procedencia de la misma.

Que lo antes expuesto es cierto, vale decir, que es procedente el cobro judicial de una obligación natural y en particular de una obligación cambiaria respecto de la cual ha operado la caducidad o la prescripción, se desprende de la aclaración de voto –objeto de especial comentario en el *infra 72*–, consignada en la sentencia de 14 de marzo de 2001, ya citada, en la cual el ponente de la aclaración, magistrado Manuel Ardila Velásquez, expuso:

"(...) cualquiera que sea el razonamiento con el que pretenda justificarse la prescripción, no es posible desconocer el fundamento ético que la anima, en la inteligencia de que sólo al deudor incumbe decidir si la invoca o no; es éste en su fuero interno el que determina si apela al transcurso del tiempo, las más de las veces para que en adelante se lo tenga como si efectivamente hubiese pagado la deuda.

Y la sentencia de que discrepo ha pasado de largo ante ese secular postulado, y entroniza entonces la idea de que es posible que al deudor se le escamotee el poder de disposición de ese derecho, el cual, como lo señala la Corte, no es del acreedor, 'es una facultad de que está investido el deudor y, por lo tanto, solo a él corresponde ejercitar' (Cas. 17 de octubre de 1945, LIX, 724). Evidentemente, se da el caso de que el acreedor se ha presentado a este juicio ordinario metiéndose, por así decirlo, a la casa del deudor, partiendo de la base de que la letra de cambio está prescrita, sin que el deudor, hasta allí, hubiese alegado algo por el estilo. Como si el acreedor estuviese facultado para penetrar los pliegues de su corazón y decidir por él, birlándole incluso el derecho que tiene de renunciar a la prescripción. Allá quien vea en eso una cuestión de poca monta.

De ese modo, la decisión mayoritaria perdió de mira que la acción de enriquecimiento injusto es esencialmente subsidiaria, esto es, que sólo procede a falta de toda otra alternativa, y de ahí que se la denomine como remedium extremun. En efecto, si

el deudor no ha alegado la prescripción, síguese –tiene que
seguirse–, que la obligación no se ha extinguido y que, por
consiguiente, subsiste la probabilidad de su cobro, aun
coactivamente.

(...) Y ya está visto que mientras no se alegue la prescripción,
jamás puede decirse que la cambiaria ha fenecido"[70].

Lo propio –que además confirma lo antes expresado– puede decirse de una acción ordinaria extinguida por prescripción. Mejor dicho, si, no obstante ejercitada la acción causal, el demandado no propone la excepción de prescripción extintiva de la obligación a que alude la pretensión del demandante, mal puede el juez declarar de oficio la prescripción.

Un precedente judicial sobre la prosperidad de la ***actio in rem verso cambiario*** prescrita (ejercitada después del año de prescrita la acción cambiaria ejecutiva), se encuentra consignado en la sentencia de 21 de mayo de 2002, con ponencia del mismo magistrado antes nombrado (Manuel ARDILA VELÁSQUEZ). En el caso allí decidido la parte demandada alegó la excepción de prescripción de la *acción cambiaria ejecutiva* y no la excepción de prescripción de la *acción de enriquecimiento cambiario*, lo que llevó

---

[70] De cierta forma el artículo 2° de la Ley 791 de 2002 (*Por medio de la cual se reducen los términos de prescripción en materia civil*), que adicionó un 2° inciso al artículo 2513 del Código Civil, acoge la doctrina consignada en dicho salvamento de voto. El texto del citado artículo 2° es: *"La prescripción tanto la adquisitiva como la extintiva, podrá invocarse por vía de acción o por vía de excepción, por el propio prescribiente, o por sus acreedores o por cualquiera otra persona que tenga interés en que sea declarada, inclusive habiendo aquel renunciado a ella"* (resaltado fuera de texto).

a que no fuere reconocida esta segunda prescripción.

Sobre el particular se volverá más adelante, cuando se aborde el punto atinente al *"PRECEDENTE JUDICIAL SOBRE PROSPERIDAD DE LA ACTIO IN REM VERSO CAMBIARIO EJERCITADA DESPUÉS DEL AÑO DE PRESCRITA LA ACCIÓN CAMBIARIA EJECUTIVA"* (*infra* 92).

36. OBLIGACIONES NATURALES DISTINTAS DE LAS ENUNCIADAS EN EL ARTÍCULO 1527 DEL CÓDIGO CIVIL

Es pertinente acotar que el listado que trae el artículo 1527 del Código Civil es de carácter meramente enunciativo, ya que la propia ley admite la existencia de otras obligaciones naturales distintas de las reseñadas en la aludida norma. A este respecto RODRIGO NOGUERA expresa: *"(...) son obligaciones naturales en el sistema de nuestro Código, no solo las que registra el art. 1527, sino todas las demás en que por motivos de equidad no se permita la repetición de lo pagado, a pesar de no concederse el derecho de acción"*[71].

Algunos ejemplos de obligaciones naturales distintas a las enunciadas en el artículo 1527 del Código Civil, son:

1). *El pago de intereses no estipulados en el mutuo.*

Sobre el particular, la CSJ, C, en sentencia de 25 de agosto de 1996 puso de presente:

---

[71] NOGUERA, Rodrigo, *Estudio de las Obligaciones Naturales, Monografías Jurídicas N° 12*, Bogotá, Temis, 1980, p. 55.

"La expresión 'tales son' que emplea el artículo 1527 no es limitativa, sino expresiva de algunas hipótesis de obligaciones naturales. Si el artículo dijera 'ellas son', o 'son', simplemente, como es la forma usada en el artículo 1087 del código, que enumera los testamentos privilegiados, o en el artículo 1226, que indica las asignaciones forzosas, no habría duda sobre el carácter taxativo de las obligaciones naturales; pero al expresar 'tales son', citó algunos casos sin comprenderlos a todos.

(...)

No es oportuno relacionar aquí los distintos ejemplos que existen en el código, que pueden considerarse como originarios de obligaciones naturales y que no están comprendidos en la enumeración del artículo 1527; basta citar la hipótesis del pago de intereses no estipulados en el mutuo (art. 2233 del C. C.), que no pueden repetirse ni imputarse al capital" [72].

2). La multa estipulada por uno de los esposos a favor del otro en caso de no cumplir la promesa de matrimonio mutuamente aceptada.

Otro ejemplo de obligación natural es sin duda alguna la referida en el artículo 111 del Código Civil, en cuanto dispone que a pesar de que no puede pedirse la multa que por uno de los esposos se hubiere estipulado a favor del otro para el caso de no cumplir la

---

[72] CSJ, C, 25 de agosto de 1966 (M. P. Flavio Cabrera Dussán), en *G. J.*, t. CXVII, p. 2282.

promesa de matrimonio mutuamente aceptada, en caso de pagarse no es dable pedir su devolución. (La promesa de matrimonio mutuamente aceptada, también denominada esponsales o desposorios, es definida por el artículo 110 como *"un hecho privado que las leyes someten enteramente al honor y conciencia del individuo, y que no produce obligación alguna ante la ley civil"*).

3). *La obligación cambiaria extinguida por caducidad de la acción (cambiaria) de regreso.*

Otra obligación natural podría ser la cambiaria extinguida por caducidad de la acción cambiaria de regreso. Al respecto, PEÑA CASTRILLÓN, cuyos comentarios son doctrina autorizada en tales materias, comenta que tal tipo de caducidad, a diferencia de la llamada caducidad procesal (que es de orden público, de carácter irrenunciable y declarable de oficio por el Juez aunque no sea alegada por el demandado), no tiene connotación procesal alguna y por esta razón debe ser alegada por el sujeto pasivo de la acción[73].

Cabe recordar que la caducidad de la acción cambiaria de regreso contra los endosantes y sus avalistas en el cheque (que se configura por la simple falta de presentación o protesto oportunos), no obstante ocurrida deja subsistente la acción cambiaria de

---

[73] PEÑA CASTRILLÓN, Gilberto, *Algunas Falacias Interpretativas de los Títulos Valores,* op. cit., pp. 27 a 32.

En lo que concierne a *"otros tipos de caducidad"*, puede citarse, por vía de ejemplo, el caso de la caducidad de un registro marcario por falta de renovación oportuna o por no pago de tasas oficiales, del cual trata el artículo 174 de la Decisión 486 (Régimen Común sobre Propiedad Industrial) de la Comisión de la Comunidad Andina.

regreso contra el librador y sus avalistas (artículo 729 del C. Co.)[74]. En otras palabras, la caducidad de la acción cambiaria de regreso contra los endosantes y sus avalistas en el cheque, no produce el descargo del título, como tampoco lo produce la caducidad ni la prescripción de la acción cambiaria de regreso (que dejan subsistente la acción cambiaria directa) en los demás instrumentos negociables (distintos del cheque).

Respecto de los instrumentos negociables distintos del cheque, la caducidad, como se dijo antes, opera por la no presentación del título en tiempo para su aceptación o para su pago, o por el no levantamiento del protesto conforme a la ley (artículos 698 y 787 ibídem).

37. ¿ES VIABLE EL COBRO, MEDIANTE PROCESO DECLARATIVO VERBAL (NO EJECUTIVO), DE UNA OBLIGACIÓN EJECUTIVA EXTINGUIDA POR PRESCRIPCIÓN?

---

[74] Siempre que durante todo el plazo de presentación el librador no hubiere tenido fondos suficientes en poder del librado, pues de tenerlos y no habiendo el tenedor presentado el cheque operaría también la caducidad de la acción contra el librador y el avalista, dando lugar a la *actio in rem verso cambiario* de que se viene hablando.

Para remediar la pérdida que sufre el tenedor del cheque, cuando éste no es presentado en tiempo pese a existir fondos suficientes para su pago, con lo cual se configura la caducidad de la acción cambiaria contra el librador y sus avalistas (si los hubiere), el artículo 721 consagra una solución en virtud de la cual el tenedor puede obviar el engorroso proceso de la *actio in rem verso* cambiario de que trata el artículo 882. Al respecto, el citado artículo 721 dispone:

"Aun cuando el cheque no hubiere sido presentado en tiempo, el librado deberá pagarlo si tiene fondos suficientes del librador o hacer la oferta de pago parcial, siempre que se presente dentro de los seis meses que sigan a su fecha".

La respuesta al citado interrogante la da el artículo 2536 del Código Civil al preceptuar que

"La acción ejecutiva se prescribe por cinco (5) años. Y la ordinaria por diez (10).

La acción ejecutiva se convierte en ordinaria por el lapso de cinco (5) años, y convertida en ordinaria durará solamente otros cinco (5).

(...)".

Como puede observarse, la acción ejecutiva, que prescribe al cabo de cinco (5) años, se convierte en ordinaria una vez prescrita y perdura otros cinco (5) como tal.

Sobre el referido tópico, el profesor y tratadista Fernando HINESTROSA discierne:

"La obligación puede ser cobrada ejecutivamente, en forma corriente, dentro de los cinco años siguientes al día en que se hizo exigible el pago. Vencido ese término la acción ejecutiva puede ser rechazada por el deudor en razón de su extemporaneidad (póstuma). El acreedor podrá en aquel supuesto impetrar en proceso ordinario la revalidación de su título, sea anticipándose providentemente a la excepción de prescripción del deudor demandado, sea pidiéndola luego de haber fracasado en su intento de cobro por la vía ejecutiva. Para ello dispone de otros diez años [hoy cinco a partir de la

entrada en vigencia de la Ley 791, artículo 8, de 2002], *hasta completar veinte* [hoy diez según el artículo 8 precitado] *que es, conforme al artículo 1° de la Ley 50 de 1936, el tiempo máximo de prescripción (art. 2536 C. C.)* "[75].

En la anterior forma, a pesar de la prescripción de la obligación y de no conferir la ley derecho para exigir el cumplimiento de la misma (artículo 1527 del Código Civil), es en todo caso procedente que mediante sentencia declarativa y de condena se le ordene al deudor el pago de aquella.

Significa lo anterior que, en la praxis judicial puede perfectamente el acreedor y titular de un crédito con mérito ejecutivo extinguido por prescripción, *intentar* el cobro de la obligación, sea mediante proceso ejecutivo[76], sea mediante proceso verbal (antes ordinario). En este segundo caso el título ejecutivo estaría constituido, no por el documento en que se encontrare instrumentada la obligación extinguida por prescripción, sino por la *sentencia declarativa y de condena* (en cuanto tendría por objeto la confirmación de un derecho que se tornó incierto), que accediere al cobro de la obligación natural.

De suerte que, proferida y ejecutoriada la sentencia en la cual se condenare al deudor al pago de obligación prescrita, se estaría

---

[75] HINESTROSA, Fernando, *Tratado de las obligaciones, Concepto, Estructura, Vicisitudes*, t. I, Bogotá, D. C., Universidad Externado de Colombia, 2ª Edición, año 2003, p. 856, en cuyo pie de página número 107 cita como soporte la *"cas. de 2 de agosto de 1965, sin publicar"*.

[76] Cobro que, según se observó, se hace efectivo en caso de que el demandado no proponga la excepción de prescripción extintiva de la obligación.

reconociendo de manera automática la posibilidad de ejercitar por vía ejecutiva el cumplimiento de la deuda, ya que estaría recobrando su condición de civil, que es la que da derecho a exigir su cumplimiento (inciso 1° del artículo 1527 del Código Civil).

Otra razón sobre la procedencia y posibilidad de intentar el cobro, mediante proceso verbal (antes ordinario), de una obligación con mérito ejecutivo extinguida por prescripción, podría ser la fundada en el propósito del acreedor demandante de evitarle al deudor demandado el riesgo de que se iniciare en su contra un eventual proceso de *liquidación judicial* originado en uno de *reorganización empresarial* suscitado por cualquiera otro de sus acreedores, conforme lo disponen los artículos 9, 11, 14 y demás normas concordantes de la Ley 1116 de 2006 (Régimen de Insolvencia Empresarial), al cual hay lugar cuando existan *"por lo menos dos (2) demandas de ejecución* –se resalta– *presentadas por dos (2) o más acreedores para el pago de obligaciones"* (numeral 1 del artículo 9 de la Ley 1116 de 2006).

En síntesis, aunque en principio no es viable exigir por vía ejecutiva el cumplimiento de obligaciones naturales, sí lo es que mediante sentencia declarativa y de condena se le ordene al demandado (deudor de la obligación natural), el pago de la deuda.

38. CONFIGURACIÓN DE LA COSA JUZGADA CON OCASIÓN DEL EJERCICIO DE LA ACCIÓN

No obstante lo arriba expuesto, es preciso reconocer que de la acción (entiéndase pretensión) causal o la cambiaria extinguidas por caducidad o prescripción de la cambiaria, como de cualquiera otra pretensión, solo puede hacerse uso por una sola vez contra un mismo demandado o deudor, ya que ejercitada la acción (entiéndase pretensión) y propuesta contra ésta la excepción de caducidad o prescripción correspondiente, con lo cual se hace infructuoso el ejercicio de la misma, se configura la denominada *cosa juzgada*, *"siempre que el nuevo proceso verse sobre el mismo objeto* [identidad de objeto o **eadem res**], *se funde en la misma causa que el anterior* [identidad de causa o **eadem causa petendi**]*, y que entre ambos procesos haya identidad jurídica de partes* [identidad de partes o **eadem conditio personarum**]*"*, advierte el artículo 303 del Código General del Proceso (332 del Código de Procedimiento Civil).

Capítulo V

CADUCIDAD PROCESAL, CADUCIDAD CAMBIARIA Y PRESCRIPCIÓN

Sumario. *39. Paralelo de diferencias entre la caducidad civil o procesal y la prescripción. 40. La caducidad y la prescripción de la acción cambiaria no son declarables de oficio. 41. Efectos de la interrupción civil de la prescripción y de la inoperatividad de la caducidad. 42. Retroactividad o irretroactividad –según corresponda– de la interrupción civil de la prescripción por demanda judicial. Eficacia e ineficacia de la misma. 43. Eficacia o ineficacia –según corresponda– de la inoperancia de la caducidad. 44. Efectos de la renuncia tácita a la prescripción (cuando se omite alegarla en la contestación de la demanda). 45. Jurisprudencia sobre efectos de la interrupción civil de la prescripción, o de la renuncia a la misma. 46. La interrupción civil de la prescripción depende de una actuación oportuna auspiciada por el acreedor. La renuncia a la prescripción consiste en un acto u omisión discrecional del obligado. 47. Ineficacia de: la interrupción de la prescripción por demanda judicial, la inoperatividad de la caducidad, y la renuncia tácita a la prescripción. A. Causales enunciadas en el artículo 95 del Código General del Proceso: 1) El desistimiento de la demanda por parte del demandante. 2) La terminación del proceso cuando prospera la excepción de inexistencia del demandante o del demandado; o de incapacidad o indebida representación del demandante o del demandado; o por* no haberse presentado prueba de la calidad de heredero, cónyuge o compañero permanente, curador de bienes, administrador de comunidad, albacea y en general de la calidad en que actúe el demandante o se cite al demandado, cuando a ello hubiere lugar; o de pleito pendiente entre las mismas partes y sobre el mismo asunto. 3) La sentencia que absuelva al demandado. 4) La terminación del proceso cuando prospera la excepción de compromiso o cláusula compromisoria, salvo que se promueva el respectivo proceso arbitral dentro de los veinte (20) días hábiles siguientes a la ejecutoria del auto que dé por terminado el proceso. 5) La nulidad del proceso que comprenda la notificación del auto admisorio de la demanda o del mandamiento ejecutivo, siempre que la causa de la nulidad sea atribuible al demandante, siendo deber del juez indicar expresamente sus efectos sobre la interrupción o no de la prescripción y la inoperancia o no de la caducidad. 6) La terminación del proceso por desistimiento tácito. 7) La terminación del proceso por inasistencia injustificada de las partes a la audiencia inicial. B. Causales enlistadas en el artículo 91 del Código de Procedimiento Civil: 1) El desistimiento de la demanda por parte del demandante. 2) La terminación del proceso cuando prospera alguna de las excepciones mencionadas en el numeral 7 del artículo 99 del Código de Procedimiento Civil. 3) La sentencia que absuelva al demandado. 4) La nulidad del proceso que comprenda la notificación del auto admisorio de la demanda.

39. PARALELO DE DIFERENCIAS ENTRE LA *CADUCIDAD CIVIL O PROCESAL* Y LA *PRESCRIPCIÓN*

Por considerarlo útil para el estudio de las materias aquí tratadas, máxime en estos *Tiempos del Coronavirus*[77], se incluye a continuación un análisis paralelo de diferencias entre la *caducidad civil* (o *procesal*) y la prescripción (particularmente la extintiva o liberatoria):

Caducidad civil o procesal	Prescripción
1. Extinción del derecho de acción. Es una institución de orden público[78], propia del derecho procesal. Alude a la extinción del derecho de acción, que conlleva la imposibilidad de recabar la pretensión. Se diferencia de la **caducidad cambiaria** en que ésta, según PEÑA CASTRILLÓN, Gilberto, *"no tiene connotación procesal alguna, afecta la existencia o exigibilidad de un derecho sustancial, no el ejercicio de una vía procesal"*[79].	**1. Extinción de la pretensión.** Es también una institución de orden público, pero afín al derecho sustancial. Existen dos clases: la *adquisitiva* (del dominio), a la cual hay lugar cuando se ha poseído durante cierto lapso de tiempo); y la *extintiva,* que opera cuando se ha dejado de ejercer una acción o derecho durante cierto interregno. Esta segunda modalidad, llamada también *liberatoria,* supone, en estricto rigor, la extinción de la pretensión (no la extinción del derecho de acción, que puede ser ejercitado muy a pesar de la prescripción). Es así como el inciso 2° del artículo 2512, cuando advierte que *"Se prescribe una acción o derecho cuando se extingue por la prescripción"*, alude básicamente

[77] Por razón de la Emergencia Económica, Social y Ecológica decretada con ocasión de la pandemia del coronavirus COVID-19 hubo de ser necesaria la expedición de estatutos con fuerza de ley que previeran la suspensión de términos de caducidad y prescripción en distintos aspectos del derecho, entre tales estatutos los Decretos Legislativos 491 (artículos 6, 9 y 10) y 564 (artículo 1), ambos de 2020.

[78] Sentencia número 073 de 21 de julio de 2008 (M. P. Edgardo VILLAMIL PORTILLA); y sentencia de 9 de septiembre de 2013 (M. P. Jesús Vall DE RUTÉN RUIZ), publicada en *Jurisprudencia y Doctrina*, t. XLIII, N° 505, Legis, enero de 2014, pp. 1 a 14.

[79] *Algunas Falacias Interpretativas de los Títulos Valores,* serie *Monografías Jurídicas*, núm. 47, p. 31, Temis, 1985.

	a la prescripción de derechos o pretensiones, no a la extinción del derecho de acción.
	Del mismo modo, cuando el artículo 2535 ibídem señala que el tiempo en que opera la prescripción *"que extingue las acciones o derechos ajenos"* se cuenta *"desde que la obligación se haya hecho exigible"* (o sea desde que se adquiere el derecho a reclamar), se refiere principalmente al tiempo en que opera la prescripción extintiva de derechos.
	En la anterior forma, cuando el artículo 2512 del Código Civil establece: *"La prescripción es un modo de (...) extinguir las acciones o derechos ajenos, por (...) no haberse ejercido dichas acciones y derechos durante cierto lapso de tiempo"*, se refiere esencialmente a la extinción de pretensiones, no a la extinción del derecho de acción en sentido estricto, que es susceptible de fenecimiento o preclusión por caducidad, no por prescripción.
2. Es inherente a la actividad *in procedendo* (propia del derecho procesal). Atañe a la forma o ejercicio de reclamación judicial de derechos.	**2. Es inherente a la actividad** *in iudicando* (propia del derecho sustancial). Concierne a la forma de adquisición o extinción de derechos u obligaciones.
	Concierne también a la actividad *in procedendo* en los casos en que (la prescripción) es presentada como **tema de decisión**, bien en la narración de hechos, ya en la formulación de pretensiones, ora en la proposición de excepciones (artículo 281 del Código General del Proceso en concordancia con el numeral 2 del artículo 336 ibídem). (Artículo 305 del Código de Procedimiento Civil en concordancia con el numeral 2 del artículo 368 ibídem).

3. Efectos del tránsito de legislación. En lo que al tránsito de legislación se refiere, la caducidad procesal se rige por la directriz hermenéutica contenida en el artículo 40 de la Ley 153 de 1887, que reza: *"Las leyes concernientes a la sustanciación y ritualidad de los juicios prevalecen sobre las anteriores desde el momento en que deben empezar a regir. Pero los términos que hubieren empezado a correr, y las actuaciones y diligencias que ya estuvieren iniciadas, se regirán por la ley vigente al momento de su iniciación"*[80].	**3. Efectos del tránsito de legislación.** En relación con el mismo tópico (tránsito de legislación), la prescripción se gobierna por el parámetro hermenéutico contemplado en el artículo 41 de la Ley 153 citada, que al efecto establece: *"La prescripción iniciada bajo el imperio de una ley, y que no se hubiere completado aún al tiempo de promulgarse otra que la modifique, podrá ser regida por la primera o la segunda, a voluntad del prescribiente; pero eligiéndose la última, la prescripción no comenzará a contarse sino desde la fecha en que la ley nueva hubiere empezado a regir"*.
4. El término del cual pende corre de manera inexorable. Se da –la caducidad civil o procesal– por el simple decurso del tiempo (sin que se haya ejercitado la acción por el llamado a promoverla). No es renunciable ni es pasible de interrupción, y sólo por excepción es susceptible de suspensión (sobre estos aspectos se volverá más adelante).	**4. El término del cual pende no corre de manera inexorable.** Supone la actuación del poseedor que pretende usucapir, o la inacción del titular del derecho *"durante cierto lapso de tiempo, y concurriendo los demás requisitos legales"* (artículo 2512 del Código Civil). Empero, es susceptible de suspensión. También de interrupción y renuncia (sobre estos aspectos se volverá más adelante).
5. Opera en forma automática. Aflora por sí sola, no requiere declaración judicial. Una vez operada o consumada (la caducidad), se surte la pérdida	**5. No opera en forma automática.** El simple decurso del término de prescripción (sea adquisitiva extintiva), no entraña por sí solo la consumación de la misma. Se requiere, además, la

---

[80] Los *"términos que hubieren empezado a correr"* igual pueden darse dentro del proceso ya iniciado o por fuera del mismo. Sobre el particular versa la sentencia de 4 de diciembre de 2006 (expediente 15239) de la Sección Tercera del Consejo de Estado (M. P. Mauricio FAJARDO GÓMEZ), publicada en *Jurisprudencia y Doctrina*, t. XXXVI, N° 423, ene. de 2007, p. 443.

definitiva y para siempre de la acción. En otros términos conlleva la extinción de la acción (pérdida de una vía judicial especial) por la expiración del término perentorio fijado para su ejercicio. Operada la caducidad se cierra toda posibilidad de debate judicial sobre el particular correspondiente.

Un ejemplo de la caducidad procesal es el que se vislumbra en el inciso segundo del artículo 284 del Código General del Proceso (308 del Código de Procedimiento Civil), conforme al cual *"Cuando entre la fecha de la sentencia definitiva y la de entrega de los bienes, se hayan causado frutos o perjuicios reconocidos en la sentencia, su liquidación se hará por incidente, el cual debe proponerse dentro de los treinta (30) días siguientes a la entrega, con estimación razonada de su cuantía expresada bajo juramento. Vencido dicho término, se extinguirá el derecho y el juez rechazará de plano la liquidación que se le presente".*

concurrencia *"de los demás requisitos legales"* (artículo 2512 del Código Civil). Eso sí, sin perjuicio de que contra el ejercicio de la acción dirigida a recuperar el bien o acreencia correspondiente, se proponga la excepción en mención (prescripción extintiva del derecho).

6. Es reconocible de oficio. Constituye causal de rechazo de la demanda. Es deber del juez constatar si ha operado o no algún término de caducidad para la instauración de la demanda (segundo inciso del artículo 90 del Código General del Proceso en concordancia con los artículos 282 y 336, numeral 2, ibídem). (Antepenúltimo inciso del artículo 85 del Código de

6. No es reconocible de oficio. Razón por la cual no constituye causal de rechazo de la demanda.

Procedimiento Civil en concordancia con los artículos 306 y 368, numeral 2, ibídem). Al respecto, el segundo inciso del artículo 90 del Código General del Proceso (antepenúltimo inciso del artículo 85 del Código de Procedimiento Civil) señala que el juez debe rechazar de plano la demanda cuando esté vencido el término de caducidad para instaurarla.	
7. No es susceptible de disposición. Prueba de ello es que no puede ser renunciada.	**7. Es susceptible de disposición.** Prueba de ello es que puede ser renunciada. (*"No puede renunciar a la prescripción sino el que puede enajenar"*, reza el artículo 2515 del Código Civil).
8. No requiere ser alegada.	**8. Requiere ser alegada.** Al respecto, el artículo 2513 del Código Civil, establece: *"El que quiera aprovecharse de la prescripción debe alegarla; el juez no puede declararla de oficio.* **Inc. 2.°– Adicionado. Ley 791 de 2002, art. 2°.–** *La prescripción tanto la adquisitiva como la extintiva, podrá invocarse por vía de acción o por vía de excepción, por el propio prescribiente, o por sus acreedores o cualquiera otra persona que tenga interés en que sea declarada, inclusive habiendo aquel renunciado a ella".* En el mismo sentido el artículo 282, inciso 1°, del Código General del Proceso (artículo 306, inciso 1°, del Código de Procedimiento Civil), que reza.

	*"Resolución sobre excepciones. En cualquier tipo de proceso, cuando el juez halle probados los hechos que constituyen una excepción deberá reconocerla oficiosamente en la sentencia, **salvo las de prescripción** –se resalta–, compensación y nulidad relativa, que deberán alegarse en la contestación de la demanda".*
9. No puede ser renunciada. Lo que se deriva del hecho de operar de manera automática y ser reconocible de oficio.	**9. Puede ser renunciada.** Al efecto el artículo 2514 del Código Civil dispone: *"La prescripción puede ser renunciada expresa o tácitamente; pero sólo después de cumplida.* *Renúnciase tácitamente, cuando el que puede alegarla manifiesta por un hecho suyo que reconoce el derecho del dueño o del acreedor; por ejemplo, cuando cumplidas las condiciones legales para la prescripción, el poseedor de la cosa la toma en arriendo, o el que debe dinero paga intereses o pide plazos".* Cuando la prescripción es extintiva, si el perjudicado con ella ejercita acción encaminada a obtener la efectividad o reconocimiento del derecho, y el beneficiado con la misma no la alega como excepción, se tiene por renunciada. Al efecto, el artículo 282, en su inciso 2° señala: *"Cuando no se proponga oportunamente la excepción de prescripción extintiva, se entenderá renunciada".* En caso de renuncia a la prescripción, el término vuelve a contarse como una especie de borrón y cuenta nueva (inciso final del artículo 2536).
10. Impide *in limine* el estudio	**10. No impide el análisis de si al**

de fondo de la pretensión. Lo que confirma que el advenimiento de la caducidad conlleva la extinción de la acción y por ende la pérdida del derecho a que ésta da lugar.

demandante le asiste derecho a reclamar o no. Razón por la cual no es reconocible de oficio ni aflora por sí sola.

11. Es de carácter excepcional. No toda acción (procesal) es susceptible de extinguirse por caducidad. Esta opera de manera excepcional, básicamente en los casos en que la ley consagra un término perentorio para el ejercicio de la acción. Una vez transcurrido el término, la acción no puede ya ser ejercitada.

Un ejemplo (entre muchos otros) de que no toda acción es susceptible de extinguirse por caducidad, es la acción reivindicatoria, que se tramita mediante proceso declarativo verbal (antes ordinario), y puede ser ejercitada aun después de operada la prescripción extintiva del derecho de propiedad sobre el bien a reivindicar. En tal caso, si la acción se ejercita aun después de transcurrido el término de prescripción, no le es dable al juez rechazar de plano la demanda so pretexto de haber operado la prescripción de la acción o derecho.

En el citado ejemplo la acción no es susceptible de extinguirse por caducidad ni la prescripción es declarable de oficio. Por lo mismo, es una carga del demandado alegar la prescripción extintiva del derecho de propiedad sobre el bien objeto de reivindicación.

11. Por regla general todo derecho es susceptible de extinguirse por prescripción. No en vano se suele decir de manera coloquial que no hay plazo que no se venza ni deuda que no se extinga.

En tratándose de obligaciones, cuando éstas se extinguen por prescripción, subsisten en su condición de *naturales*, que, si bien no confieren, en principio, derecho para exigir su cumplimiento, en caso de honradas autorizan al acreedor para retener lo que se haya dado o pagado por razón de ellas, sin que pueda el deudor repetir lo dado o pagado (artículos 1527 y 2314 del Código Civil).

12. No es susceptible de interrupción. Es, sí, susceptible de inoperatividad, lo que es distinto a la interrupción.	**12. Es susceptible de interrupción**, tanto *natural* como *civil*. La interrupción de la prescripción es posible siempre que no se haya consumado, es decir, cuando el término esté corriendo. Puede surtirse de manera natural y de manera civil. De manera natural, *"(...) por el hecho de reconocer el deudor la obligación, ya expresa, ya tácitamente"* (inciso 2° del artículo 2539), evento en el cual vuelve a contarse el término como una especie de borrón y cuenta nueva (inciso final del artículo 2536). De manera civil, como se indica líneas más adelante.
13. No es, en principio, susceptible de suspensión. No obstante, en virtud de normas de carácter excepcional –podría decirse– el término de caducidad (así como lo es generalmente el de prescripción) es susceptible de suspensión. En tal sentido el artículo 56 de la Ley 2220 de 2022 (*Por medio de la cual se expide el estatuto de conciliación y se dictan otras disposiciones*), que establece que tanto el término de caducidad como el de prescripción se suspenden desde *"La presentación de la solicitud de conciliación extrajudicial en derecho ...., según el caso, hasta que suscriba el acta de conciliación, se expidan las constancias establecidas en la presente ley o hasta que se venza el término de tres (3) meses, o la prórroga a que se refiere el*	**13. Es susceptible de suspensión.** La prescripción, especialmente la *adquisitiva ordinaria* (artículo 2527 del Código Civil) y la *extintiva de obligaciones* (artículo 2541 ibídem), son susceptibles de **suspensión** (cuando deja de contarse algún intervalo del tiempo en que se consuma). Cesado el término de suspensión, se reanuda la contabilización del tiempo en que se consuma. (Los artículos 2530 y 2541 del Código Civil regulan casos específicos de personas o sujetos a favor de quienes se suspende la prescripción).

artículo 60 de esta ley, lo que ocurra primero.
Esta suspensión operará por una sola vez y será improrrogable".

En igual sentido el Decreto Legislativo 491 de 28 de marzo de 2020 (*Por el cual se adoptaron medidas de urgencia para atender la Emergencia Económica, Social y Ecológica causada por la pandemia del coronavirus COVID-19).* Dicho decreto incluyó reglas específicas en materia de *suspensión de términos de caducidad y prescripción* en asuntos relacionados con actuaciones administrativas o jurisdiccionales en sede administrativa (artículo 6); conciliaciones no presenciales ante la Procuraduría General de la Nación (artículo 9); y trámites de conciliación, de insolvencia de persona natural no comerciante, de amigable composición y de arbitraje iniciados antes de la emergencia (artículo 10).

También el Decreto Legislativo 564 de 15 de abril de 2020 (sobre suspensión de términos de prescripción y caducidad, entre otros), que en su artículo 1° dispuso: *"Suspensión términos de prescripción y caducidad. Los términos de prescripción y de caducidad previstos en cualquier norma sustancial o procesal para ejercer derechos, acciones, medios de control o presentar demandas ante la Rama Judicial o ante los tribunales arbitrales, sean de días, meses o años, se encuentran suspendidos desde el 16 marzo*

2020 hasta el día que el Consejo Superior de la Judicatura disponga la reanudación de los términos judiciales.

El conteo de los términos de prescripción y caducidad se reanudará a partir del día hábil siguiente a la fecha en que cese la suspensión de términos judiciales ordenada por el Consejo Superior de la Judicatura. No obstante, cuando al decretarse la suspensión de términos por dicha Corporación, el plazo que restaba para interrumpir la prescripción o hacer inoperante la caducidad era inferior a treinta (30) días, el interesado tendrá un mes contado a partir del día siguiente al levantamiento de la suspensión, para realizar oportunamente la actuación correspondiente.

Parágrafo. *La suspensión de términos de prescripción y caducidad no es aplicable en materia penal".*

14. Inoperatividad de la caducidad. Se produce en la misma forma y términos en que se produce la *interrupción civil de la prescripción por demanda judicial*, siempre que el auto admisorio de ésta, o el de mandamiento ejecutivo en su caso, *"se notifique al demandado dentro del término de un (1) año contado a partir del día siguiente a la notificación de tales providencias al demandante"*, y, pasado dicho término, *"con la*	**14. *Interrupción Civil de la Prescripción*.** Puede operar de tres maneras: **(i)** *"por la demanda judicial"* (reza inciso 3° del artículo 2539) siempre que, según lo dispone inciso 1° del artículo 94 del Código General del Proceso (inciso 1° del artículo 90 del Código de Procedimiento Civil), el auto admisorio, o en su caso el de mandamiento ejecutivo, *"se notifique al demandado dentro del término de un (1) año contado a partir del día siguiente a la notificación de tales providencias al demandante"*[81], **(ii)** *"con la notificación al*

---

[81] La carga de lograr (el demandante) la notificación al demandado del auto admisorio de la demanda, o en su caso el de mandamiento ejecutivo, *"dentro del término de un (1) año contado a partir del día siguiente a la notificación de tales*

notificación al demandado" (inciso 1° del artículo 94 del Código General del Proceso, e inciso 1° del artículo 90 del Código de Procedimiento Civil). El inciso 1° del artículo 143 del derogado Código Contencioso Administrativo (sobre inadmisión y rechazo de la demanda) utilizaba de manera inapropiada el verbo *interrumpir* cuando advertía que la presentación de la demanda que careciere de los	*demandado"* en caso de que la aludida notificación se realice pasado el término de un año precitado, según lo advierte el apartado final del inciso 1° mencionado, y **(iii)** por una sola vez, *"por requerimiento escrito realizado al deudor directamente por el acreedor"* (inciso final del artículo 94 del Código General del Proceso).

providencias al demandante", no le es exigible cuando dicho término transcurre sin su culpa.

Sobre el particular, puede consultarse la sentencia C, de la CSJ, de 20 de septiembre de 2000 (M. P. José Fernando RAMÍREZ GÓMEZ), que versa sobre la no caducidad de los efectos patrimoniales de la acción de paternidad a que se refiere el inciso 4 del artículo 10 de la Ley 75 de 1968 cuando, *"por ocultación, escollos u obstáculos de los demandados, o negligencia de los funcionarios judiciales"*, el auto admisorio de la demanda les es notificado a los demandados de manera *"extemporánea, a pesar de la normal diligencia del demandante"*. (En el mismo sentido dos sentencias de 19 de noviembre de 1976, Gaceta CLII, pp. 497 a 509 y 510 a 521, citadas en la providencia en mención).

Puede consultarse también la sentencia C-227 de 2009, por la cual la Corte Constitucional declaró exequible *"el numeral 3° del artículo 91 del Código de Procedimiento Civil, tal como fue modificado por la Ley 794 de 2003 en cuanto se refiere a las causales de nulidad previstas en los numerales 1° y 2° del artículo 140 del Código de Procedimiento Civil 'en el entendido que la no interrupción de la prescripción y la operancia de la caducidad sólo aplica cuando la nulidad se produce por culpa del demandante"*. (Advertencia que fue acogida en el numeral 5 del artículo 95 del Código General del Proceso).

Un ejemplo concreto de notificación extemporánea (después del año siguiente a la notificación al demandante) del auto de mandamiento ejecutivo al demandado, es el planteado por la magistrada Margarita CABELLO BLANCO en la *aclaración de voto* a la SC 2343 de 4 de abril de 2018, en la cual expuso:

> *"cuando el acreedor -tenedor legítimo del título valor- propone en forma oportuna su cobro coactivo y por circunstancias enteramente ajenas a él, que no le son imputables, y por consiguiente no atribuibles a su incuria, negligencia, inexplicable omisión, dejadez o descuido, logra la notificación al deudor demandado ya vencido el año de que trata el artículo 90 del Código de Procedimiento Civil con la modificación introducida por la Ley 794 de 2003. Piénsese en el caso de una nulidad procesal generada por fallecimiento del deudor, cuya notificación se surtió por conducto de curador ad litem y cuyo óbito no fue razonablemente posible que el acreedor lo conociese".*

requisitos y formalidades de los artículos que le precedían *no interrumpía los términos para la caducidad de la acción.* Lo que era incorrecto, ya que la caducidad, según se indicó antes, no es susceptible de interrupción. La norma en mención disponía en el fondo que la presentación de la demanda que careciere de los referidos requisitos y formalidades no impedía la caducidad de la acción. El Código de Procedimiento Administrativo de lo Contencioso Administrativo (Ley 1437 de 2011) no reguló de manera expresa el asunto, por lo que en ese aspecto y de conformidad con el artículo 306 ibídem, es aplicable el Código de Procedimiento Civil (hoy Código General del Proceso).	
15. Operancia de la caducidad. Opera la caducidad cuando en el proceso acontece alguna de las eventualidades señaladas en el artículo 95 del Código General del Proceso (artículo 91 del Código de Procedimiento Civil).	**15. Ineficacia de la interrupción civil de la prescripción.** No se produce la interrupción civil de la prescripción cuando en el proceso acontece alguna de las eventualidades señaladas en el artículo 95 del Código General del Proceso (artículo 91 del Código de Procedimiento Civil).

A manera de conclusión final y conforme se deduce del paralelo de diferencias precedentes, la **caducidad** y la **prescripción**, si bien tienen en común que son institutos de orden público que implican pérdida o extinción de algo –una acción y/o un derecho según se trate– por el simple transcurso del tiempo (razón por la cual se les suele confundir), se diferencian en su esencia, tal y como ha quedado elucidado.

40. LA CADUCIDAD Y LA PRESCRIPCIÓN DE LA ACCIÓN CAMBIARIA NO SON DECLARABLES DE OFICIO

Habida cuenta que la *prescripción* no es declarable de oficio, sino que debe ser alegada por quien pretenda aprovecharse de ella (artículo 2513, C. C.), como lo es también la *caducidad de la acción cambiaria* (que es distinta de la denominada *caducidad procesal*), pues no afecta el ejercicio de la acción sino la existencia o exigibilidad del derecho sustantivo[82], si el obligado directo no excepciona, pudiendo hacerlo, la prescripción extintiva de la *acción cambiaria directa* que en su contra instaura un tenedor ulterior del título valor, o en su caso un obligado de regreso no excepciona (pudiendo hacerlo también), la caducidad o prescripción extintiva de la *acción cambiaria de regreso* que en su contra instaura un tenedor ulterior del título, debe entenderse que: i) el obligado directo renuncia a la prescripción de la acción cambiaria directa, y en su caso el obligado de regreso a la caducidad o prescripción extintiva de la acción cambiaria de regreso; y ii) ambos obligados asumen por su propia y respectiva cuenta las consecuencias de sus omisivas conductas.

En lo que atañe a la *caducidad procesal*, la tradición jurídica ha venido enseñando que aquella no es susceptible de *suspensión*.

---

[82] Al respecto, PEÑA CASTRILLÓN comenta: *"La caducidad cambiaria que no tiene connotación procesal alguna, afecta la existencia o exigibilidad de un derecho sustancial, no el ejercicio de una vía procesal"* (en: *Algunas Falacias Interpretativas de los Títulos Valores*, op. cit., p. 31).

Es, sí, pasible de **inoperatividad o inoperancia** en los términos del artículo 94 del Código General de Proceso (artículo 90 del Código de Procedimiento Civil). No obstante, como se dijo ya, y se reitera ahora, la Ley 2220 de 2022 (*Por medio de la cual se expide el estatuto de conciliación y se dictan otras disposiciones*), de manera ***sui generis*** advierte en su artículo 56 que *"La presentación de la solicitud de conciliación extrajudicial en derecho **suspende el término** de prescripción o **de caducidad**, según el caso, hasta que suscriba el acta de conciliación, se expidan las constancias establecidas en la presente ley o hasta que se venza el término de tres (3) meses, o la prórroga a que se refiere el artículo 60 de esta ley, lo que ocurra primero. // Esta suspensión operará por una sola vez y será improrrogable".* (Resaltado fuera de texto).

41. Efectos de la interrupción civil de la prescripción y de la inoperatividad de la caducidad

Común a la *caducidad* y a la *prescripción* es que, acontecida la *inoperatividad de la caducidad* u ocurrida la *interrupción civil de la prescripción* por *demanda judicial* (en ambos casos en los términos previstos en el artículo 94 del Código General del Proceso –artículo 90 del Código de Procedimiento Civil–), el derecho u obligación correspondiente queda sujeto a las resultas del proceso, sin importar la duración de éste, que puede incluso llegar a ser mayor que el término en que normalmente opera la caducidad o se consuma la prescripción.

Sobre el particular, la CSJ, C, en sentencia de 9 de

septiembre de 2013, precisó:

"Es entendido que la posibilidad de iniciar nuevamente y de inmediato el cómputo del término extintivo, prevista en el inciso final del artículo 2536 de Código Civil respecto de la interrupción o la renuncia de la prescripción, no aplica cuando se trata de interrupción civil, o cuando la prescripción se entiende renunciada por la omisión del deudor en interponer oportunamente la excepción respectiva. Los efectos de la interrupción civil, que además descarta la inactividad del acreedor, o de la no interposición oportuna de la mencionada defensa judicial, son definitivos dentro del proceso en el cual ocurren, hasta su terminación mediante sentencia, pago o cualquiera de las formas anormales o alternativas de finalización permitidas por la ley, atendida la naturaleza de cada proceso y las consecuencias propias de dichas formas especiales en punto a la eficacia o ineficacia de la interrupción (artículo 91 del Código de Procedimiento Civil; sentencias C-662 de 2004 y C-227 de 2009)" (M. P. Jesús Vall DE RUTÉN RUIZ).

Hay que añadir que en relación con la interrupción civil de la prescripción, el artículo 2536 del Código Civil se tornó impreciso a partir de la reforma que le introdujo el artículo 8 de la Ley 791 de 2002, que le adicionó un nuevo inciso (el final), el cual, de manera general, señala: *"Una vez interrumpida (...) una prescripción comenzará a contarse nuevamente el respectivo término"*, cuando es lo cierto que en la práctica solo vuelve a contarse el término de prescripción en los siguientes casos:

i). Cuando se interrumpe de manera natural (cuando el deudor reconoce la obligación).

ii). Cuando se interrumpe (civilmente) *"por requerimiento escrito realizado al deudor directamente por el acreedor"* (inciso final del artículo 94 del Código General del Proceso). No cuando se interrumpe civilmente por demanda judicial.

iii). (Según jurisprudencia a nivel de Tribunal Superior), cuando en un proceso ejecutivo contra dos o más suscriptores parigrado de un título valor se efectúa la notificación del auto de mandamiento de pago a cualquiera de los demandados (artículo 792 del Código de Comercio), momento a partir del cual frente a los demás comienza a transcurrir de nuevo el término de prescripción, contado éste desde esa primera notificación.

Al respecto, el Tribunal Superior de Bogotá, Sala Civil, en sentencia de 4 de mayo de 2009 (M. P. Germán VALENZUELA BALBUENA) indicó: *"(...) el hecho de haberse interrumpido la prescripción respecto de todos los codeudores no impide que el fenómeno prescriptivo pueda manifestarse luego, como lo tenía sentado la jurisprudencia* [léase la sentencia de 28 de febrero de 1984 de la CSJ, C, M. P. José María ESGUERRA SAMPER] *y luego lo acogió el legislador en norma sustancial 'una vez interrumpida o renunciada la prescripción, comenzará a contarse nuevamente el respectivo término'* [artículo 8 de la Ley 791 de 2002], *y como quiera que la notificación de la demanda a dos de los demandados se hizo luego de pasados tres años contados desde la primigenia interrupción, éstos quedaron cobijados por la prescripción que alegaron".*

42. Retroactividad o irretroactividad –según corresponda– de la interrupción civil de la prescripción por demanda judicial. Eficacia e ineficacia de la misma

En la *aclaración de voto* a la SC 14425 de 10 de octubre de 2016[83], el magistrado Luis Alonso Rico Puerta expone que la interrupción (civil) de la prescripción puede ser: i) *retroactiva* o *irretroactiva* según ocurra que el auto admisorio de la demanda o el de mandamiento ejecutivo le sea notificado o no al demandado dentro del año siguiente a la fecha de notificación al demandante; y ii) *eficaz* o *ineficaz* dependiendo de si esa notificación al demandado evita o no que este último alegue con éxito la consumación de la prescripción, ya sea por no haberse configurado ésta al momento de la demanda o al de la notificación del auto admisorio o de mandamiento ejecutivo al procesado (evento en el cual sería *eficaz* la interrupción), o bien por haber operado la prescripción al momento de la demanda o al de la notificación del auto admisorio o de mandamiento ejecutivo al demandado (caso en el cual sería *ineficaz* la interrupción).

Estima que pueden presentarse las siguientes situaciones:

1). **Interrupción retroactiva y eficaz.** Demanda en tiempo

---

[83] Mediante la cual se declaró *"infundado el recurso extraordinario de revisión formulado por el municipio de Villeta contra la sentencia proferida el 21 de noviembre de 2005 por la Sala Civil - Familia del Tribunal Superior del Distrito Judicial de Cundinamarca, dentro del proceso ordinario promovido por Gabriel Molina Ortega contra Compañía Parceladora Ltda En Liquidación y otros".* (M. P. Ariel Salazar Ramírez).

(antes de transcurrido el término de prescripción) y notificación al demandado del auto admisorio o el de mandamiento ejecutivo dentro del año siguiente a la admisión.

2). **Interrupción retroactiva, pero ineficaz.** Demanda después de tiempo (cuando ha transcurrido ya el término de prescripción) y notificación al demandado del auto admisorio o el de mandamiento ejecutivo dentro del año siguiente a la admisión.

3). **Interrupción irretroactiva, pero eficaz.** Demanda en tiempo y notificación al demandado del auto admisorio o el de mandamiento ejecutivo después del año siguiente a la admisión, pero en todo caso antes de transcurrido el término de prescripción.

4). **Interrupción irretroactiva e ineficaz.** Demanda después de tiempo (cuando ha transcurrido ya el término de prescripción) y notificación al demandado del auto admisorio o el de mandamiento ejecutivo después del año siguiente a la admisión.

43. EFICACIA O INEFICACIA —SEGÚN CORRESPONDA— DE LA INOPERANCIA DE LA CADUCIDAD

Acota el doctor RICO PUERTA que ese mismo marco regulatorio es predicable respecto de la caducidad dependiendo del entendimiento que se tenga de su finalidad. Sostiene que la sola presentación de la demanda, con la cual se concreta la acción, permite establecer si es oportuna o no, por lo que no le sería aplicable a la caducidad el mismo tratamiento de la prescripción. Aduce que *"No hay duda que la acción se concreta con la presentación de la demanda, y ésta sola diligencia, permite concluir si fue oportuna o inoportuna, o en otras palabras, si la prestación de la jurisdicción caducó o no, o en el lenguaje del Código, si la caducidad operó o no".* Y a renglón seguido agrega: *"Desde esta óptica, bastaría entonces con esa diligencia. Lo posterior, esto es, la notificación, podría tener implicación para la interrupción retroactiva o irretroactiva, eficaz o ineficaz de la prescripción, pero no para la caducidad y es justamente ello lo que podría demandar un análisis adicional sobre la pertinencia de vincular constantemente presentación de la demanda y notificación del auto admisorio o del mandamiento ejecutivo como lo hace el artículo 94".*

En todo caso –se agrega aquí– conforme a las normas hoy vigentes no es lo indicado supeditar la eficacia del derecho de acción a la sola presentación de la demanda, por cuanto es lo cierto e indiscutible que por disposición expresa de la ley (artículos 94 del C. G. P. y 90 del C. P. C.) la inoperancia de la caducidad, al igual que la interrupción de la prescripción por demanda judicial, exigen la notificación al demandado del auto admisorio o el de mandamiento ejecutivo dentro del año siguiente a la notificación de dicho auto al demandante.

El doctor RICO PUERTA complementa que pueden acontecer las siguientes eventualidades, producto de la combinación de ambos institutos (el de la caducidad y el de la prescripción):

1). **Acción sin derecho** (o con derecho prescrito). Cuando no ha operado la caducidad, pero sí prescrito el derecho. Estima que podría presentarse una demanda sin que haya operado el término de caducidad, pero con el derecho prescrito, evento en el cual es deber del juez admitirla, y

2). **Derecho sin acción.** Cuando no se ha producido la prescripción, pero sí operado la caducidad. Considera que podría ocurrir que la demanda se presente cuando ha operado la caducidad *"pero con el derecho sustancial vigente"*, caso en el cual se impone al juez rechazarla.

Una tercera eventualidad –se añade acá– sería la **acción con derecho** (o sin derecho prescrito). Cuando no ha operado la caducidad ni prescrito el derecho.

Podría decirse que las posibilidades prácticas son las que se registran en la siguiente

Tabla de Resumen

Momento de la demanda	Momento de la notificación al demandado del auto admisorio o el de mandamiento ejecutivo	Efecto(s)
Antes de consumada la prescripción	Dentro del año siguiente a la notificación al demandante.	Interrumpe la prescripción
	Después del año siguiente a la notificación al demandante.	No interrumpe la prescripción, salvo que el término para notificar al demandado haya transcurrido sin culpa del

		demandante (SC de 19 de nov. de 1976, G. J. CLII, pp. 497 a 521; 20 de sep. de 2000; C-227 de 2009; y num. 5 del art. 95 del C. G. P.).
Después de consumada la prescripción	Dentro del año siguiente a la notificación al demandante.	No interrumpe la prescripción
	Después del año siguiente a la notificación al demandante.	"
Antes de operada la caducidad	Dentro del año siguiente a la notificación al demandante.	Impide la caducidad
	Después del año siguiente a la notificación al demandante.	No impide la caducidad, salvo que el término para notificar al demandado haya transcurrido sin culpa del demandante (SC de 19 de nov. de 1976, G. J. CLII, pp. 497 a 521; 20 de sep. de 2000; C-227 de 2009; y num. 5 del art. 95 del C. G. P.).
Después de operada la caducidad	N/A	Da lugar al rechazo *in limine* de la demanda (artículo 90 del C. G. P., y artículo 85 del C.P.C.).

44. EFECTOS DE LA RENUNCIA TÁCITA A LA PRESCRIPCIÓN (CUANDO SE OMITE ALEGARLA EN LA CONTESTACIÓN DE LA DEMANDA)

Una forma concreta de *renuncia tácita a la prescripción* (dicho sea de paso que la renuncia a la prescripción procede después de cumplida, según lo prevé el artículo 2514 del Código Civil), se encuentra consagrada en los incisos 1° y 2° del artículo 282 del Código General del Proceso (inciso 1° del artículo 306 del Código de Procedimiento Civil), sobre prescripción no alegada en la contestación de la demanda.

En tal caso, así como en el de la *interrupción civil de la prescripción por demanda judicial*, el derecho u obligación queda sujeto a las resultas del proceso, sin importar que el término de duración de éste pueda llegar a ser mayor que el de la prescripción.

En el referido aspecto (de la renuncia tácita a la prescripción), se tornó también impreciso el artículo 2536 del Código Civil a partir de la reforma que le introdujo el artículo 8 de la Ley 791 de 2002, cuyo inciso final dispone que *"Una vez (...) renunciada una prescripción comenzará a contarse nuevamente el respectivo término"*, precepto que, se insiste, no es aplicable cuando se produce la renuncia tácita a la prescripción por falta de alegación de la misma en la contestación de la demanda. En tal caso, se itera, el derecho u obligación queda supeditado a las resultas del proceso.

45. JURISPRUDENCIA SOBRE EFECTOS DE LA INTERRUPCIÓN CIVIL DE LA PRESCRIPCIÓN, O DE LA RENUNCIA A LA MISMA

Se memora aquí que sobre los efectos de la interrupción civil o la renuncia de la prescripción, versa la sentencia C (CSJ) de 9 de septiembre de 2013 ya citada. (Véase *supra* 41 de la presente monografía).

46. LA INTERRUPCIÓN CIVIL DE LA PRESCRIPCIÓN DEPENDE DE UNA
ACTUACIÓN OPORTUNA AUSPICIADA POR EL ACREEDOR. LA RENUNCIA A
LA PRESCRIPCIÓN CONSISTE EN UN ACTO U OMISIÓN DISCRECIONAL DEL
OBLIGADO

La *interrupción civil de la prescripción*, puede darse de dos
maneras: *por demanda judicial* (inciso 1° del artículo 94 del Código
General del Proceso), y *por "requerimiento escrito realizado al
deudor directamente por el acreedor"* (inciso final del mismo artículo
94 precitado). En ambos casos depende de sendas actuaciones
oportunas auspiciadas por el acreedor.

En el evento de la *demanda judicial*, es menester que ésta
sea instaurada antes de consumado el término de prescripción y
*"que el auto admisorio de aquella o el mandamiento ejecutivo se notifique
al demandado dentro del término de un (1) año contado a partir del día
siguiente a la notificación de tales providencias al demandante"* (inciso
1° del artículo 94 del C. G. P.) y en su defecto antes de que se
cumpla el término de prescripción.

De suerte que, si el auto admisorio, o el de mandamiento
ejecutivo en su caso, le es notificado al demandado luego de
transcurrido el año siguiente a la notificación de tales providencias
al demandante, la interrupción de la prescripción no se producirá
con la presentación de la demanda, sino con la notificación de los
aludidos autos al demandado y siempre que se efectúe antes de
cumplida la prescripción.

Un ejemplo ilustra lo antes expuesto: **A** demanda a **B** en cobro ejecutivo de una letra de cambio, cuyo vencimiento se produjo el 30 de junio de 2002. Supóngase que la demanda fue presentada el 28 de junio de 2005 y que el auto de mandamiento de pago fue librado el 5 de julio de 2005 y notificado al demandante el 7 de julio subsiguiente. En tal caso la presentación de la demanda habría interrumpido la prescripción de la acción cambiaria, siempre que el auto de mandamiento de pago le hubiere sido notificado al demandado dentro del año siguiente a la notificación del mismo al demandante, esto es dentro del año subsiguiente al 7 de julio de 2005. Si la notificación de dicho auto no se hubiere efectuado dentro del año siguiente a la notificación del mismo al demandante, sino después, es decir con posterioridad al 7 de julio de 2006, no se habría interrumpido entonces la prescripción de la acción cambiaria ejecutiva.

En el evento del *requerimiento escrito realizado por el acreedor al deudor*, que *"solo podrá hacerse por una vez"* (inciso final del artículo 94 del C. G. P.), es necesario que la intimación o llamado se efectúe antes de completado el término en que se consuma la prescripción.

En similar sentido, en materia laboral, el artículo 489 del Código Sustantivo del Trabajo establece: *"**Interrupción de la prescripción**. El simple reclamo escrito del trabajador, recibido por el empleador, acerca de un derecho debidamente determinado, interrumpe la prescripción por una sola vez, la cual principia a contarse de nuevo a partir del reclamo y por un lapso igual al señalado para la prescripción correspondiente".*

La *renuncia a la prescripción*, en cambio, consiste en un acto u omisión discrecional del obligado, perpetuado después de cumplida la prescripción. En el ejemplo antes mencionado, tal acto u omisión discrecional del obligado se habría consumado en caso de que el demandado **B** hubiere recibido la notificación del auto de mandamiento de pago después del 7 de julio de 2006 y no obstante ello no hubiere propuesto la excepción de prescripción extintiva de la acción cambiaria ejecutiva ejercitada en su contra.

Otro ejemplo de renuncia a la prescripción (extintiva) es el inherente al reconocimiento de la deuda o del derecho ajeno, según corresponda, después de consumada aquella (artículo 2514 del Código Civil).

47. INEFICACIA DE: LA INTERRUPCIÓN DE LA PRESCRIPCIÓN POR DEMANDA JUDICIAL, LA INOPERATIVIDAD DE LA CADUCIDAD, Y LA RENUNCIA TÁCITA A LA PRESCRIPCIÓN

Pese a la contingencia de la *interrupción civil de la prescripción por demanda judicial* (cuando la prescripción no se hubiere cumplido), o de la *inoperatividad de la caducidad* en los términos dispuestos en el artículo 94 del Código General del Proceso (artículo 90 del Código de Procedimiento Civil)[84], o de la *renuncia tácita a la prescripción* de que tratan los incisos 1° y 2° del artículo 282 del

---

[84] El artículo 90 del C.G.P. dispone en su inciso 1°: *"La presentación de la demanda interrumpe el término para la prescripción e impide que se produzca la caducidad siempre que el auto admisorio de aquella o el mandamiento ejecutivo se notifique al demandado dentro del término de un (1) año contado a partir del día siguiente a la notificación de tales providencias al demandante. Pasado este término, los mencionados efectos solo se producirán con la notificación al demandado".*

Código General del Proceso (inciso 1° del artículo 306 del Código de Procedimiento Civil)[85], puede ocurrir que en el proceso acontezca alguna de las siguientes situaciones (causales rotuladas en el artículo 95 del Código General del Proceso –artículo 91 del Código de Procedimiento Civil–) que tornan ineficaz la interrupción, inoperatividad o renuncia.

A. Causales enunciadas en el artículo 95 del Código General del Proceso:

1). El desistimiento de la demanda por parte del demandante.

2). La terminación del proceso cuando prospera la excepción de inexistencia del demandante o del demandado; o de incapacidad o indebida representación del demandante o del demandado; o por no haberse presentado prueba de la calidad de heredero, cónyuge o compañero permanente, curador de bienes, administrador de comunidad, albacea y en general de la calidad en que actúe el demandante o se cite al demandado, cuando a ello hubiere lugar; o de pleito pendiente entre las mismas partes y sobre el mismo asunto.

3). La sentencia que absuelva al demandado.

---

[85] Cuando la prescripción, no obstante haberse cumplido, hubiere sido renunciada por el demandado al no proponerla como excepción.

4). La terminación del proceso cuando prospera la excepción de compromiso o cláusula compromisoria, salvo que se promueva el respectivo proceso arbitral dentro de los veinte (20) días hábiles siguientes a la ejecutoria del auto que dé por terminado el proceso.

5). La nulidad del proceso que comprenda la notificación del auto admisorio de la demanda o del mandamiento ejecutivo, siempre que la causa de la nulidad sea atribuible al demandante, siendo deber del juez indicar expresamente sus efectos sobre la interrupción o no de la prescripción y la inoperancia o no de la caducidad.

6). La terminación del proceso por desistimiento tácito.

7). La terminación del proceso por inasistencia injustificada de las partes a la audiencia inicial.

B. Causales enlistadas en el artículo 91 del Código de Procedimiento Civil[86]:

1). El desistimiento de la demanda por parte del demandante.

2). La terminación del proceso cuando prospera alguna de las excepciones mencionadas en el numeral 7 del artículo 99 del

---

[86] Dichas casuales continúan siendo aplicables en caso de que hayan ocurrido bajo la vigencia del Código de Procedimiento Civil. Por esta razón se mantienen en el presente trabajo académico algunos comentarios en torno a las mismas.

Código de Procedimiento Civil.

El numeral 7 del artículo 99 del Código de Procedimiento Civil, se remite a su vez a las *excepciones previas* previstas en los numerales 1°, 3°, 4°, 5°, 6° y 10° del artículo 97 ibídem y a las *de fondo* (que pueden proponerse como previas) mencionadas en el inciso final de dicho artículo 97 (cosa juzgada, transacción, caducidad de la acción, prescripción extintiva y falta de legitimación en la causa), y advierte además que para que se produzca la terminación del proceso es menester que la excepción prospere sobre la totalidad de las pretensiones o de las partes, so pena de que continúe con los demás demandantes (o con los demás demandados –se agrega aquí– respecto de los cuales no prosperare la excepción)[87], o sobre el resto de pretensiones.

En aras de una mejor ilustración se transcriben a continuación y en lo pertinente los numerales 1°, 3°, 4°, 5°, 6° y 10°, y el inciso final del artículo 97 del C.P.C.:

"Limitaciones de las excepciones previas y oportunidad para proponerlas. El demandante, en el proceso ordinario y en los demás en que expresamente se autorice, dentro del término de traslado de la demanda podrá proponer las siguientes excepciones previas:

1. Falta de jurisdicción.

---

[87] En este aspecto se quedó corta la norma por cuanto debió contemplar también la continuación del proceso con los demandados frente a los cuales no prosperare la excepción.

(...)

3.   *Compromiso o cláusula compromisoria*[88].

(...)

4.   *Inexistencia del demandante o del demandado.*

5.   *Incapacidad   o   indebida   representación   del*
demandante o del demandado.

---

[88] Cabe anotar que la Corte Constitucional, en sentencia C-662 de 2004 (M. P. Rodrigo UPRIMNY YEPES), declaró INEXEQUIBLE el numeral 2° del artículo 91 del Código de Procedimiento Civil tal y como fue modificado por el artículo 11 de la Ley 794 de 2003, en cuanto se refirió a las excepciones de falta de jurisdicción y compromiso o cláusula compromisoria previstas en los numerales 1° y 3°, respectivamente, del artículo 97 del Código de Procedimiento Civil. No obstante en la misma sentencia resolvió que mientras el legislador no regulare de manera distinta el tema (en la actualidad el tema es regulado por el Código General del Proceso), y cuando la que prosperare fuere la excepción de falta de jurisdicción, el juez habría de ordenar, en el mismo auto, la remisión del expediente *"al juez que considere competente".* Así mismo dispuso que cuando la que prosperare fuere la excepción de *cláusula compromisoria o compromiso*, sería deber del juez señalar en el mismo auto *"un plazo judicial razonable"* para que las partes iniciaren *"el trámite de integración del correspondiente tribunal de arbitramento".*

Aunque la Corte no lo advirtió de manera expresa, era de suponer que en caso de prosperar la excepción previa de *cláusula compromisoria o compromiso*, de no llegarse a iniciar el trámite de integración del correspondiente tribunal de arbitramento dentro del *"plazo judicial razonable"* señalado al efecto, se produciría entonces la *ineficacia de la interrupción de la prescripción* y si fuere el caso la *ineficacia de la no operatividad de la caducidad.*

En cuanto a regulación del tema por el legislador, se tiene que el inciso segundo del artículo 90 del Código General del Proceso dispuso que en los casos de rechazo de la demanda por falta de jurisdicción o de competencia, el juez *"ordenará enviarla con sus anexos al que considere competente".* Así mismo, en lo pertinente a la excepción de *cláusula compromisoria o compromiso*, el artículo 95 ibídem prevé: *"No se considerará interrumpida la prescripción y operará la caducidad: (...) 4. Cuando el proceso termine por haber prosperado la excepción de compromiso o cláusula compromisoria, salvo que se promueva el respectivo proceso arbitral dentro de los veinte (20) días hábiles siguientes a la ejecutoria del auto que dé por terminado el proceso".*

6. No haberse presentado prueba de la calidad de heredero, cónyuge, curador de bienes, administrador de comunidad, albacea y en general de la calidad en que actúe el demandante o se cite al demandado.

(...)

10. Pleito pendiente entre las mismas partes y sobre el mismo asunto.

(...)

(Inciso Final).- **Modificado. Ley 1395 de 2010, Art. 6.-** *También podrán proponerse como excepciones previas las excepciones de cosa juzgada, transacción, caducidad de la acción, prescripción extintiva y falta de legitimación en la causa. Cuando el juez encuentre probada cualquiera de estas excepciones, lo declarará mediante sentencia anticipada".*

i). *La falta de legitimación en la causa no constituye una excepción (previa ni de fondo).*

A manera de paréntesis, es preciso señalar que, técnicamente, la *falta de legitimación en la causa*, como se verá líneas más adelante, no constituye una excepción, ya previa ora de fondo o mérito, pese a que la propia ley –inciso final del artículo 97 del Código de Procedimiento Civil e inciso final del parágrafo 2° del artículo 175 del Código de Procedimiento Administrativo y de lo

Contencioso Administrativo– incurrió en el error de calificarla como tal[89]. Las *excepciones previas* aluden a deficiencias puestas de presente por el demandado frente al procedimiento con el objeto de sanearlo o culminarlo. En este último caso cuando no se corrigen oportunamente las irregularidades advertidas o cuando no admiten saneamiento. A ellas se refieren los artículos 100 y siguientes del Código General de Proceso (97 y siguientes Código de Procedimiento Civil).

Por su parte, las *excepciones de fondo o mérito* consisten en hechos nuevos alegados por el demandado con el fin de *impedir* la realización de las pretensiones del demandante (v. gr. los vicios del consentimiento), o *extinguirlas* (eje: los modos de extinción de las obligaciones), o *aplazarlas* (cuando atacan la exigibilidad de la obligación).

La legitimación en la causa, en cambio, *"es cuestión propia del derecho sustancial y no del procesal, en cuanto concierne con una de las condiciones de prosperidad de la pretensión debatida en el litigio y no a los requisitos indispensables para la integración y desarrollo válido de éste, motivo por el cual su ausencia desemboca irremediablemente en sentencia desestimatoria debido a que quien reclama el derecho no es su titular o porque lo exige ante quien no es el llamado a contradecirlo"* (Resaltado fuera de texto, expediente 6139. CJS, Sentencia C de

---

[89] Lo propio hace el artículo 12 del Decreto Legislativo 806 de 2020 (*Por el cual se adoptan medidas para implementar las tecnologías de la información y las comunicaciones en las actuaciones judiciales, agilizar los procesos judiciales y flexibilizar la atención a los usuarios del servicio de justicia, en el marco del Estado de Emergencia Económica, Social y Ecológica*), de vigencia inicialmente temporal *"durante los dos (2) años siguientes a partir de su expedición"* (4 de junio de 2020) (artículo 16 ibídem), pero adoptado como legislación permanente mediante la Ley 2213 de 13 junio de 2022 (artículo 1°).

14 de marzo de 2002, M. P. Silvio Fernando TREJOS BUENO).

Se observa en la anterior forma que la legitimación en la causa tiene que ver con la **autoría de la relación jurídica sustancial** (que el demandante sea el titular del derecho pretendido y que el demandado sea el llamado a controvertirlo), en tanto que la excepción es un **instituto propio del derecho procesal** en cuanto toca con situaciones fácticas puestas de presente por el demandado (o parte pasiva) dirigidas a postergar o enervar total o parcialmente la pretensión del demandante (o parte activa) (artículos 100 y 282 del C. G. P. y artículos 97 y 306 del C.P.C.).

ii). Momento en el cual hay lugar a examinar la excepción de fondo o mérito.

También a manera de paréntesis hay lugar a decir que la *excepción de fondo o mérito,* que, se insiste, es cuestión distinta a la *legitimación en la causa,* tiene como cimiento la previa comprobación de la procedencia tanto de la acción como de la pretensión del demandante. En otros términos, a efectos de averiguar si en el proceso campean excepciones de fondo, es pertinente establecer previamente que a la parte demandante le asiste razón para accionar y tiene en realidad el derecho a la pretensión impetrada.

En el anterior sentido, la sentencia de 11 de julio de 2001, de la misma corporación, en la cual se precisó:

"La excepción de mérito es una herramienta defensiva con que

141

cuenta el demandado para desmerecer el derecho que en principio le cabe al demandante; su función es cercenarle los efectos. Apunta, pues, a impedir que el derecho acabe ejercitándose.

A la verdad, la naturaleza de la excepción indica que no tiene más diana que la pretensión misma; su protagonismo supone, por regla general, un derecho en el adversario, acabado en su formación, para así poder lanzarse contra él a fin de debilitar su eficacia o, lo que es lo mismo, de hacerlo cesar en sus efectos; **la subsidiariedad de la excepción es, pues, manifiesta, como que no se concibe con vida sino conforme exista un derecho; de lo contrario, se queda literalmente sin contendor.**

Por modo que, **de ordinario, en los eventos en que el derecho no alcanza a tener vida jurídica, o, para decirlo más elípticamente, en los que el actor carece de derecho porque este nunca se estructuró, la excepción no tiene viabilidad.**

De ahí que la decisión de todo litigio deba empezar por el estudio del derecho pretendido 'y por indagar si al demandante le asiste. Cuando esta sugestión inicial es respondida negativamente, la absolución del demandado se impone[90]**; pero cuando se halle que la acción existe y que le asiste al actor, entonces sí es procedente estudiar si hay excepciones que la emboten, enerven o infirmen'** (G. J. XLVI, 623; XCI, pág. 830) ". (Las negrillas son ajenas al texto original,

---

[90] Se sobreentiende que sin necesidad de entrar a considerar las excepciones propuestas o que pudieren aparecer probadas en el proceso.

M. P. Manuel ARDILA VELÁSQUEZ).

Tal fórmula o práctica judicial tenía una excepción bajo la vigencia del C.P.C., que operaba cuando con fundamento en el inciso final del artículo 97 del C.P.C. (el Código General del Proceso no incluyó una norma en tal sentido)[91], se hubieren propuesto como previas las excepciones de *cosa juzgada, transacción, caducidad de la acción, prescripción extintiva, o falta de legitimación en la causa* –estas dos últimas agregadas por el artículo 6 de la Ley 1395 de 2010–, suscitando así su estudio aun antes del análisis de las pretensiones, siendo de aclarar, a la par de reiterar, que la *falta de legitimación en la causa*, según se observó, no es técnicamente una excepción sino una cuestión propia del derecho sustancial.

3). *La sentencia que absuelva al demandado.*

4). *La nulidad del proceso que comprenda la notificación del auto admisorio de la demanda.*

Es pertinente memorar que mediante sentencia C-227 de 2009 (M. P. Luis Ernesto VARGAS SILVA), la Corte Constitucional declaró exequible *"el numeral 3° del artículo 91 del Código de Procedimiento Civil, tal como fue modificado por la Ley 794 de 2003 en cuanto se refiere a las causales de nulidad previstas en los numerales 1° y*

---

[91] El artículo 12 del Decreto Legislativo 806 de 2020 (publicado en el Diario Oficial N° 51.335 de 4 de junio de 2020), de vigencia inicialmente temporal *"durante los dos (2) años siguientes a partir de su expedición"* (artículo 16 ibídem), pero adoptado como legislación permanente mediante la Ley 2213 de 13 junio de 2022 (artículo 1°), revivió la posibilidad de proponer como excepción previa la falta de legitimación en la causa.

2° del artículo 140 del Código de Procedimiento Civil 'en el entendido que la no interrupción de la prescripción y la operancia de la caducidad sólo aplica cuando la nulidad se produce por culpa del demandante". (Advertencia que fue acogida en el numeral 5 del artículo 95 del Código General del Proceso).

En la referida sentencia la Corte precisó: *"La competencia normativa ejercida por el legislador a través de la norma analizada resulta acorde con la Constitución en relación con el demandante que ha abandonado o descuidado las cargas que el orden jurídico le exige para el ejercicio de sus derechos, pero no respecto del demandante diligente que ha instaurado oportunamente su demanda y cumplido con los presupuestos procesales que el orden jurídico le impone para el ejercicio del derecho de acción".*

Dijo en igual forma la Corte:

"(...) tal como está concebida la norma acusada, ésta también permite entender que la misma sanción procesal –ineficacia de la interrupción de la prescripción y operancia de la caducidad– es aplicable al demandante que ha acudido de manera oportuna y diligente a la justicia, cumpliendo con las cargas procesales que le imponen las normas legales, y sin embargo, debido a factores que no le son imputables, como pueden ser las discusiones doctrinarias o jurisprudenciales sobre las normas de competencia, se ve enfrentado a la pérdida de su derecho sustancial así como de la oportunidad para accionar. Este sentido, permitido por la configuración del segmento normativo acusado, resulta inconstitucional por imponer al demandante, que se encuentra en tal circunstancia,

unas cargas desproporcionadas".

Líneas más adelante agregó:

"En el presente caso el acto susceptible de generar reproche es el incumplimiento de los deberes que el orden jurídico impone al demandante que acude a la jurisdicción, en particular el de presentar oportunamente la demanda.

En los eventos en que el demandante ha presentado oportunamente su demanda ante la justicia, el efecto de una declaratoria de nulidad por falta de jurisdicción o competencia debe ser el envío del proceso al funcionario competente, sin que tal hecho genere interrupción de la prescripción, ni operancia de la caducidad".

En lo que a falta de competencia se refiere, el inciso final del artículo 139 del Código General del Proceso (inciso final del artículo 148 del Código de Procedimiento Civil) es explícito al disponer que *"La declaración de incompetencia no afecta la validez de la actuación cumplida hasta entonces".*

Capítulo VI

ELEMENTOS CONSTITUTIVOS Y REQUISITOS DE LA *ACTIO IN REM VERSO COMÚN* Y DE LA *ACTIO IN REM VERSO* CAMBIARIO

Sumario. 48. *Elementos constitutivos y requisitos del enriquecimiento injusto común o general, que da lugar a la acción* **in rem verso**. *1) Que exista un enriquecimiento. 2) Que exista un empobrecimiento correlativo. 3) Que el desequilibrio se haya producido sin causa jurídica. 4) Que no exista otra acción para obtener la reparación del menoscabo patrimonial sufrido originada en un contrato, un delito, un cuasidelito, o las que brotan de los derechos absolutos. 5) Que no se contraríe una disposición imperativa de la ley. 49. Distinción entre elementos constitutivos y requisitos de la acción. 50. La* **actio in rem verso** *común, más que subsidiaria es de carácter residual. Subsidiaria, amén de sucesiva, es la* **actio in rem verso cambiario**. *51. Elementos constitutivos y requisitos de la acción de enriquecimiento cambiario. A. Elementos constitutivos del enriquecimiento. 1) Que se entregue o transfiera, en pago, un título valor de contenido crediticio. 2) Que se produzca el descargo del instrumento por caducidad o prescripción de la acción cambiaria. 3) Que, como consecuencia (o por causa) de la caducidad o prescripción, el acreedor sufra un empobrecimiento. B. Requisitos de la acción. 1) Que sea ejercitada por el empobrecido a causa de la caducidad o prescripción. 2) Que sea ejercitada contra quien se haya enriquecido a causa de la caducidad o prescripción. 52. Títulos*

146

valores de contenido crediticio susceptibles de ser entregados en pago. 53. Razón por la cual el artículo 882 emplea la expresión "letras, cheques, pagarés y demás títulos-valores de contenido crediticio". 54. Demás títulos valores de contenido crediticio distintos a las letras de cambio, cheques y pagarés. 1) La factura. 2) El bono de prenda. 3) Los bonos. 4) El certificado de depósito a término (CDT). 55. Razones por las cuales el certificado de depósito a término es título valor de contenido crediticio, o por lo menos documento con los mismos efectos de un instrumento negociable.

48. ELEMENTOS CONSTITUTIVOS Y REQUISITOS DEL ENRIQUECIMIENTO INJUSTO COMÚN O GENERAL, QUE DA LUGAR A LA ACCIÓN *IN REM VERSO*

El enriquecimiento injusto común o general, que da lugar a la acción *in rem verso*, exige, según la jurisprudencia, que concibe la acción como *"expresión inmediata e imperativa de la noción de equidad aplicable de conformidad con los artículos 5°, 8° y 48 de la ley 153 de 1887"*[92], el concurso de los siguientes elementos y requisitos:

---

[92] CSJ, C, S de 6 de diciembre de 1993, M P. Carlos Esteban JARAMILLO SCHOLSS, en *Jurisprudencia y Doctrina*, t. XXIII, núm. 266, feb. de 1994, p. 147.

Ley 153 de 1887 (*Por la cual se adiciona y reforma los códigos nacionales, la ley 61 de 1886 y la 57 de 1887*).

Art. 5°.- *"Dentro de la equidad natural y la doctrina constitucional, la crítica y la hermenéutica servirán para fijar el pensamiento del legislador y aclarar o armonizar disposiciones legales oscuras o incongruentes".*

Art. 8°.- *"Cuando no haya ley exactamente aplicable al caso controvertido, se aplicarán las leyes que regulen casos o materias semejantes, y en su defecto, la doctrina constitucional y las reglas generales de derecho".*

1).   Que exista un enriquecimiento.

Que el obligado haya obtenido una ventaja patrimonial, que puede ser positiva (si consiste en la adición de un provecho o **lucrum emergens** –como dice AGUIAR LOZANO–[93]), o negativa (si evita un menoscabo o disminución, lo que se traduce en un **danumm cessans** –como acota el mismo autor[94]).

En términos más concisos, el enriquecimiento puede manifestarse en un lucro emergente o en el impedimento de un menoscabo.

2).   Que exista un empobrecimiento correlativo.

Que la ventaja obtenida por el enriquecido se haya producido a costa de la merma patrimonial padecida por el empobrecido.

3).   Que el desequilibrio se haya producido sin causa jurídica.

A este respecto, la CSJ, C, en sentencia de 19 de septiembre de 1936, advirtió:

Art. 48°.- *"Los jueces o magistrados que rehusaren juzgar pretextando silencio, oscuridad o insuficiencia de la ley, incurrirán en responsabilidad por denegación de justicia".*

[93] AGUIAR LOZANO, op. cit., pp. 162 y 240 (en esta última cita en pie de página a VON TUHR, A.)
[94] ídem.

*"La acción de **in rem verso** no puede prosperar ni tiene cabida con el solo hecho de que haya enriquecimiento de un lado, sino que necesita que haya empobrecimiento del otro, y no basta la existencia de estos dos factores, sino que se requiere su conjunción; más todavía, aun mediando ambos y relacionándose entre sí, puede no producirse, ya porque haya habido ánimo de liberalidad que excluye el cobro ulterior, ya porque la ley (...) autorice el enriquecimiento en referencia, como sucede v. gr. con la prescripción, con la prohibición de repetir lo dado por causa ilícita, o en relaciones como la de que es ejemplo la del art. 1994 del C. C.[95]. Al hablarse de ese enriquecimiento se agrega 'sin causa', lo que claramente indica cómo no pueden englobarse dentro de los casos de él aquellos en que sí es causado, como por ejemplo, los de prestaciones nacidas de contratos, a que ya se aludió"[96].* (M P. Ricardo HINESTROSA DAZA).

Dos meses después, en sentencia de 19 de noviembre de 1936, la misma corporación puntualizó:

"3° Para que el enriquecimiento sufrido por el demandante, como consecuencia del enriquecimiento del demandado, sea injusto, se requiere que el desequilibrio entre los dos patrimonios se haya producido sin causa jurídica.

---

[95] El artículo 1994 del C. C. dispone: *"El arrendador no es obligado a reembolsar el costo de las mejoras útiles, en que no ha consentido con la expresa condición de abonarlas; pero el arrendatario podrá separar y llevarse los materiales sin detrimento de la cosa arrendada; a menos que el arrendador esté dispuesto a abonarle lo que valdrían los materiales, considerándolos separados".*

[96] CSJ, C, S de 19 de septiembre de 1936, en: G. J. t. XLIV, p. 435.

En el enriquecimiento torticero, causa y título son sinónimos, por cuyo motivo ausencia de causa o falta de justificación en el enriquecimiento, se toma en el sentido de que la circunstancia que produjo el desplazamiento de un patrimonio a otro no haya sido generada por un contrato o un cuasicontrato, un delito o un cuasidelito, como tampoco por una disposición expresa de la ley"[97]. (M. P. Juan Francisco MÚJICA).

Y en sentencia de 9 de junio de 1971, la misma Corte observó: *"Por causa no debe entenderse aquí el motivo a que se hace referencia en el art. 1524 del Código Civil, sino <u>la preexistencia de una relación o vínculo jurídico entre el enriquecido y el empobrecido que justifique el desplazamiento patrimonial que ha tenido lugar</u>"*[98]. (Se subraya).

En igual sentido, en sentencia de 18 de agosto de 1989, acotó: *"(...) si, además, el enriquecimiento que se alega se apoya en una de las fuentes de las obligaciones, será imposible lograr el reembolso para quien lo haya sufrido, es decir, para quien haya experimentado el empobrecimiento"*[99].

---

[97] CSJ, C, Casación de 19 de noviembre de 1936, <u>en</u>: *G. J.*, t. XLIV, pp. 474 y 475.

En cuanto a la imposibilidad de ejercitar la acción cuando el desplazamiento patrimonial ha sido generado por un delito, el artículo 1525 del C. C. establece: *"No podrá repetirse lo que se haya dado o pagado por un objeto o causa ilícita a sabiendas".*

[98] CSJ, C, S de 9 de junio de 1971, *G. J.* t. CXXXVIII, p. 380, 1ª y 2ª columnas.

[99] S N° 300, sin publicar, de 18 de agosto de 1989, folio 15, M. P. Alberto Ospina Botero.

A su turno, el Consejo de Estado, Sección Tercera, en sentencia de 22 de julio de 2009, M. P. Enrique GIL BOTERO, expediente 35026, citando a GEORGES RIPERT y JEAN BOULANGER (*Tratado de Derecho Civil*, Ed. La Ley, Buenos Aires, *Tomo de Obligaciones 2ª parte*, p. 264) indicó: *"el requisito de la ausencia de causa como elemento para la configuración de la institución del enriquecimiento sin causa, hace referencia a la ausencia del derecho del demandado para conservar el incremento en su patrimonio"*[100].

Bien podría decirse que el requisito de que *el desequilibrio entre el patrimonio del enriquecido y el del empobrecido se haya producido sin causa jurídica*, se reduce a que ese desbalance carezca de respaldo jurídico.

4). *Que no exista otra acción para obtener la reparación*[101] *del menoscabo patrimonial sufrido originada en un contrato, un delito, un cuasidelito, o las que brotan de los derechos absolutos.*

---

[100] Publicada <u>en</u>: *Jurisprudencia y Doctrina*, t. XXXVIII, núm. 453, septiembre de 2009, p. 1453.

[101] *"El objeto del enriquecimiento sin causa es el de reparar un daño, pero no el de indemnizarlo. Sobre la base del empobrecimiento sufrido por el demandante, no se puede condenar sino hasta la porción en que efectivamente se enriqueció el demandado"* (Cas. de 19 de noviembre de 1936, *G. J.*, t. XLIV, p. 475).

"El empobrecimiento y el daño coinciden en ser una baja patrimonial, pero la del daño implica la responsabilidad de alguien en su causación y comprende además el daño moral, en tanto que la del empobrecimiento es un desplazamiento lícito del patrimonio del enriquecido, que no compromete la responsabilidad de éste, sino que simplemente lo obliga a restituirlo por ser sin causa, y que no comprende de suyo beneficios morales. No se puede, por consiguiente, hacer de una simple similitud de apariencia, una identidad cualitativa. Enriquecimiento sin causa y responsabilidad son instituciones diversas, con diversa fundamentación, diversa dinámica y diversas modalidades accidentales (....)" (EMILIANI ROMÁN, Raimundo, op. cit., pp. 92 y 93).

*"4° Para que sea legitimada en la causa la acción de **in rem verso**, se requiere que el demandante carezca de cualquiera otra acción originada por un contrato, un delito, un cuasidelito, o de las que brotan de los derechos absolutos. Por lo tanto, carece igualmente de la acción de **in rem verso** el demandante que por su hecho o por su culpa perdió cualquiera de las otras vías de derecho. El debe sufrir las consecuencias de su imprudencia o negligencia"*[102].

En el derecho común (que no cambiario circunscrito a los instrumentos negociables), si el enriquecimiento se produce a raíz de la prescripción extintiva del derecho del empobrecido, será entonces legítimo y autorizado por causa suficiente y dispuesta en la ley.

En realidad y en cuanto a que no exista otra acción para obtener la reparación del menoscabo patrimonial sufrido, hay que decir que, según lo tiene establecido la propia jurisprudencia[103], existen casos de enriquecimiento injusto regulados por la ley en que procede la *actio in rem verso*. Entre tales casos los referidos en el numeral *"3) Enriquecimiento sin justa causa (o injusto o injustificado)"* del supra *"9. Es más apropiado hablar de enriquecimiento sin **justa causa** o **injusto,** y preferiblemente **injustificado"**.

---

[102] Cas. de 19 de noviembre de 1936, *G. J.,* t. XLIV, p. 475.

[103] CSJ, C, sentencias de 28 de agosto de 1950, G. J., t. LXXXVIII, pp. 677 y 678; 8 de agosto de 1972, G. J., t. CXLIII, pp. 43 y 44; 31 de marzo de 1998, rad. 4674; y 19 de agosto de 2005, rad. 6300131100042005001101). Sentencias citadas, todas, en: *Jurisprudencia y Doctrina,* t. XLV, núm. 530, febrero de 2016, pp. 280 y 281.

Es de anotar que en los casos regulados por la ley en los cuales procede la acción (artículos 689, 692, 694, 697, 722, 727, 728, 732 a 736, 738, 739, 965, 1324, 1747, 2243, 2304, 2310, 2313 y 2343 del C. C.), es ella misma la que suele disponer la forma y plazo (v. gr. artículos 722 y 2310 del C. C.)[104] en que puede ser instaurada. De no haber norma que indique de manera expresa el término en que debe ser ejercitada, ha de entenderse que el evento correspondiente se rige entonces por las disposiciones generales (artículos 2535 y ss. del C. C.)[105].

5). *Que no se contraríe una disposición imperativa de la ley.*

En la sentencia de 19 de noviembre de 1936 ya citada se dijo:

"5° La acción de in rem verso no procede cuando con ella se pretende soslayar una disposición imperativa de la ley"[106].

---

[104] El artículo 722 del C. C. le concede al dueño del suelo removido por avenida o por otra fuerza natural violenta (i.e. *avulsión*) el término de un (1) año para reclamar la poción transportada. La referida norma consagra un término de *caducidad*, ya que transcurrido el mismo sin que se hubiere ejercitado la acción, se extingue ésta y se imposibilita recabar la pretensión restitutoria.

El artículo 2310, a su turno, circunscribe el derecho a obtener el reembolso de la utilidad efectiva recibida por otro a lo *"que existiere al tiempo de la demanda"*.

[105] En este sentido HINESTROSA, Fernando, citado por ROSSI B., Eleonora; DÍAZ R., Carlos J.; BELTRÁN M., Manuel; y Vanegas R., Guillermo, quienes sostienen el mismo criterio, op. cit., pp. 84 y 85.

[106] Cas. de 19 de noviembre de 1936, *G. J.*, t. XLIV, p. 475.

Se trata, ante todo, de la exigencia de que la pretensión restitutoria no esté prohibida por la ley, prohibición que, según se indicó ya, opera en los casos señalados en el numeral *"2)* del supra *"9. Es más apropiado hablar de enriquecimiento sin **justa causa** o **injusto,** y preferiblemente **injustificado".**

49. DISTINCIÓN ENTRE ELEMENTOS CONSTITUTIVOS Y REQUISITOS DE LA ACCIÓN

El *"que no exista otra acción (...)"* y *"que no se contraríe una disposición imperativa de la ley"*, no son en realidad elementos constitutivos del enriquecimiento injusto, sino requisitos de la acción. El enriquecimiento injusto es, en estricto rigor, una institución distinta a la ***actio in rem verso*** o acción de restitución del enriquecimiento, y distinta también a la exigencia de que la pretensión restitutoria no esté prohibida por la ley.

La ***actio in rem verso***, o acción de restitución o restablecimiento, como se indicó líneas atrás (*supra* 9.), bien puede estar consagrada en la ley, como ocurre ciertamente en el evento del enriquecimiento a causa del descargo del título valor de contenido crediticio por razón de la caducidad o prescripción de la acción cambiaria, para el cual el artículo 882 del Código de Comercio consagra la acción en mención *"contra quien se haya enriquecido sin causa a consecuencia de la caducidad o prescripción"*; y como sucede también en algunos casos –ya reseñados (*supra* 9 citado)– consignados en el Código Civil.

Dicha acción (de restitución o restablecimiento) puede en

154

igual forma estar vetada por la ley. Ésto en los casos en que justifica el enriquecimiento y no es posible la pretensión restitutoria, tal cual acontece en el evento de la pérdida de un derecho por prescripción extintiva y demás sucesos mencionados en el *supra 9*.

De deduce de lo anterior que los elementos constitutivos del enriquecimiento injusto se contraen a tres: *i) Que exista un enriquecimiento; ii) Que exista un empobrecimiento correlativo, y iii) Que el desequilibrio se haya producido sin causa jurídica.*

Incluso, los dos primeros (un enriquecimiento y un empobrecimiento correlativo), comenta EMILIANI ROMÁN, se subsumen en uno solo: un enriquecimiento y empobrecimiento correlativos.

Al respecto el citado autor sostiene: *"ambos están en la base misma del principio, pero inicialmente se los separó para vincularlos luego mediante el principio de causalidad, del cual, lógicamente, se hacía otra condición. Tal causalidad, sin embargo, era solo una apariencia que no correspondía a la realidad, porque no es que uno genere al otro, sino que ambos aparecen correlativamente en virtud de un hecho exterior a ellos. Son, pues, correlativos pero no causales"*[107].

En efecto, desde la óptica del lucro injusto la correlatividad entre el enriquecimiento y el empobrecimiento son patentes en la medida en que uno no existe sin el otro. Los dos son interdependientes. Entrambos hay vasos comunicantes.

---

[107] EMILIANI ROMÁN, Raimundo, op. cit., pp. 64 y 65.

Conforman una especie de simbiosis[108] en cuanto se sirven entre sí.

Corolario de lo expuesto: el enriquecimiento injusto o sin justa causa es una fuente autónoma de obligaciones. Producido aquél, surge la acción de restitución (salvo, como se elucidó ya, que exista prohibición legal para impetrarla).

50. LA **ACTIO IN REM VERSO COMÚN**, MÁS QUE SUBSIDIARIA ES DE CARÁCTER RESIDUAL. SUBSIDIARIA, AMÉN DE SUCESIVA, ES LA **ACTIO IN REM VERSO CAMBIARIO**

En la sentencia de 18 de agosto de 1989, ya citada, entre otras, la Corte anotó: *"(...) la actio in rem verso no es sino subsidiaria, o sea, que tiene lugar cuando no haya otra (...)"*[109].

En realidad, la **actio in rem verso** (común), más que *subsidiaria*, es de carácter *residual*, toda vez que procede, no cuando se han agotado otras alternativas o posibilidades, sino ante la ausencia de todo otro recurso que la acción misma para obtener el restablecimiento del equilibrio entre dos patrimonios (el empobrecido y el enriquecido), brindándole al titular del patrimonio empobrecido un mecanismo **sui generis** para actuar contra el titular del patrimonio enriquecido.

---

[108] El fenómeno de la simbiosis que se presenta entre el enriquecimiento y el empobrecimiento es analizado por el mismo autor (EMILIANI ROMÁN), en la obra citada, p. 103, en la cual concluye: *"De este modo empobrecimiento y enriquecimiento no tienen vinculación causal (...). Por cierto* [son] *efectos simultáneos, porque no existe el uno sin el otro, y de ahí su correlatividad, pues no hay empobrecimiento sin enriquecimiento, ni enriquecimiento sin* empobrecimiento", Ibíd., p. 104.

[109] S N° 300, sin publicar, de 18 de agosto de 1989, folio 15, M. P. Alberto OSPINA BOTERO.

Subsidiaria, amén de *sucesiva*, es más bien la **actio in rem verso cambiario**, que, según se infiere del inciso 3° del artículo 882 del Código de Comercio, procede a raíz del descargo del instrumento y la consiguiente extinción de la obligación causal por caducidad o prescripción de la acción cambiaria. En otros términos, la **actio in rem verso cambiario** tiene lugar cuando la acción cambiaria ejecutiva y la correspondiente acción causal se extinguen por la caducidad o prescripción de la cambiaria.

51. ELEMENTOS CONSTITUTIVOS Y REQUISITOS DE LA ACCIÓN DE ENRIQUECIMIENTO CAMBIARIO

A.   Elementos constitutivos del enriquecimiento.

Esclarecido, como ha quedado, que unos son los elementos constitutivos del enriquecimiento y otros los requisitos de la acción, es dable decir que en lo atinente al enriquecimiento cambiario, los elementos constitutivos del enriquecimiento son:

1).   *Que se entregue o transfiera, en pago[110], un título valor de contenido crediticio.*

2).   *Que se produzca el descargo del instrumento por caducidad o prescripción de la acción cambiaria.*

"5.– (...) se trata de una regulación normativa específica,

---

[110] Así lo reconoce la CSJ, C, en S de 5 de octubre de 1989, M. P. Pedro LAFONT PIANETTA, *G. J.*, t. CXCVI, pp. 59 y 60.

concerniente exclusivamente a los casos en que se paga una obligación causal preexistente, como se dijo atrás, con uno o varios títulos valores de contenido crediticio respecto de los cuales se produce la caducidad o la prescripción; por lo que impónese afirmar que la norma da un tratamiento particular a la actio in rem verso cuando esta se apoya en tal tipo de documento crediticio"[111].

"(...) es indispensable que tal acción tenga como fundamento la prescripción o caducidad de los títulos valores que se hayan recibido como fórmula de solución de obligaciones precedentes"[112].

"Que por haber perdido la acción cambiaria contra todos los obligados al pago del título y, además, al no poder ejercitar la acción causal contra ninguno de ellos, el acreedor no cuente con otro recurso del que pueda echar mano para enjugar el daño. (...) a lo que debe unirse naturalmente la existencia de un título valor de contenido crediticio desprovisto de ejecutabilidad en razón del decaimiento de las acciones cambiarias de regreso o por prescripción tanto de éstas como de las directas, situación que (...) entraña la imposibilidad de ejercicio de acciones causales pues a ellas se extienden los efectos obstativos y extintivos de los referidos fenómenos"[113].

---

[111] CSJ, C, S de 18 de agosto de 1989, ya citada, folios 14 y 15.

[112] CSJ, C, S 038 de 31 de marzo de 1993, sin publicar. M. P. Rafael ROMERO SIERRA.

[113] CSJ, C, S de 6 de diciembre de 1993, ya citada, op. cit., p. 149.

Pese a que uno de los presupuestos para el ejercicio de la *actio in rem verso cambiario* consiste en que el instrumento sea descargado por caducidad o prescripción de la acción cambiaria, suceso que acarrea la extinción de la obligación causal u originaria o fundamental consiguiente, es posible que en circunstancias especiales no opere la extinción de acción causal alguna, por la simple razón de no haber existido ésta. Tal sucede –advierte DE LA CALLE LOMBANA[114]–, cuando el tenedor en cuyas manos es descargado el instrumento no es otro que un avalista que ha pagado el importe del título.

En relación con el particular, hay que decir que el avalista, quien con su firma garantiza en todo o en parte el pago de un título valor, es virtual legitimado por activa para el ejercicio de la *actio in rem verso cambiario* en la medida en que, al tenor del artículo 638 del Código de Comercio, *"El avalista que pague adquiere los derechos derivados del título-valor contra la persona garantizada y contra los que sean responsables respecto de esta última por virtud del título"*. En otros términos, el avalista que pague el título tiene acción cambiaria contra el avalado, lo mismo que contra quienes sean responsables respecto de éste por virtud del título. Por manera que, si estando el título en su poder éste es descargado por caducidad o prescripción de la acción cambiaria, conserva acción contra quien resulte enriquecido a causa de dicha caducidad o prescripción.

3). *Que, como consecuencia (o por causa) de la caducidad*

---

[114] DE LA CALLE LOMBANA, Humberto, En: *La Acción Cambiaria y Otros Procedimientos Cambiarios*, 1ª ed., Medellín, Editorial Jurídica Diké, 1987, p. 242.

o *prescripción, el acreedor sufra un empobrecimiento.*

B.   Requisitos de la acción.

Asimismo es dable afirmar que son requisitos de la acción de enriquecimiento cambiario:

1).   *Que sea ejercitada por el empobrecido a causa de la caducidad o prescripción.*

> *"(...) el solo enriquecimiento de una persona, procurado por otra, no alcanza a sustentar la acción en estudio por manifiesta ausencia de interés para obrar; necesario es que el enriquecimiento sea a expensas o a costa de otro, "otro" que ha de ser por fuerza el empobrecido y a la vez el actor que sostiene en juicio la pretensión de reembolso (...)"*[115].

> *"(...) en esta especial acción es de la incumbencia del actor demostrar que el patrimonio del demandado obtuvo "algo", y que esa obtención de la ventaja ha costado "algo" en el patrimonio suyo, de modo de establecerse una conexión indubitable entre el enriquecimiento y el empobrecimiento correlativos. Más elípticamente, probar que la ventaja del demandado derivó de la desventaja del actor"*[116].

2).   *Que sea ejercitada contra quien se haya enriquecido a*

---

[115] CSJ, C, S de 6 de diciembre de 1993, ya citada, op. cit., p. 149.

[116] CSJ, C, S de 25 de octubre de 2000 (expediente 5744), sin publicar, M. P. Manuel ARDILA VELÁSQUEZ.

causa de la caducidad o prescripción[117].

52. Títulos valores de contenido crediticio susceptibles de ser entregados en pago

Al tenor del inciso 1° del artículo 882, son susceptibles de ser entregados en pago de una obligación anterior instrumentos tales como *"letras, cheques, pagarés y demás títulos valores de contenido crediticio".*

53. Razón por la cual el artículo 882 emplea la expresión *"Letras, cheques, pagarés y demás títulos-valores de contenido crediticio"*

No cabe duda que la inclusión del apartado *"letras, cheques, pagarés y demás títulos-valores de contenido crediticio"* en el artículo 882, obedece a que las letras de cambio, los cheques y los pagarés son, en principio, los únicos títulos valores de contenido crediticio en virtud de cuya entrega (que puede consistir en la emisión, el endoso o la transferencia), suele darse cumplimiento a obligaciones preexistentes. No es usual en la práctica el cumplimiento de una obligación preexistente mediante el endoso o transferencia de una factura (antes factura cambiaria de compraventa y factura cambiaria de transporte, dependiendo del tipo de bienes o servicios objeto de negociación)[118], que es también título valor de contenido crediticio.

---

[117] CSJ, C, S N° 138 de 3 de abril de 1990, ya citada, *G. J.* t. CC, p. 148.

[118] No es dable citar como ejemplo el acto de emisión de la factura como modo extintivo de la obligación causal, toda vez que la emisión de tal clase de títulos (que por disposición del inciso 2° del artículo 772, reformado por el artículo 1 de la Ley 1231 de 2008, *Por la cual se unifica la factura como título valor como*

No obstante, habida cuenta que no es descartable que las facturas[119] y los demás títulos valores de contenido crediticio distintos a las letras de cambio, los cheques y los pagarés sean negociados (i.e. endosados), el artículo 882 no los excluyó de la posibilidad de ser endosados o transferidos en cumplimiento de obligaciones contraidas con anterioridad. Esta es probablemente la razón por la cual la norma en cita, a continuación de las palabras *"letras, cheques, pagarés"*, agrega la expresión *"y demás títulos-valores de contenido crediticio"*.

54. DEMÁS TÍTULOS VALORES DE CONTENIDO CREDITICIO DISTINTOS A LAS *LETRAS DE CAMBIO, CHEQUES Y PAGARÉS*

Fuera de los citados de manera expresa en el artículo 882, los demás títulos valores de contenido crediticio son, básicamente:

1). La factura.

Ya referenciada y que al tenor del inciso 1° del artículo 772 del Código de Comercio, modificado por el artículo 1° de la Ley

---

mecanismo de financiación para el micro, pequeño y mediano empresario, y se dictan otras disposiciones, sólo es posible en el caso de *"bienes entregados real y materialmente"* o de *"servicios efectivamente prestados en virtud de un contrato verbal o escrito"*), da lugar, no a la extinción de obligaciones, sino al surgimiento de éstas a cargo del comprador o beneficiario del servicio (inciso 1° del artículo 772 mencionado).

[119] *"(...) Nuestro medio ofrece abundantes ejemplos de títulos-valores que se crean sin la más mínima posibilidad -en la práctica- de que se negocien o circulen cambiariamente, como es el caso de las facturas cambiarias; pero nadie podría discutir la virtualidad jurídica de su circulación cambiaria"* (PEÑA CASTRILLÓN, Gilberto, *Carácter, Función y Conversión de los Títulos Valores*, en *Las Obligaciones Dinerarias*, III Foro Nacional de Derecho Mercantil, Cámara de Comercio de Bogotá, 1987, p. 280).

1231 de 2008, *"es un título valor que el vendedor o prestador del servicio podrá librar y entregar y remitir al comprador o beneficiario del servicio".*

2). *El bono de prenda.*

Regulado en los artículos 775 y siguientes del Código de Comercio.

Cabe anotar que la CSJ, en sentencia de Casación Civil de 29 de mayo de 1991, precisó: *"El bono de prenda, en particular, es un título-valor de contenido crediticio que lleva inserta la promesa de pagar una suma de dinero a una persona determinada o al portador; suma garantizada con prenda sobre las mercaderías en él referidas, depositadas en el Almacén General"*[120]. (M. P. Alberto OSPINA BOTERO).

3). *Los bonos.*

Al respecto, el artículo 752 del Código de Comercio señala: *"Los bonos son títulos valores que incorporan una parte alícuota de un crédito colectivo constituido a cargo de una sociedad o entidad sujetas a la inspección y vigilancia del gobierno".*

4). *El certificado de depósito a término (CDT).*

Reglamentado en los artículos 1393 y siguientes del Código de Comercio.

---

[120] G. J. t. CCVIII, p. 398.

55. RAZONES POR LAS CUALES EL CERTIFICADO DE DEPÓSITO A TÉRMINO ES TÍTULO VALOR DE CONTENIDO CREDITICIO, O POR LO MENOS DOCUMENTO CON LOS MISMOS EFECTOS DE UN INSTRUMENTO NEGOCIABLE

El certificado de depósito a término es título valor de contenido crediticio (o por lo menos documento con los mismos efectos de un instrumento negociable), por las siguientes potísimas razones:

i). Porque alude a una suma de dinero depositada en un Banco o Corporación Financiera, para cuya restitución sólo está legitimado el tenedor del CDT.

ii). Porque el artículo 1394 del C. Co., que lo regula, establece que *"salvo estipulación en contrario, serán* **negociables** [se resalta] *como se prevé en el Título III del Libro III de este código".*

iii). Porque, de acuerdo con el artículo 821 del C. Co., *"Cuando en la ley o en los contratos se emplea la expresión 'instrumentos negociables' se entenderá por tal los títulos-valores de contenido crediticio que tengan por objeto el pago de moneda (....)".*

iv). Porque, en estricto acatamiento al artículo 620 del Código de Comercio, las Resoluciones 12 de 1974 y 10 de 1980, emanadas de la Junta Monetaria, y demás disposiciones reglamentarias del citado tipo de documentos, se han cuidado de que éstos reúnan, entre otros, los requisitos generales del artículo 621 y, en lo pertinente, los especiales del artículo 709, atinentes al pagaré, título al cual más se asemejan los certificados de depósito a término. (Sobre las razones por las cuales los certificados de depósito a término son títulos valores, pueden consultarse también los conceptos de la Superintendencia Bancaria –hoy Financiera de Colombia– contenidos en los memorandos OJ-089 de 5 de junio de 1979, DB-023 de 3 de enero de 1980 y OJ-055 de 5 de marzo de 1982).

v).   Porque en la sentencia número 027 de 7 de marzo de 1994, la CSJ, C, se puntualizó:

"(...) como secuela directa de la celebración de contratos de esta naturaleza [los de depósitos de dinero a plazo], *el banco depositario puede* extender un recibo que la ley toma por 'plena prueba' del depósito realizado (Artículo 1394, inc. 2° del Código de Comercio) o, *si a ello hubiere lugar, emitir un 'certificado de depósito a término' el cual, salvo estipulación de los interesados que disponga otra cosa, ha de recibir el tratamiento de un verdadero título de crédito, negociable en los términos y del modo previstos en el Título III del Libro Tercero del Código de Comercio* (Artículo 1394, inciso 1° del Código de Comercio), *lo que trae consigo la necesidad de distinguir con absoluta claridad entre* el contrato mismo de depósito, por un lado, contrato cuya existencia supone como únicas condiciones la entrega de dinero al banco y la obligación restitutoria a cargo de este último con arreglo a determinado plazo o según preaviso acordado, y de otro lado las posibilidades de documentación adecuada que para negocios mercantiles de este tipo suministra el ordenamiento positivo, posibilidades que como acaba de apuntarse van*

desde un recibo nominativo e intransferible semejante si se quiere a una libreta de ahorros, hasta un título valor de contenido crediticio, el Certificado de Depósito a Término (CDT), que no puede por ende equipararse nunca a una solemnidad especial de la que dependa la eficacia civil del ameritado contrato". (Las negrillas son ajenas al texto original). (M. P. Carlos Esteban JARAMILLO SCHOSS, *G. J.* t. CCXXVIII, pp. 477 y 478).

vi).   Porque la precitada doctrina de la Corte fue reiterada en la sentencia número 105 de 7 de junio de 2002 (expediente 7247, M. P. Manuel Isidro ARDILA VELÁSQUEZ) y en la sentencia de 3 de febrero de 2009 (expediente11001310302003-00282-01 M. P. Dra. Ruth Marina DÍAZ RUEDA), sumando así y en total *"Tres decisiones uniformes dadas por la Corte Suprema, como tribunal de casación, sobre un mismo punto de derecho"*, por lo que *"constituyen doctrina probable, y los jueces podrán aplicarla en casos análogos, lo cual no obsta para que la Corte varíe la doctrina en caso de que juzgue erróneas las decisiones anteriores"* (Artículo 10 de la Ley 153 de 1887, modificado el artículo 4 de la Ley 169 de 1896).

Capítulo VII

LEGITIMACIÓN EN MATERIA DE *ACTIO IN REM VERSO CAMBIARIO*

*Sumario. 56. Legitimado por activa. 1) El primer beneficiario. 2) El único endosatario. 3) El último endosatario. 4) El obligado de regreso que lo ha recibido en retorno. 5) El endosatario (o cesionario) que lo ha recibido después de vencido pero, según da a entenderlo la Corte (sentencia de 6 de diciembre de 1993), antes de ocurrida la caducidad o prescripción de la acción cambiaria. 6) El avalista. 57. El legitimado por activa debe ser el empobrecido por el desplazamiento patrimonial sufrido. 58. Legitimado por pasiva. 1) El librador del cheque. 2) El girador de la letra de cambio no aceptada por el girado. 3) El aceptante de la letra de cambio (o el suscriptor que haga sus veces en los demás títulos valores de contenido crediticio). 4) El otorgante del pagaré. 5) Cualquiera de los endosantes. 59. Aunque un endosante transfiera a título oneroso un instrumento negociable que ha recibido a título gratuito, en la cadena de negociaciones cambiarias aflorará siempre uno de los suscriptores legitimados por pasiva, distintos del endosante, antes mencionados. 60. Podría ser legitimado por activa el tenedor del título que lo ha recibido sin contraprestación alguna. 61. El legitimado por pasiva puede carecer de vínculo cambiario. 62. El avalista puede ser sujeto pasivo cuando recibe contraprestación por la garantía que otorga. 63. Paralelo de diferencias entre el obligado cambiario y el legitimado por pasiva frente a **actio in rem verso cambiario.** 64. Una cosa es la condición de litisconsorte y otra la forma en que ha de resolverse la cuestión litigiosa.*

56. LEGITIMADO POR ACTIVA

Dice la Corte que el sujeto legitimado por activa *"lo es por principio quien fuera tenedor del título prescrito o perjudicado"*[121].

En relación con el citado tópico, se tiene que el tenedor del título descargado por caducidad o prescripción de la acción cambiaria bien puede serlo el último endosatario o tenedor en cuyas manos opera la caducidad o prescripción, o un obligado de regreso que lo ha recibido por pago del importe del mismo antes de que ocurra dicha caducidad o prescripción. Puede serlo, también, el endosatario, o mejor, el cesionario que lo ha recibido con efectos de cesión ordinaria después de vencido (artículo 660, inciso 2°, C. Co.), pero antes de consumada la caducidad o prescripción (no se pierda de vista que, de acuerdo con la doctrina de la Corte, es legitimado por activa *quien fuera tenedor del título prescrito o perjudicado*). No en vano el artículo 882 se refiere al *"acreedor que deja caducar o prescribir el instrumento"*, a lo cual hay que agregar que en tal evento la voz *acreedor* es comprensiva tanto del tenedor que adquiere el título antes del vencimiento, como del cesionario que lo adquiere después de vencido, pero en todo caso antes de operada la caducidad o prescripción. De ello se sigue que el legitimado por activa puede serlo, en concreto:

1). *El primer beneficiario.*

Cuando el título no es negociado y en poder del primer

beneficiario opera la caducidad o prescripción de la acción cambiaria.

2). El único endosatario.

Cuando el título ha sido negociado sólo una vez y en manos de su único endosatario opera la caducidad o prescripción de la acción cambiaria.

3). El último endosatario.

Cuando el título ha sido negociado varias veces y su último endosatario deja transcurrir el tiempo de caducidad o prescripción de la acción cambiaria que conlleva el descargo definitivo del instrumento.

4). El obligado de regreso que lo ha recibido en retorno.

El obligado de regreso que ha recibido en retorno el título valor de contenido crediticio, asume la posición de acreedor cartular. De modo que si en sus manos opera la caducidad o prescripción de la acción cambiaria con la cual se produce el descargo del instrumento, queda legitimado para el ejercicio de la acción de enriquecimiento cambiario.

5). El endosatario (o cesionario) que lo ha recibido después de vencido pero, según da a entenderlo la Corte (sentencia de 6 de diciembre de 1993), antes de ocurrida la caducidad o prescripción

---

121 CSJ, C, S de 6 de diciembre de 1993, op. cit., p. 148.

de la acción cambiaria.

Podría, incluso, darse el caso de un cesionario que recibe el título después de ocurrida la caducidad o prescripción de la acción cambiaria pero, eso sí, antes de que operare la prescripción de la **actio in rem verso cambiario.**

6). El avalista.

El avalista, al tenor del artículo 638 del Código de Comercio, cuando paga, *"(...) adquiere los derechos derivados del título-valor contra la persona garantizada y contra los que sean responsables respecto de esta última por virtud del título".*

57. EL LEGITIMADO POR ACTIVA DEBE SER EL EMPOBRECIDO POR EL DESPLAZAMIENTO PATRIMONIAL SUFRIDO

La CSJ, C, en sentencia de 6 de diciembre de 1993, respecto del legitimado por activa, precisó:

"a) En primer lugar, sujeto legitimado por activa para hacer valer el medio del que viene hablándose, lo es por principio quien fuera tenedor del título prescrito o perjudicado, vale decir el primer beneficiario si no hubo negociación, el último endosatario o el obligado de regreso que haya rescatado el documento y asuma así la posición de acreedor cartular, pero siempre y cuando se trate, además, de la persona que en razón de haberse producido cualquiera de esos eventos dotados por definición de eficacia liberatoria para los responsables por el

pago del título, resulte empobrecida por incidir en detrimento de su patrimonio el desplazamiento de bienes de tal manera ocurrido, condición esta última que es esencial por cuanto se desprende de la naturaleza misma de la acción ejercitada, cuyo objeto, valga insistir una vez más en ello, es corregir el enriquecimiento sin causa realmente consumado (...) "[122].

La misma corporación, en sentencia de 5 de octubre de 1989 acotó:

"De ahí que aquel precepto del inciso final del art. 882 citado (distinto en lo pertinente al correspondiente en el proyecto Intal), en armonía con sus incisos precedentes, conceda expresa y claramente dicha acción al "acreedor" específico de la obligación fundamental que ha sido cancelada por el título-valor que se ha dejado caducar o prescribir, y que, además, también haya resultado empobrecido por este motivo, siempre que se encuentren satisfechos todos los requisitos contemplados en el contenido integral del artículo 882 C. Co., dentro de los cuales debe resaltarse para este caso; los relativos: De una parte, a la necesidad de que exista un enriquecimiento que recaiga en la persona que, siendo responsable del pago de un título valor de contenido crediticio de una suma de dinero, entregado como pago de una obligación anterior, por sí mismo o por cuenta de otro, deja de hacer dicho pago, ya que enriquecerse es tanto recibir ingreso, o, como ocurre en este caso, dejar de cancelar pasivo incrementado [sic] *para sí o para otro el patrimonio. Y de la*

---

[122] Ibíd., p. 148.

otra, que como consecuencia de ello se ocasione un empobrecimiento en el acreedor titular actual del título valor, cuando por su caducidad o prescripción no obtiene la satisfacción del derecho en él incorporado, ni tampoco la de la obligación originaria o fundamental extinguida"[123].

58. LEGITIMADO POR PASIVA

Es necesario también que el legitimado por pasiva reporte ventaja del desequilibrio patrimonial que se trata de nivelar[124] a causa de la caducidad o prescripción. Dicho legitimado por pasiva puede ser:

1). *El librador del cheque.*

El librador del cheque no cobrado a tiempo y por ende descargado por caducidad o prescripción de la acción cambiaria, librador que en la praxis es el deudor que paga con ese tipo de instrumento negociable.

2). *El girador de la letra de cambio no aceptada por el girado.*

El girador de la letra de cambio no aceptada por el girado, pero que recibe (el girador) del beneficiario un bien o servicio equivalente al importe de la misma (esto cuando el girador, el girado –destinado a ser aceptante– y el beneficiario son personas

---

[123] CSJ, S de 5 de octubre de 1989, ya citada, *G. J.*, t. CXCVI, p. 59.

[124] CSJ, C, S de 6 de diciembre de 1993, op. cit., p. 148.

distintas). Tal ocurre, por ejemplo, cuando **A** (girador) da la orden a **B** (girado –destinado a ser aceptante–) de pagar una suma determinada a **C** (beneficiario), por razón de servicios que el girador **A** recibe del beneficiario **C**. A este respecto conviene recordar que el artículo 678 del Código de Comercio establece: *"El girador será responsable de la aceptación y del pago de la letra. Toda cláusula que lo exima de esta responsabilidad, se tendrá por no escrita"*.

3). El aceptante de la letra de cambio (o el suscriptor que haga sus veces en los demás títulos valores de contenido crediticio).

El aceptante de la letra de cambio es el directo y principal obligado a pagar en ese tipo de instrumento negociable, como lo es en igual forma el suscriptor que haga sus veces en cualquier otro título valor de contenido crediticio al cual le sean aplicables, en lo pertinente, las normas relativas a la letra de cambio. Tal acontece en las facturas, según lo dispone el artículo 779 del Código de Comercio.

4). El otorgante del pagaré.

El otorgante del pagaré es el directo y principal obligado a pagar en esa clase de instrumentos negociables.

5). Cualquiera de los endosantes (evento asaz remoto, toda vez que el endosante no suele ser el enriquecido frente al tenedor empobrecido con el descargo del título a causa de la caducidad o prescripción de la acción cambiaria según se explica en el *infra* subsiguiente).

Tal sería el caso del endosante que obtiene la letra de cambio de manos del beneficiario sin pagar valor alguno, esto es, a título gratuito, pero que la transfiere a un tercero por un valor que sí recibe. Esta eventualidad, se insiste, es muy remota, habida cuenta que quien transfiere a título oneroso un instrumento negociable que ha recibido a título gratuito, no es quien se beneficia a la postre, y menos de manera recíproca, con el empobrecimiento que sufre el endosatario-tenedor del instrumento que lo ha dejado descargar por caducidad o prescripción de la acción cambiaria.

59. AUNQUE UN ENDOSANTE TRANSFIERA A TÍTULO ONEROSO UN INSTRUMENTO NEGOCIABLE QUE HA RECIBIDO A TÍTULO GRATUITO, EN LA CADENA DE NEGOCIACIONES CAMBIARIAS AFLORARÁ SIEMPRE UNO DE LOS SUSCRIPTORES LEGITIMADOS POR PASIVA (DISTINTOS DEL ENDOSANTE), ANTES MENCIONADOS

Aunque un endosante transfiera a título oneroso un instrumento negociable que ha recibido a título gratuito, en la cadena de negociaciones cambiarias visible en el texto del mismo aflorará siempre uno de los suscriptores legitimados por pasiva ya mencionados en los numerales 1) a 4) precedentes, esto es, un librador de un cheque (hipótesis referida en el numeral 1); o un girador de una letra de cambio no aceptada por el girado, pero que ha recibido del beneficiario un bien o servicio equivalente al importe de la misma (caso citado en el numeral 2); o un aceptante de una letra de cambio o de un instrumento negociable que se le asimile (situación del numeral 3); o un otorgante de un pagaré (evento contemplado en el numeral 4).

Un ejemplo ilustra lo antes expuesto: **A** recibe de **B** una suma determinada a título de mutuo. Posteriormente, en pago de la misma suscribe y le entrega al mutuante **B** un cheque (o un pagaré, o una letra de cambio, o un instrumento negociable al cual le sean aplicables las normas de la letra de cambio). **B** endosa a **C** el instrumento negociable, pero lo hace a título gratuito (lo dona). **C** lo endosa nuevamente a **D**, pero esta vez a título oneroso (paga una deuda). Estando el título en manos de **D**, se produce el descargo del mismo por caducidad o prescripción de la acción cambiaria, con lo cual se extingue en igual forma la obligación originaria o fundamental (primera parte del inciso 3° del artículo 882 ibídem).

En el referido ejemplo no podrá **D** intentar con éxito la acción de enriquecimiento cambiario contra **C** muy a pesar de que este último hubiere adquirido el instrumento a título gratuito (por donación), puesto que el monto del mismo constituía, antes de la caducidad o prescripción, no un pasivo, sino un activo en el patrimonio de **C**, quien no era el principal ni directo obligado y que con la entrega del instrumento pagó la deuda que tenía contraída para con **D**. Por consiguiente, mal podría decirse que **C** se enriqueció a causa del descargo del instrumento por caducidad o prescripción de la acción cambiaria, entre otras razones porque, en caso de que no hubiere (**C**) endosado el título, habría podido, antes de la caducidad o prescripción, hacerlo efectivo contra **A** y/o contra **B**, vale decir, habría podido obtener el importe del mismo en dinero efectivo, dinero con el cual habría podido saldar en su momento la deuda contraída para con **D**.

En el citado ejemplo el legitimado por pasiva en lo que concierne a la *actio in rem verso cambiario* sería el obligado originario, es decir el mutuario **A**, quien habría experimentado un enriquecimiento a causa del descargo del instrumento por caducidad o prescripción de la acción cambiaria.

Como puede observarse, en lo que atañe a la *actio in rem verso cambiario*, difícilmente puede ser legitimado por pasiva un endosante del título, quien no suele ser el suscriptor enriquecido frente al tenedor empobrecido con el descargo del instrumento a causa de la caducidad o prescripción de la acción cambiaria.

Es de insistir en que el enriquecimiento o aumento patrimonial experimentado por el endosante de un instrumento negociable que lo ha recibido a título gratuito (en el ejemplo citado **C**), se sustenta en el acto de liberalidad o beneficencia dispensado por quien le ha entregado el título sin contraprestación alguna (en el ejemplo citado, en el acto de liberalidad o beneficencia exteriorizado por **B**). Además, en tal evento el descargo del instrumento a raíz de la caducidad o prescripción de la acción cambiaria es una simple contingencia que puede no darse, ya que lo corriente y natural es que el título sea descargado, no por caducidad o prescripción de la acción cambiaria, sino por pago efectivo del mismo realizado por el originario deudor (en el ejemplo mencionado **A**), lo que corrobora que el enriquecimiento o aumento patrimonial evidenciado por el endosante del instrumento que lo ha recibido a título gratuito (en el susodicho ejemplo **C**) es justo, legítimo y autorizado por la ley.

A manera de resumen, en caso de que respecto de un

instrumento negociable endosado a título gratuito se produzca la contingencia de la caducidad o prescripción de la acción cambiaria y el consiguiente descargo del mismo por su impago efectivo, muy seguramente habrá otro suscriptor distinto del endosante que estará evidenciando un aumento en su patrimonio por el no pago del instrumento (en el referido ejemplo ese suscriptor distinto del endosante será **A**, enriquecido a la postre por la falta de pago del instrumento).

En la anterior forma y en líneas generales, el suscriptor beneficiado con el no pago del instrumento será a la postre y según se indicó atrás, el librador de un cheque (hipótesis referida en el numeral 1); el girador de una letra de cambio no aceptada por el girado, pero que ha recibido del beneficiario un bien o servicio equivalente al importe de la misma (caso citado en el numeral 2); el aceptante de una letra de cambio o de un instrumento negociable que se le asimile (situación del numeral 3); o el otorgante de un pagaré (evento mencionado en el numeral 4).

60. PODRÍA SER LEGITIMADO POR ACTIVA EL TENEDOR DEL TÍTULO QUE LO HA RECIBIDO SIN CONTRAPRESTACIÓN ALGUNA

Como se dijo antes, podría ocurrir que quien sufre el descargo del instrumento negociable a raíz de la caducidad o prescripción de la acción cambiaria, fuere un tenedor que lo ha recibido sin contraprestación alguna (a título gratuito o mediante acto de mera liberalidad). En tal caso dicho tenedor (en el ejemplo pluricitado **C**), aunque no hubiere dado nada en contraprestación por el instrumento recibido, no se vería impedido para ejercitar la *actio in rem verso cambiario* contra el suscriptor beneficiado con el descargo del mismo por caducidad o prescripción de la acción cambiaria (en el referido ejemplo **A**).

En el aludido evento el descargo no solo sería ulterior a la adquisición del título de manera gratuita, sino posterior también al consiguiente aumento patrimonial experimentado por **C** al momento de recibir el instrumento sin contraprestación alguna, quien por lo mismo vería reducido su caudal económico con el descargo del título a causa de la caducidad o prescripción. La merma patrimonial sufrida por el tenedor gratuito (**C**) sería correlativa al aumento del peculio del originario deudor (en el ejemplo mencionado **A**) a causa del descargo del instrumento por la caducidad o prescripción de la acción cambiaria.

Lo antes expuesto confirma que, en lo que concierne a la *actio in rem verso cambiario*, rara vez podrá ser legitimado por pasiva un endosante del título.

61. EL LEGITIMADO POR PASIVA PUEDE CARECER DE VÍNCULO CAMBIARIO

En la sentencia de 6 de diciembre de 1993 ya citada, la CSJ, C, una vez trata lo atinente a los legitimados, tanto por activa como por pasiva, advierte:

"(...) como lo indica la doctrina, han de ser personas

colocadas de tal manera que entre el enriquecimiento del extremo pasivo y el empobrecimiento del actor exista y se compruebe un vínculo de causalidad estrictamente cambiaria"[125].

Empero, dado que en el Sistema Normativo Colombiano[126] la acción procede *"contra quien se haya enriquecido sin causa a consecuencia de la caducidad o prescripción"*, bien puede suceder que el legitimado por pasiva carezca de nexo cambiario[127]. Tal ocurre con el amparado por la firma de favor. Cuando el título valor es suscrito por un tercero que no recibe contraprestación cambiaria

---

[125] Ibíd. p. 148.

[126] En interesante aclaración de voto consignada por el magistrado Jaime ARAUJO RENTERÍA en la sentencia C-1038 de 2002, se incluye la distinción entre los conceptos *Orden Jurídico* (normas vigentes –sea expresa, sea implícitas– en un momento y lugar determinado), *Sistema Jurídico* (normas vigentes y derogadas), y *Sistema Normativo* (normas vigentes).

Se indica en la aludida aclaración de voto que por **Orden Jurídico** se entiende *"el conjunto de normas vigentes en un momento y en un lugar determinado"* [se subraya]. Forman parte del mismo *"no sólo las normas expresamente promulgadas sino también aquéllas que sin haber sido expresamente promulgadas puedan derivarse o deducirse lógicamente de las primeras"*.

El concepto de **Sistema Jurídico** *"comprende las vigentes y las derogadas"*. Hace alusión a la sucesión de órdenes jurídicos *"(e)s muy útil para explicar temas como el de la ultractividad de la ley y hace comprensible el fenómeno de normas derogadas que siguen, sin embargo, produciendo efectos jurídicos"*. *"De tal manera que forma parte del sistema jurídico las normas que una vez estuvieron vigentes y que ahora se encuentran derogadas"*.

El concepto de **Sistema Normativo**, en cambio, *"sólo comprende las normas vigentes"*.

[127] En este aspecto tampoco se comparte la opinión del doctrinante Augusto RAMÍREZ BAQUERO, quien estima que la acción de enriquecimiento cambiario *"solo se concede a quien ha sido parte tanto en el negocio fundamental como en el cambiario"* (*Efectos de la Emisión o Transferencia de un Título Valor de Contenido Crediticio sobre la Relación Causal en Derecho Colombiano*, en *Revista de Derecho Mercantil*, num. 7, Colegio de Abogados Comercialistas, Bogotá, Temis, 3 de diciembre de 1986, p. 14).

por las obligaciones que contrae (caso del artículo 639, C. Co.)[128].

Otro evento podría ser el de la letra de cambio no aceptada por el girado, quien recibe del beneficiario un bien o servicio por razón del monto o importe de la misma, y que resulta por ende favorecido con la firma del título por parte del girador (cuando el girador y el girado destinado a ser aceptante son personas distintas). El ejemplo sería: En una letra de cambio, **A** (girador), le da la orden a **B** (girado) de pagarle a **C** (beneficiario) una suma determinada por concepto de un servicio prestado por **C** en favor de **B**. Empero, **B** se abstiene de firmar la letra, vale decir no la acepta y se produce además el descargo de aquella por prescripción de la acción cambiaria.

En todo caso, es menester recordar que la *actio in rem verso cambiario* es de naturaleza extracambiaria, en cuanto surge luego de que la acción cambiaria ha caducado o prescrito, lo que confirma que el legitimado por pasiva puede llegar a carecer de vínculo cambiario.

62. EL AVALISTA PUEDE SER SUJETO PASIVO CUANDO RECIBE

---

[128] **Co. Co. Art. 639.-** *"Cuando una parte, a sabiendas, suscriba un título sin que exista contraprestación cambiaria a las obligaciones que adquiere, las partes en cuyo favor aquélla prestó su firma quedarán obligadas para con el suscriptor por lo que éste pague y no podrán ejercitar contra él las acciones derivadas del título.*

En ningún caso el suscriptor de que trata el inciso anterior, podrá oponer la excepción de falta de causa onerosa contra cualquier tenedor del instrumento que haya dado por este una contraprestación, aunque tal hecho sea conocido por el adquirente al tiempo de recibir el instrumento".

HÉCTOR CÁMARA[129] le niega la condición de legitimado por pasiva al avalista, por carecer de nexo cambiario.

Contra el citado parecer TRUJILLO CALLE sostiene, con acierto:

"El avalista hace parte del nexo. Y tanto es así, que el avalista es un obligado solidario, autónomo y en el mismo grado que su avalado y aunque el aval es una garantía, su carácter de acto cambiario unilateral lo vincula al pago con nexo igual al de su garantizado. Si no lo fuera, al pagar carecería de acción cambiaria contra su avalado. Tal vez no haga parte del nexo original por ser un acto posterior a la creación del título, mas una vez dado, el avalista queda amarrado indefectiblemente al título valor. Sin embargo, si la firma del avalista que se da como una garantía cambiaria en nada lo ha enriquecido, es obvio que la acción no trasciende". (Tesis ésta que coincide con la expuesta por César VIVANTE)[130].

GÓMEZ LEO[131], por su parte, opina que el avalista podría ser sujeto pasivo de la ***actio in rem verso cambiario*** cuando fuere suficientemente remunerado y que en tal evento la acción

---

[129] Citado por TRUJILLO CALLE, Bernardo, en: *El Enriquecimiento sin Causa y Especialmente el Enriquecimiento sin Causa en un Título Valor*, en *Las Transformaciones del Derecho Mercantil Moderno*, Cámara de Comercio de Medellín, Biblioteca Jurídica Diké y Colegio de Abogados de Medellín, 1988, p. 93.

[130] Citado por PEÑA CASTRILLÓN, Gilberto, En: *Algunas Falacias Interpretativas de los Títulos Valores*, en *Monografías Jurídicas*, núm. 47, p. 60, Temis, 1985.

[131] Citado por TRUJILLO CALLE, Bernardo, *El Enriquecimiento sin Causa y Especialmente el Enriquecimiento sin Causa en un Título Valor*, op. cit., p. 93.

atemperaría la pérdida.

Dicha postura coincide con la acogida por el Sistema Normativo Colombiano en el cual procede la acción, como se dijo antes, *"contra quien se haya enriquecido sin causa a consecuencia de la caducidad o prescripción"*, postura ésta que abarca tanto al avalista que recibe ganancia por la defunción del título, como al beneficiado con la firma de favor sin importar que carezca o no de vínculo cambiario, según ha quedado elucidado.

Podría ocurrir incluso que el beneficiado con la firma de favor (que no suscribe el título como obligado directo), lo hiciere como avalista. Un ejemplo podría ser el siguiente: **A** le presta dinero a **B**. Éste le entrega en pago una letra girada por **C** quien la suscribe como firmante a favor de **B**. **B** firma la letra, no como deudor directo, sino en garantía del pago del título, vale decir, avala el pago del instrumento. En tal caso, si el título resultare descargado por caducidad o prescripción de la acción cambiaria, procedería la ***actio in rem verso cambiario*** contra **B**, por ser a la postre el enriquecido a causa de la caducidad o prescripción.

63. PARALELO DE DIFERENCIAS ENTRE EL OBLIGADO CAMBIARIO Y EL LEGITIMADO POR PASIVA FRENTE A LA ***ACTIO IN REM VERSO CAMBIARIO***

De todo lo antes expuesto se desprende que el obligado cambiario y el legitimado por pasiva en lo que concierne a la acción de enriquecimiento cambiario, se diferencian en varios aspectos, a saber:

Obligado cambiario	Obligado (no cambiario) de que trata el artículo 882
1. Solidaridad. Por regla general y conforme al artículo 825 del C. Co., *"En los negocios mercantiles* [entre tales el giro, otorgamiento, aceptación, garantía o negociación de títulos valores, así como la compra para reventa, permuta, etc., de los mismos –numeral 6 del artículo 20 ibídem–] *cuando fueren varios los deudores se presumirá que se han obligado solidariamente"* Y, en todo caso, *"Cuando dos o más personas suscriban un título valor, en un mismo grado, como giradores, otorgantes, aceptantes, avalistas, se obligarán solidariamente"* (artículo 632 del C. Co.).	**1. No solidaridad.** El enriquecido como consecuencia del descargo del título por caducidad o prescripción de la acción cambiaria, es un obligado independiente (no solidario aunque en vigencia del instrumento hubiere sido un suscriptor parigrado), y solo hasta el monto del enriquecimiento y del empobrecimiento correlativo.
2. Litisconsorte facultativo. En cuanto los varios suscriptores se presumen obligados solidariamente, cada uno de ellos es sólo litisconsorte facultativo de los demás, lo que explica que *"puede exigirse a cada uno de los deudores o por cada uno de los acreedores el total de la deuda"* (artículo 1568, inc. 2º, del C. C. en concordancia con el artículo 825 del C. Co.). O como lo establece el artículo 1571 del C. C., *"El acreedor podrá dirigirse contra todos los deudores solidarios conjuntamente, o contra cualquiera de ellos a su arbitrio, sin que por éste pueda oponérsele el beneficio de división".* Y de manera más puntual, en materia de títulos valores, el	**2. Litisconsorte necesario.** Se conforma un litisconsorcio necesario en caso de que la cuestión litigiosa, ya por su naturaleza ora por disposición legal, haya de ser decidida de manera uniforme para dos o más personas empobrecidas y/o enriquecidas a causa del descargo del título por caducidad o prescripción de la acción cambiaria, y, ante todo, en caso de que sea imposible resolver de mérito sin la comparecencia de todas ellas, así se trate de los otrora obligados parigrado y entonces litisconsortes facultativos (artículo 61 del C. G. P. y artículos 51 y 83 del C. P. C.).

artículo 785 del C. Co. dispone: *"El tenedor del título podrá ejercitar la acción cambiaria contra todos los obligados a la vez o contra alguno o algunos de ellos, sin perder en este caso la acción contra los otros y sin obligación de seguir el orden de las firmas en el título. El mismo derecho tendrá todo obligado que haya pagado el título, en contra de los signatarios anteriores".*	
3. Condición de litigante separado. Siendo, los varios suscriptores del título, deudores solidarios y por ende litisconsortes facultativos, son *"considerados en sus relaciones con la contraparte, como litigantes separados. Los actos de cada uno de ellos no redundarán en provecho ni en perjuicio de los otros, sin que por ello se afecte la unidad del proceso"* (artículo 60 del C. G. P. y artículo 50 del C. P. C.). Los actos que impliquen disposición del derecho en litigio tienen eficacia respecto de cada deudor **in solidum**, por lo que la cuestión litigiosa **no** tiene por qué resolverse de manera uniforme para todos los litisconsortes (deudores **in solidum**) ni los recursos y en general las actuaciones de cada cual tienen por qué favorecer a los demás.	**3. Condición de litigante conjunto.** En caso de que fueren litisconsortes necesarios, *"Los recursos y en general las actuaciones de cada litisconsorte favorecerán a los demás. (...) los actos que impliquen disposición del derecho en litigio sólo tendrán eficacia si emanan de todos"* (artículo 61 del C. G. P. y artículo 51 del C. P. C.).
4. Confesión de litisconsorte facultativo. La confesión de cada litigante-litisconsorte facultativo, si bien vale como tal respecto del litigante que la hace, solo tiene el valor de testimonio de tercero respecto de los demás (inciso segundo del artículo 92 del C. G.	**4. Confesión de litisconsorte necesario.** La confesión de uno o varios, pero no todos, los litisconsortes necesarios, no vale como confesión y solo tiene el valor de testimonio de tercero (inciso primero del artículo 92 del C. G. P. y primera parte del artículo 196 del

P. y segunda parte del artículo 196 del C. P. C.).	C. P. C.).
5. Las causas que interrumpen la prescripción respecto de uno, la interrumpen respecto de los otros en caso de ser signatarios en un mismo grado u obligados solidarios. Si hubiere dos o más obligados en un mismo grado, las causas que interrumpieren la prescripción respecto de uno, la interrumpirían también respecto de los demás, por disponerlo así el artículo 792 del C. Co.). Y si no hubiere obligados en un mismo grado pero estuvieren cubiertos por la presunción de solidaridad de que trata el artículo 825, la interrupción que obrare en perjuicio de uno, perjudicaría en igual forma a los demás. Al respecto el artículo 2540 del C. C. advierte que la interrupción de la prescripción que obra en perjuicio de uno o varios codeudores, no *"perjudica a los otros a menos que haya solidaridad, y no se haya ésta renunciado en los términos del artículo 1573, o que la obligación sea indivisible".* (Resaltado fuera de texto) Cabe anotar que la interrupción de la prescripción en perjuicio de los varios deudores solidarios cambiarios prevista en el artículo 792 del C. Co., configura la salvedad normativa sustancial a que alude el penúltimo inciso del artículo 94 del Código General de Proceso (inciso final del artículo 90 del Código de Procedimiento Civil) cuando dispone: *"Si fueren varios los demandados y existiere entre ellos*	**5. Las causas que interrumpen la prescripción respecto de uno, NO la interrumpen respecto de los otros.** Aun en el evento en que los legitimados por pasiva hubieren sido, en vigencia de la obligación cambiaria, deudores parigrado o solidarios, las causas que interrumpieren la prescripción de la acción de enriquecimiento cambiario respecto de uno, **no** la interrumpirían respecto de los demás (dado que cada legitimado por pasiva solo responde hasta por el monto del enriquecimiento y del empobrecimiento correlativo), y menos si conformaren un litisconsorcio necesario, caso en el cual sería indispensable la notificación a todos ellos para que se surtiere el efecto de la interrupción (penúltimo inciso del artículo 94 del C. G. P., y último inciso del artículo 90 del C. P. C.).

litisconsorcio facultativo, los efectos de la notificación a que se refiere este artículo, se surtirán para cada uno separadamente, salvo norma sustancial o procesal en contrario (...)".	

64. UNA COSA ES LA CONDICIÓN DE LITISCONSORTE Y OTRA LA FORMA EN QUE HA DE RESOLVERSE LA CUESTIÓN LITIGIOSA

En procura de una más amplia ilustración, cuando el litisconsorcio es *facultativo*, tanto por activa como por pasiva, bien puede(n) demandar uno, varios o todos los litisconsortes (por activa) contra uno, varios o todos los litisconsortes (por pasiva), lo que comprueba que en tal evento no es imperativo resolver la cuestión litigiosa de manera idéntica para los diferentes litisconsortes. Tal es el caso de las obligaciones solidarias. Al respecto, el inciso 2° del artículo 1568 del Código Civil prescribe: *"(...) en virtud de la convención, del testamento o de la ley puede exigirse a cada uno de los deudores o por cada uno de los acreedores el total de la deuda, y entonces la obligación es solidaria o **in solidum**".*

Ahora bien, cuando el litisconsorcio es *necesario*, ya por activa, ora por pasiva, es imprescindible que comparezcan todos los litisconsortes, según lo sean por activa o por pasiva. Sin embargo, el que el litisconsorcio sea *necesario*, no significa que la cuestión litigiosa tenga que resolverse de manera exactamente igual para todos los litisconsortes. Ejemplo clásico es el de la demanda de nulidad de la venta de un bien de la sociedad conyugal realizada por uno de los esposos como si fuera propio –sin la intervención del otro–. En tal evento, tanto el cónyuge vendedor como el tercero comprador conforman un litisconsorcio necesario para efectos del establecimiento de la nulidad de la venta. Empero, en caso de que el cónyuge vendedor hubiere entregado el bien al comprador y éste hubiese pagado el precio del mismo, aunque la pretensión principal consistiere en la declaratoria de nulidad de la venta, las consecuenciales serían diferentes: frente al comprador habría de disponerse la restitución del bien, en tanto que frente al cónyuge vendedor habría de ordenarse la devolución del precio.

En el caso del enriquecimiento sin causa, si el litisconsorcio fuere de carácter necesario, bien por activa (varios los empobrecidos) o bien por pasiva (varios los enriquecidos) y por ende no fuere posible decidir sin la comparecencia de todos los empobrecidos, o de todos los enriquecidos, según el caso, cada uno de los demandantes empobrecidos tendría derecho a recibir como máximo la suma en que se hubiere arruinado, al paso que cada uno de los demandados enriquecidos sólo estaría obligado a restituir como máximo el monto en que se hubiere solventado. Sobre el particular, el inciso 1° del artículo 1568 del C. C. es concluyente al disponer: *"En general cuando se ha contraído por muchas personas o para con muchas la obligación de una cosa divisible, cada uno de los deudores, en el primer caso, es obligado solamente a su parte o cuota en la deuda, y cada uno de los acreedores, en el segundo, sólo tiene derecho para demandar su parte o cuota en el crédito"*.

Lo antes expuesto denota que una cosa es la condición de *litisconsorte* en que se encuentre un demandante o un demandado, y otra bien distinta la *forma en que ha de resolverse el conjunto o entramado de la cuestión litigiosa*, que, así como puede dar lugar a que se decida de manera igual para todos los litisconsortes, sean facultativos, sean necesarios, puede dar lugar a que se dirima de manera disímil para los diferentes litisconsortes.

Todo lo anterior lleva a concluir que, en estricto rigor, el carácter de *uniforme* que se le atribuye a la decisión que corresponde adoptar en todo litisconsorcio necesario (artículos 61 del Código General del Proceso y 51 del Código de Procedimiento Civil) no significa inexorablemente *igual* o *idéntico*, sino que obedece básicamente a la exigencia de resolver con la comparecencia de todos los litisconsortes. No en vano el artículo 83 del Código de Procedimiento Civil, al referirse a la esencia del litisconsorcio necesario, omitió emplear la expresión "uniforme" (utilizada inapropiadamente en el artículo 61 del Código General del Proceso) y, en cambio, sí, destacó la exigencia de formular o dirigir la demanda por todas o contra todas las personas que hayan sido sujetos de las relaciones o actos jurídicos respecto de los cuales, por su naturaleza o por disposición legal, no fuere posible resolver de mérito sin su comparecencia.

Afín a lo antedicho es, en cierta medida, la sentencia de revisión de 4 de julio de 2012, de la CSJ, C, en la cual se rectificó un precedente sobre los efectos de la nulidad cuando hay de por medio un *litisconsorcio necesario*. En la citada providencia, en torno al enunciado final del inciso 3° del artículo 142 del derogado Código de Procedimiento Civil, que rezaba *"La declaración de nulidad solo beneficiará a quien la haya invocado, salvo cuando exista litisconsorcio necesario"* (regla que no fue reproducida en el Código General de Proceso –véase artículo 134 de éste último–), se

189

puntualizó:

> "*en manera alguna ordena que en tratándose de 'litisconsortes necesarios' el vicio a favor de uno invalide las actuaciones surtidas respecto de los otros (...).*

> *Y beneficiar, en el contexto aludido, no significa dejar sin efecto actuaciones, sino simplemente resaltar que ante la bienandanza de la petición de nulidad de un listisconsorte necesario, los demás se aprovecharán de sus excepciones, de sus pruebas, de sus recursos y de sus alegatos, etc.; lo cual guarda perfecta concordancia con el artículo 51 ib en el entendido de que 'cuando la cuestión litigiosa haya de resolverse de manera uniforme para todos los litisconsortes, los recursos y en general las actuaciones de cada cual favorecerá a los demás'".*[132] (M. P. Fernando GIRALDO GUTIÉRREZ).

---

[132] Publicada en: *Jurisprudencia y Doctrina*, t. XLI N° 490, Legis, octubre de 2012, p. 1754.

Capítulo VIII

PARTICULARIDADES DE LA *ACTIO IN REM VERSO CAMBIARIO*

*Sumario. 65. Características de la **actio in rem verso cambiario**. 1) Es una acción especial derivada de la caducidad o prescripción de la acción cambiaria en el instrumento negociable. 2) Es una acción autónoma. 3) Es una acción restitutoria con naturaleza propia, distinta de las acciones cambiarias en sentido estricto, consagradas y reguladas en los artículos 780 y siguientes del C. Co. 4) Consiste en un **ultimun refugium** o **extremun remedium iuris** o remedio final subsidiario. 5) Consiste en un mecanismo de compensación por la desmejora que sufre el acreedor con la considerable disminución de tiempo en que ve reducida la posibilidad de ejercitar la acción causal por el rechazo o no descargo del instrumento negociable. 66. El ejercicio de la **actio in rem verso cambiario** no constituye una violación al principio del **non bis in ídem**. 67. La **actio in rem verso cambiario** no requiere proceso judicial previo en el cual se declare la caducidad o prescripción de la acción cambiaria. 68. La consideración de que solo al deudor incumbe decidir si invoca o no la prescripción suscita inconvenientes prácticos. 69. La prescripción puede ser también invocada por el acreedor o por cualquier persona con interés legítimo en que sea declarada. 70. La sentencia de 17 de octubre de 1945 se refirió a la prescripción como medio de defensa del deudor, no como condición para el ejercicio de la acción por parte del acreedor. 71. Es desafortunado considerar que la **actio in rem verso cambiario** solo procede cuando el deudor invoca la* prescripción de la acción cambiaria ejecutiva. 1) Sentencia de 14 de marzo de 2001. 2) Sentencia de 19 de diciembre de 2007. 3) Sentencia de 26 de junio de 2008. 4) Sentencia de 9 de septiembre de 2013. 5) Sentencia de 26 de junio de 2018. 72. Comentarios al salvamento de voto consignado en la sentencia de 9 de septiembre de 2013, en el cual se sostiene la tesis de que la prescripción extintiva surte efectos a partir del momento en que es declarada. 1) La prescripción extintiva sólo exige el transcurso del tiempo sin que se haya ejercido la acción. Su declaratoria surte efectos **ex tunc** (con retroactividad). 2) La prescripción sólo puede ser invocada o renunciada después de cumplida. 3) El que (eventualmente) la prescripción liberatoria no produzca extinción automática del derecho de crédito del acreedor y la obligación correlativa, no impide la consumación de la misma. 4) Si la prescripción extintiva sólo surtiere efectos a partir del momento en que fuere declarada, no podría ser entonces invocada por el deudor ni por cualquiera otro interesado legitimado para ello, lo que sería ilógico y por ende absurdo. 73. Casuística que confirma lo antes expuesto. 1) Efectos de la **excepción de prescripción de la acción cambiaria** según se **alegue** en el proceso ejecutivo o en el de **actio in rem verso cambiario.** 2) Efectos de la **renuncia a la prescripción de la acción cambiaria** según se **produzca** al interior del proceso ejecutivo o en el de **actio in rem verso cambiario.** 3) En el proceso de enriquecimiento cambiario no es viable la renuncia tácita a la prescripción de la acción cambiaria ejecutiva. El silencio equivale a admisión de la prescripción. 4) Una cosa es la renuncia a la prescripción extintiva de la acción cambiaria y otra bien distinta el ejercicio de la **actio in rem verso cambiario**. 74. Tabla de resumen sobre las conductas que podría asumir el deudor demandado. *75. Conclusiones. 76. Síntesis de los comentarios al salvamento de voto. 77. Límites al monto de la suma cuya restitución se demanda. 1) El monto de la restitución no puede exceder el monto del enriquecimiento del demandado. 2) Dicho monto tampoco puede superar el monto del empobrecimiento del demandante. 78. Es posible solicitar corrección monetaria. 79. No procede el cobro de intereses moratorios. 80. Procede el cobro de intereses remuneratorios. 81. Pretensiones principales de la demanda de* **actio in rem verso cambiario**. *82. Pretensiones consecuenciales de la demanda de* **actio in rem verso cambiario**.

65. CARACTERÍSTICAS DE LA *ACTIO IN REM VERSO CAMBIARIO*

Algunas características de la **actio in rem verso cambiario**, que a su vez la diferencian de la **actio in rem verso** común, son:

1). Es una acción especial derivada de la caducidad o prescripción de la acción cambiaria en el instrumento negociable.

Según la Corte:

"(...) se trata de una regulación normativa específica, concerniente exclusivamente a los casos en que se paga una obligación causal preexistente, como se dijo atrás, con uno o varios títulos valores de contenido crediticio respecto de los cuales se produce la caducidad o la prescripción; por lo que impónese afirmar que la norma da un tratamiento particular a la actio de in rem verso cuando ésta se apoya en tal tipo de

documentos crediticios "[133].

"(...) se trata, en este evento, de una acción de enriquecimiento especial no sólo por su consagración normativa de este orden, sino también porque se estructura particularmente, con los requisitos generales de aquel principio, establecidos por la doctrina y la jurisprudencia y ahora consagrado en el artículo 831 C.P.C. [sic], *pero concretados y especificados en dicha disposición* [el artículo 882 del C. Co.], *para la caducidad o prescripción de los títulos valores "*[134].

"(...) la perspectiva correcta es la de considerarla como una modalidad peculiar de la acción "in rem verso" que con amplitud cada vez mayor se desenvuelve en muchas de las disciplinas jurídicas (....) "[135].

En la misma sentencia se advierte que la acción de enriquecimiento cambiario constituye *"(...) una aplicación típica de la doctrina general que prohíbe enriquecerse sin justificación a expensas de otro (....) "*[136].

De suerte que en los demás eventos, si el enriquecimiento se

[133] C, S N° 300 de 18 de agosto de 1989, también ya citada, folios 14 y 15.

[134] C, S de 5 de octubre de 1989, M. P. Pedro LAFONT PIANETTA, G. J., t. CXCVI, p. 59.

[135] C, S de 6 de diciembre de 1993, C. S. J., publicada en: *Jurisprudencia y Doctrina*, Legis, t. XXII, núm. 266, feb. de 1994, p. 147.

[136] Ibíd., p. 147. En igual sentido la S de Casación de 18 de septiembre de 1995, de la Sala Civil, sin publicar, M. P. Carlos Esteban JARAMILLO SCHOLSS, folio 21.

apoya en otro modo extintivo de las obligaciones distinto a la prescripción (como lo es la transacción, o la remisión o condonación), o en la caducidad o prescripción de las acciones cambiarias derivadas de un título valor de contenido no crediticio, es inviable la acción contra el enriquecido. En tales sucesos el enriquecimiento será causado y legítimo, reconocido y autorizado por la ley.

El profesor TRUJILLO CALLE, tras exponer que la *actio in rem verso* sólo tiene aplicación respecto de los títulos valores de contenido crediticio, comenta que en tratándose de títulos representativos o de tradición, la prescripción o caducidad de las acciones cambiarias no extingue la acción causal[137]. Para que ello ocurra –se agrega aquí–, vale decir para que el acto de emisión o transferencia de un instrumento cuasinegociable (de contenido no crediticio) produzca la extinción de una obligación causal, es menester que las partes así lo convengan y, si así ocurre, opera entonces la extinción de la acción causal.

En tal caso (cuando las partes acuerdan dar por extinguida la obligación causal mediante la emisión o transferencia de un título valor cuasinegociable), si el acreedor deja descargar el instrumento por caducidad o prescripción de la acción cambiaria (lo que solo se explicaría por su incuria o negligencia), no podrá entonces intentar el

---

[137] TRUJILLO CALLE, Bernardo, *De los Títulos-Valores*, t. I., Parte General, op. cit., p. 567.

ejercicio de la acción causal, ya que por tratarse del pago con un título valor de contenido no crediticio, la obligación quedará extinguida con la emisión o traspaso del instrumento.

Es de insistir aquí, que según lo tiene establecido la jurisprudencia, la **actio in rem verso cambiario** constituye un **remedio extremo** para el acreedor negligente que deja operar la prescripción o caducidad de las acciones derivadas del **título valor de contenido crediticio**. Y es por tal razón que la **actio in rem verso cambiario** no ampara al acreedor, también negligente, que deja prescribir o caducar las acciones originadas en el instrumento cuasinegociable o título valor de contenido **no** crediticio.

2). *Es una acción autónoma.*

Es una acción autónoma en el sentido de que *"su viabilidad no depende del hecho de que quien la incoa no tenga o no haya tenido otra en beneficio suyo y que aun en el supuesto de que hubiese operado la caducidad o la prescripción, ésta no es óbice para instaurarla"*[138].

"En otras palabras: la autonomía que como característica, surge para la acción de enriquecimiento sin causa, sólo se circunscribe al campo de los títulos valores del contenido crediticio, mas no al de todo el derecho comercial, en cuyos restantes aspectos continúan teniendo vigencia lo que tanto la jurisprudencia patria como la doctrina han enseñado respecto del Derecho Civil, es decir que la actio in rem verso no es sino

---

[138] C, S Nº 300 de 18 de agosto de 1989, ya citada, folio 14. En el mismo sentido la S de 30 de julio de 2001, ya citada también.

subsidiaria, o sea, que tiene lugar cuando no haya otra, y si, además, el enriquecimiento que se alega se apoya en una de las fuentes de las obligaciones, será imposible lograr el reembolso para quien lo haya sufrido, es decir, para quien haya experimentado el empobrecimiento"[139].

"Delanteramente conviene enfatizar, cual lo hiciera en su momento el tribunal, la autonomía de la acción aquí deducida; tanto, que su existencia la debe precisamente a la desaparición de la acción cambiaria."[140]

3). Es una acción restitutoria con naturaleza propia, distinta de las acciones cambiarias en sentido estricto, consagradas y reguladas en los artículos 780 y siguientes del C. Co.

"La acción de enriquecimiento injusto no es una acción de naturaleza cambiaria, porque surge después que la acción cambiaria ha caducado"[141].

El que la ***actio in rem verso cambiario*** proceda luego de que la acción cambiaria haya caducado o prescrito, confirma que el legitimado por pasiva puede carecer de vínculo cambiario.

---

[139] Ibíd., folio 15.

[140] CSJ, C, S de 25 de octubre de 2000 (expediente 5744), sin publicar, M. P. Manuel ARDILA VELÁSQUEZ.

[141] VIVANTE, César, *Tratado de Derecho Mercantil,* Madrid, Reus, 1936, T, III, pp. 486 y ss., citado por la CSJ, C, en S de casación de 30 de julio de 2001, expediente 6150, M. P. Carlos Ignacio JARAMILLO JARAMILLO, publicada en: *Jurisprudencia y Doctrina,* Legis, t. XXX, núm. 357, sep. de 2001, p. 1601.

*4). Constituye un **ultimun refugium** o **extremun remedium iuris** o remedio final subsidiario.*

La acción de enriquecimiento cambiario constituye un **ultimun refugium**[142] o *extremun remedium iuris* o remedio final[143] subsidiario. Concedido al tenedor de un título valor de contenido crediticio que lo ha dejado descargar por caducidad o prescripción de la acción cambiaria contra quien resulte enriquecido a causa de la caducidad o la prescripción.

Según la Corte, se trata de un recurso *in extremis* frente a un caso específico de enriquecimiento con causa y legítimo, mediante el cual se pretende evitar la consolidación de un lucro en cabeza de quien se beneficia por la inactividad, durante determinado tiempo, del acreedor, inactividad que da lugar a la caducidad o prescripción de la acción cambiaria y que impide el ejercicio eficaz de las acciones cambiarias de cobro o de las acciones emergentes de la causa en la emisión o negociación del título[144].

5). Consiste en un mecanismo de compensación por la desmejora que sufre el acreedor con la considerable disminución de tiempo en que ve reducida la posibilidad de ejercitar la acción

---

[142] ASCARELLI, Tullio, *Teoría General de los Títulos de Crédito*, Traducción de René Cacheaux Sanabria, Editorial Jus, México 1947, p. 494.

[143] TRUJILLO CALLE, Bernardo, *El enriquecimiento sin causa y especialmente el enriquecimiento sin causa en un título valor*, en *Las transformaciones del derecho mercantil moderno*, Medellín, Cámara de Comercio de Medellín, Biblioteca Jurídica Diké y Colegio de Abogados de Medellín, 1988, p. 98.

[144] CSJ, C, S de 6 de diciembre de 1993, op. cit., p. 147. En igual sentido la S de Casación de 30 de julio de 2001, varias veces citada.

causal por el rechazo o no descargo del instrumento negociable.

A pesar de que el acreedor puede hacer efectivo el pago de la obligación originaria o fundamental ante la resolución del pago por rechazo o no descargo del instrumento, si deja que éste se descargue por caducidad o prescripción de la acción cambiaria (cuyo término de extinción suele ser más corto que el de la acción originaria o fundamental), dicha *"obligación originaria o fundamental se extinguirá asimismo"* (inciso 2° y primera parte del inciso 3° del artículo 882). Bajo estas circunstancias surge a favor del acreedor la acción de enriquecimiento cambiario *"contra quien se haya enriquecido sin causa a consecuencia de la caducidad o prescripción"* (segunda parte del inciso 3° del artículo 882), acción que prescribe en un año contado a partir de la caducidad o prescripción de la acción cambiaria.

En otros términos, la resolución del pago por rechazo o no descargo del instrumento negociable, si bien deja viva la acción causal, lleva a que ésta deba ser ejercitada dentro del corto intervalo de tiempo en que puede ser ejercitada también la acción cambiaria. Transcurrido el aludido intervalo de tiempo sin que ninguna de las dos acciones sea promovida, la cambiaria se extingue por caducidad o prescripción y la causal por extinción de la cambiaria, y a partir de este suceso sólo será posible entablar la **actio in rem verso cambiario** contra quien resulte enriquecido a causa de la caducidad o prescripción siempre que se instaure dentro del año siguiente al día en que opere la caducidad o prescripción.

El aludido mecanismo de compensación lo confirma el hecho de que, a diferencia del antiguo sistema jurídico italiano (en el cual la pérdida de la acción cambiaria, si bien conlleva la extinción de la acción causal, le deja al tenedor abierta la posibilidad de ejercitar la acción de enriquecimiento en un plazo de 10 o 30 años, dependiendo del carácter mercantil o civil de la obligación de restituir lo debido, contado el plazo desde la fecha de la caducidad[145]), en el sistema adoptado en el Proyecto Intal y retomado por la legislación colombiana, la *actio in rem verso cambiario* sólo puede ejercitarse dentro del año siguiente a la caducidad o prescripción. En este aspecto se diferencia también de la *actio in rem verso* común, que por tratarse de una acción ordinaria para la cual no existe norma legal que la regule, prescribe en el término de diez (10) años (antes 20)[146] a partir de la entrada en vigencia de la Ley 791 de 2002, que redujo de 20 a 10 años el término de todas las prescripciones veintenarias establecidas en el Código Civil y, dicho sea de paso, de 10 a 5 años el tiempo necesario para la prescripción ordinaria de bienes raíces).

Es de anotar que la aplicación de la Ley 791 de 2002 está sujeta a la hermenéutica jurídica consignada en el artículo 41 de la Ley 153 de 1887, según el cual *"La prescripción iniciada bajo el imperio de una ley, y que no se hubiere completado aún al tiempo de*

---

[145] Véase: VIVANTE, César, *Tratado de Derecho Mercantil* (versión española de la quinta edición italiana, corregida, aumentada y reimpresa), v. III, *Las Cosas* (Mercancías y Títulos de Crédito, incluida la Letra de Cambio); traducido por Miguel Cabeza y Anido, profesor de la facultad de derecho de Santiago, Madrid, 1ª ed., Madrid, Reus (S. A. A.), 1936, p. 495.

[146] En este sentido HINESTROSA, Fernando, citado por ROSSI B., Eleonora; DÍAZ R., Carlos J.; BELTRÁN M., Manuel; y Vanegas R., Guillermo, quienes sostienen el mismo criterio, op. cit., pp. 84 y 85.

promulgarse otra que la modifique, podrá ser regida por la primera o la segunda, a voluntad del prescribiente; pero eligiéndose la última, la prescripción no comenzará a contarse sino desde la fecha en que la ley nueva hubiere empezado a regir".

Significa lo anterior que frente a las prescripciones veintenarias iniciadas antes de la entrada en vigencia de la Ley 791 de 2002, el prescribiente tiene dos alternativas:

a). Acogerse al término de prescripción de 20 años, contados desde el comienzo, o

b). Acogerse al término de prescripción de 10 años de que trata la Ley 791 de 2002, contados desde la entrada en vigencia de dicha ley.

No sobra agregar que, bajo circunstancias especiales, es posible que la **actio in rem verso** común prescriba en un tiempo menor a los diez (10) años, como cuando –por analogía– le sea aplicable una norma reguladora de una prescripción de corto tiempo.

En el anterior sentido lo estableció la CSJ, C, en sentencia de Casación de 28 de febrero de 1933, M. P. Francisco TAFUR A., en la cual dijo que a la acción de enriquecimiento instaurada para obtener el reconocimiento de unos servicios personales, prestados por un sirviente o mayordomo y por los cuales no se pactó remuneración alguna, en lo tocante a la prescripción de la misma, le era aplicable por analogía el artículo 2543 del Código Civil, del cual se desprende que la acción de los dependientes y criados por sus salarios prescribe en dos años, contados, según el artículo 2535 ibídem, *"desde que la obligación se haya hecho exigible"*[147].

66. EL EJERCICIO DE LA *ACTIO IN REM VERSO CAMBIARIO* NO CONSTITUYE UNA VIOLACIÓN AL PRINCIPIO DEL *NON BIS IN ÍDEM*

Así lo estableció la Corte Constitucional en la sentencia C-471 de 2006 (M. P. Álvaro TATUR GALVIS), sobre exequibilidad del inciso 3°del artículo 882 del Código de Comercio, en la cual puntualizó:

Al respecto la Corte, como se desprende de los apartes preliminares de esta sentencia, señala que el principio de non bis in ídem, se aplica solamente en las actuaciones de tipo judicial en materia penal y solo por extensión en materia sancionatoria. Dado que las disposiciones acusadas [inciso 3° del artículo 882 del C. Co.], *no corresponden al ámbito del ius puniendi, esto es que no contienen ni describen sanciones o castigos que se apliquen como resultado del desarrollo de un juicio penal, o de cualquier procedimiento sancionatorio resulta clara la impertinencia del cargo formulado por el actor en el sentido de que ellas vulneran el referido principio.*

A ello cabe agregar que si, en gracia de discusión, se admitiera que el principio de non bis in ídem se extiende a supuestos diferentes a los que se relacionan con el ius puniendi estatal, – en este caso al ámbito del derecho comercial– el simple examen del contenido del artículo 882 del Código de Comercio

---

[147] (G. J, t. XLI, pp. 197, 1ª, y 198, 2ª).

y del alcance de la acción de enriquecimiento sin causa que en ella se establece muestra que en el presente caso no se dan los supuestos de identidad de fundamento jurídico, objeto y causa, que son, como se vio en los apartes preliminares de esta sentencia, presupuesto necesario para entender vulnerado el referido principio.

Así, si bien en la hipótesis a que alude el artículo 882 se está frente a unos mismos sujetos, es claro que no existe identidad en cuanto al fundamento de las obligaciones y acciones a que en dicho artículo se hace referencia.

(...)

Ahora bien, es claro que el fundamento de la acción a que alude el tercer inciso del artículo 882 del Código de Comercio es diferente del que tiene la acción destinada al cobro del título valor que se deja caducar o prescribir.

Al respecto la Corte debe precisar que las acciones a las que se refieren respectivamente los artículos 780 a 793 y 882-inciso 3° del Código de Comercio, tienen un alcance diferente y se formulan en momentos procesales igualmente diferentes, a saber, i) en el caso de la acción cambiaria que se tramita mediante un proceso de condena (C. Co., art. 793) es claro que esta tiene como fundamento la existencia de un instrumento crediticio, esto es, el derecho literal y autónomo en él contenido, y hace relación con la preservación de la seguridad en el tráfico jurídico; y ii) la acción de enriquecimiento sin justa causa (C. Co., art. 882-inc. 3°), cuya procedencia es subsidiaria y se tramita mediante un proceso declarativo, tiene como fundamento no la exigibilidad de un título valor sino el empobrecimiento que se produce sin justa causa en el patrimonio del acreedor por el hecho de la extinción de la obligación civil originaria al dejarse prescribir o caducar el título valor con el que se pretendió efectuar, sin que resultara eficaz, el pago de la misma.

Cabe precisar que para interponer la acción de enriquecimiento sin causa, el acreedor deberá probar la configuración de los elementos propios de dicha figura jurídica, y no bastará con el simple hecho de que el título valor se halle caducado o prescrito, dado que esta es una de las condiciones exigidas por la ley pero no es la única que determina la procedencia de la acción aludida.

*Así, dado que no existe identidad en los supuestos aludidos mal puede hablarse de vulneración del principio de **non bis in ídem**.*

Resulta pertinente agregar que como lo ha puesto de presente la honorable Corte Suprema de Justicia en su jurisprudencia y lo recuerdan varios de los intervinientes la acción de enriquecimiento sin causa a que alude el tercer inciso del artículo 882 del Código de Comercio da aplicación en las circunstancias allí aludidas a los principios de justicia y equidad que orientan todo el ordenamiento jurídico (C.P., preámbulo, arts. 2° y 230).

Ha de recordarse igualmente que la legitimidad de las normas procesales está dada en función de su proporcionalidad y razonabilidad 'pues solo la coherencia y equilibrio del engranaje procesal permite la efectiva aplicación del concepto de justicia y, por contera, hace posible el amparo de los intereses en conflicto'. Así como que en manera alguna la acción de enriquecimiento sin cusa establecida en las circunstancias a que alude el artículo 882 del Código de Comercio puede aparecer como excesiva o desproporcionada frente al resultado que se pretende obtener con su utilización.

No cabe entonces bajo ninguna circunstancia entender vulnerado el artículo 29 superior como tampoco el preámbulo de la Constitución que el actor considera vulnerado por consecuencia"[148].

67. LA *ACTIO IN REM VERSO CAMBIARIO* NO REQUIERE PROCESO JUDICIAL PREVIO EN EL CUAL SE DECLARE LA CADUCIDAD O PRESCRIPCIÓN DE LA ACCIÓN CAMBIARIA

Al efecto, en sentencia de 14 de marzo de 2001 la Corte indicó:

"6.1. En relación con este particular es preciso señalar que al impetrar en este proceso la parte demandante la acción de enriquecimiento sin causa, acepta que tanto la acción ordinaria como la cambiaria han caducado o prescrito

---

[148] Corte Constitucional en la sentencia C-471 de 2006, M. P. Álvaro TATUR GALVIS.

(...) ''[149].

Posteriormente, en sentencia de 19 de diciembre de 2007, la Corte acotó:

"Y es que refrendar la pretensión de establecer como requisito para que opere la acción de enriquecimiento cambiario, la adopción de una sentencia que declare la prescripción, previamente alegada por el deudor, genera incertidumbre e indefinición de los derechos por cuenta de quien ha sido omisivo en el ejercicio de sus potestades, pues es tanto como autorizarlo para que en cualquier momento, aún de manera manifiestamente tardía, inicie un proceso ejecutivo, solamente con la perspectiva de intentar rescatar la acción de enriquecimiento; por supuesto, que mirar así las cosas es extenderle a ese acreedor negligente la posibilidad de decidir cuándo y bajo qué circunstancias precipita la ejecución, controlando así aún de manera caprichosa el manejo de los tiempos o la época de iniciación de la respectiva acción coactiva, con miras a viabilizar posteriormente esta otra reclamación, obviamente con el notorio detrimento de la seguridad jurídica.

(...)

*Reitera, pues, la Sala que no hay necesidad de la sentencia ejecutiva previa a la **actio in rem verso**, en donde se evidencie*

---

[149] CSJ, C, S de 14 de marzo de 2001, sin publicar, M. P. Jorge SANTOS BALLESTEROS.

la extinción de la acción cambiaria en razón a la prescripción o la caducidad, pues la norma evocada no contempla tal requisito; tampoco surge de la naturaleza de una u otra institución, pues de ordinario el cumplimiento de las obligaciones no es el fruto del cobro coercitivo sino la consecuencia de un comportamiento espontáneo del deudor, quien para honrar sus compromisos no tiene, inevitablemente, que verse compelido por una orden judicial; en regla de principio, las deudas se satisfacen sin la intervención del aparato estatal, las personas contratan o adquieren compromisos no pensando en la coacción para satisfacerlas; por ello, no puede aceptarse que el legislador haya incorporado como condicionante de la acción de enriquecimiento el que se hubiese proferido decisión judicial como referente para la contabilización del término extintivo de esta acción"[150].

En sentencia más reciente, de 26 de junio de 2008, la Corte puntualizó:

"5. Ahora bien, en lo que atañe específicamente al tema en torno del cual gira el recurso de casación, es decir, el requisito consistente en que se haya configurado la caducidad o la prescripción de las acciones cambiarias derivadas del título valor, es de verse cómo la doctrina jurisprudencial de la Corte ha señalado de manera reiterada y uniforme que para obrar como presupuesto de la acción de enriquecimiento cambiario

---

[150] CSJ, C, S de 26 de junio de 2008, sin publicar, M. P. César Julio VALENCIA COPETE.

no es menester que tales fenómenos sean declarados por medio de sentencia judicial, sino que es suficiente que cualquiera de los mismos haya tenido plena ocurrencia, aparejando, por contera, la extinción de la acción causal.

(...)

En este orden de ideas, puede reiterarse que el cómputo del término legalmente establecido para adelantar la acción de enriquecimiento cambiario no depende de que el fenómeno de la prescripción o la caducidad haya sido objeto de reconocimiento judicial, pues el ordenamiento jurídico no ha contemplado una exigencia semejante, sino que simplemente basta que cualquiera de ellos haya adquirido plena configuración, en orden a que el interesado tenga la posibilidad de acudir a este remedio excepcional, como mecanismo tendiente a evitar que obtenga firmeza una situación patrimonial desequilibrada e injusta" [151].

En el mismo sentido, en S C de 4 de abril de 2018, la CSJ señaló:

"Se mantiene enhiesta, por lo tanto, la jurisprudencia de esta Corporación, según la cual, para el ejercicio de la acción de enriquecimiento cambiario no es necesario reconocer previamente la prescripción del derecho incorporado en un título valor, porque en línea de principio general, inclusive en

---

[151] CSJ, C, S de 19 de diciembre de 2007, M. P. Pedro Octavio MUNAR CADENA, publicada en: *Jurisprudencia y Doctrina*, Legis, t. XXXVII, núm.435, mar. de 2008, p. 346.

*la hipótesis de una decisión judicial, al ser de naturaleza eminentemente **declarativa**, los efectos se proyectan o retrotraen a la fecha en que el fenómeno se consumó "[152].*

68. LA CONSIDERACIÓN DE QUE SOLO AL DEUDOR INCUMBE DECIDIR SI INVOCA O NO LA PRESCRIPCIÓN SUSCITA INCONVENIENTES PRÁCTICOS

En la sentencia de 14 de marzo de 2001, ya citada, aparece consignada una aclaración de voto del magistrado Manuel ARDILA VELÁSQUEZ, en la cual sostiene que es de la incumbencia del deudor decidir si invoca o no la prescripción de la acción cambiaria, y que si omite alegarla no se produce entonces la extinción de la obligación y subsiste por tanto la probabilidad de su cobro, aun coactivamente, sin que sea viable la acción de enriquecimiento cambiario.

Entre otros argumentos, esgrime:

"(...) cualquiera que sea el razonamiento con el que pretenda justificarse la prescripción, no es posible desconocer el fundamento ético que la anima, en la inteligencia de que sólo al deudor incumbe decidir si la invoca o no; es este en su fuero interno el que determina si apela al transcurso del tiempo, las más de las veces para que en adelante se lo tenga como si efectivamente hubiese pagado la deuda.

---

[152] CSJ, C, S de 26 de junio de 2018, M. P. Luis Armando TOLOSA VILLABONA.

Y la sentencia de que discrepo ha pasado de largo ante ese secular postulado, y entroniza entonces la idea de que es posible que al deudor se le escamotee el poder de disposición de ese derecho, el cual, como lo señalara la Corte, no es del acreedor, 'es una facultad de que está investido el deudor y, por lo tanto, solo a él corresponde ejercitar' (Cas. 17 de octubre de 1945, LIX, 724 [sobre la cual se volverá más adelante]*). Evidentemente, se da el caso de que el acreedor se ha presentado a este juicio ordinario metiéndose, por así decirlo, a la casa del deudor, partiendo de la base de que la letra de cambio está prescrita, sin que el deudor, hasta allí, hubiese alegado algo por el estilo. Como si el acreedor estuviese facultado para penetrar los pliegues de su corazón y decidir por él, birlándole incluso el derecho que tiene de renunciar a la prescripción. Allá quien vea en eso una cuestión de poca monta.*

El prenombrado togado, tras resaltar que la prescripción *"no es una cuestión meramente objetiva, que se dé con el simple transcurrir del tiempo"*, conceptúa que la misma *"supone, al lado del tiempo, la inacción del acreedor, y está imbuida, por contera, de un elemento subjetivo. De ahí que admita interrupciones"*. Cita asimismo algunos apartes de la sentencia de 11 de enero de 2000 (de la que fue ponente), donde se relieva que jamás la prescripción es fenómeno objetivo de simple cómputo del tiempo y que puede haber circunstancias especiales que obstruyan su decurso, como las del artículo 2541 del Código Civil, respecto de las cuales *"se habla ya de la suspensión de la misma"*[153].

---

[153] En relación con el citado aspecto el artículo 2541 del Código Civil dispone: *"La prescripción que extingue las obligaciones se suspende en favor de las personas*

Frente a la citada aclaración de voto, es pertinente decir que pese a que la prescripción no es cuestión meramente objetiva, la consideración de que le incumbe al deudor decidir si la invoca o no, desconoce que la misma puede ser invocada también por los acreedores del deudor o por cualquiera otra persona que tenga interés en que sea declarada (inciso 2° del artículo 2513 del Código Civil).

La aludida consideración, suscita, además, inconvenientes prácticos para el ejercicio de la acción de enriquecimiento cambiario, ya que la condiciona a situaciones como las siguientes:

---

enumeradas en el número 1° del artículo 2530".

A su turno, el numeral 1 del artículo 2530 ibídem, para la época de la sentencia antes referida –enero de 2001– lo mismo que para el momento de la aclaración de voto mencionada –marzo de 2001– disponía en lo pertinente: *"(...) Se suspende la prescripción ordinaria en favor de las personas siguientes: 1. Los menores, los dementes, los sordomudos y quienes estén bajo patria potestad, tutela o curaduría (...)".*

En la actualidad, concretamente a partir de la entrada en vigencia de la reforma que le introdujo el artículo 3 de la Ley 791 de 2002, el artículo 2530 citado no se encuentra conformado por numerales y su texto es el siguiente:

"La prescripción ordinaria puede suspenderse sin extinguirse; en este caso cesando la causa de la suspensión, se le cuenta al poseedor el tiempo anterior a ella, si alguno hubo.

La prescripción se suspende a favor de los incapaces y, en general, de quienes se encuentren bajo tutela o curaduría.

Se suspende la prescripción entre el heredero beneficiario y la herencia.

Igualmente se suspende entre quienes administran patrimonios ajenos como tutores, curadores albaceas o representantes de personas jurídicas, y los titulares de aquellos.

No se contará el tiempo de prescripción en contra de quien se encuentre en imposibilidad absoluta de hacer valer su derecho, mientras dicha imposibilidad subsista".

i).   Que, habiendo transcurrido el término de prescripción de la acción cambiaria, se ejercite ésta por parte del tenedor y que el deudor alegue la prescripción en mención en el proceso ejecutivo correspondiente (lo que las más de las veces daría al traste con la posibilidad de promover con éxito la acción de enriquecimiento cambiario, dado que cuando ésta se ejercitare muy probablemente habría transcurrido ya el año en que opera la prescripción de la misma contado a partir de la prescripción de la acción cambiaria), ó

ii).   Que en el proceso en que se ejercite la ***actio in rem verso cambiario*** el deudor acepte (*"alegue"* se manifiesta en la susodicha aclaración de voto) que la acción cambiaria prescribió, lo que, a **contrario sensu**, significa que si el deudor no acepta o alega tal prescripción, se frustraría entonces la acción de enriquecimiento cambiario (lo que si bien daría lugar al ejercicio de la acción cambiaria, le implicaría al acreedor el no pocas veces engorroso trámite de desglose oportuno del título valor correspondiente).

69. LA PRESCRIPCIÓN PUEDE SER TAMBIÉN INVOCADA POR EL ACREEDOR O POR CUALQUIER PERSONA CON INTERÉS LEGÍTIMO EN QUE SEA DECLARADA

Aceptar como válido el argumento de que sólo al deudor incumbe decidir si invoca o no la prescripción, supone admitir que operada la prescripción de la acción cambiaria, mientras el deudor no la alegue, es imperativo para el acreedor insistir en el ejercicio de la misma, lo que, como se dijo antes, contradice abiertamente el inciso 2° del artículo 2513 del Código Civil, que de manera expresa consagra la posibilidad de que la prescripción, tanto la adquisitiva como la extintiva, sea invocada por el prescribiente (que no es otro que el poseedor en la adquisitiva o el deudor en la extintiva), o **por sus acreedores**, o por cualquiera otra persona que tenga interés en que sea declarada, incluso cuando haya renunciado a ella el propio prescribiente.

Por consiguiente, y para evitar inconvenientes prácticos como los antes referidos, es lo conducente establecer la procedencia o no de la *actio in rem verso cambiario*, no con sujeción a la actitud que decida adoptar el deudor demandado, sino a partir del análisis de las circunstancias fácticas del caso y a la luz de los medios probatorios que resulten pertinentes, conforme se expone líneas más adelante, concretamente en el capítulo *IX. VICISITUDES PROCESALES Y PROBATORIAS DE LA **ACTIO IN REM VERSO CAMBIARIO***.

70. LA SENTENCIA DE 17 DE OCTUBRE DE 1945 SE REFIRIÓ A LA PRESCRIPCIÓN COMO MEDIO DE DEFENSA DEL DEUDOR, NO COMO CONDICIÓN PARA EL EJERCICIO DE LA ACCIÓN POR PARTE DEL ACREEDOR

La sentencia de 17 de octubre de 1945, en la cual se fundamenta – en parte– la aclaración de voto a la sentencia de 14 de marzo de 2001, se ocupó esencialmente de la prescripción como medio de defensa o excepción tendiente a paralizar la acción del acreedor, no como condición para el ejercicio de la acción por parte de éste. En otra palabras, en la citada sentencia la Corte no condicionó la consumación de la prescripción extintiva a la facultad dispositiva del deudor, ni puntualizó que para que se configurare la prescripción era menester que así lo alegare o reconociera el deudor.

En aras de una mejor ilustración, se transcribe a continuación el aparte de la sentencia de 17 de octubre de 1945 en que se desarrolló el referido tópico:

"La prescripción extintiva de las acciones por sí sola no es una acción. Constituye un medio de defensa o más bien una excepción tendiente a paralizar la acción del acreedor contra el deudor así sea éste principal o subsidiario. En este medio defensivo no hay subrogación porque la subrogación se refiere a derechos positivos del acreedor. La prescripción extintiva de las acciones ejecutiva y ordinaria no es un derecho del acreedor. Como facultad de que está investido el deudor principal o subsidiario de la obligación, se traduce en poder que dimana de ellos y que solo a ellos corresponde ejercitar"[154].

71. ES DESAFORTUNADO CONSIDERAR QUE LA *ACTIO IN REM VERSO CAMBIARIO* SOLO PROCEDE CUANDO EL DEUDOR INVOCA LA PRESCRIPCIÓN DE LA ACCIÓN CAMBIARIA EJECUTIVA

En el anterior orden de ideas, aunque es innegable que la prescripción extintiva de cualquier obligación puede ser propuesta como medio de defensa o excepción por parte del deudor, es

---

[154] CSJ, C, S de 17 de octubre de 1945, M. P. Arturo TAPIAS PILONETA, publicada en G. J., t. LIX, p. 724.

desafortunado considerar que la *actio in rem verso cambiario* solo procede cuando el deudor invoca la prescripción de la acción cambiaria ejecutiva. Una cosa nada tiene que ver con la otra. La *actio in rem verso cambiario* no está ni puede estar condicionada a que el deudor contra quien se dirige aquella alegue o invoque la prescripción de la acción ejecutiva, máxime si se observa que la aludida acción (la *actio in rem verso cambiario*) emerge precisamente cuando ha sobrevenido la caducidad o prescripción de la acción cambiaria, que requiere la inacción del acreedor sumada a la renuencia (no pago) del deudor. No requiere que éste último reconozca la incuria del acreedor.

Frente a la consideración antedicha, son más afortunadas, por tanto, las disertaciones que realiza la CSJ en las sentencias que a continuación se citan:

1). La sentencia de 14 de marzo de 2001, en el sentido de que *"al impetrar en este proceso la parte demandante la acción de enriquecimiento sin causa, acepta que tanto la acción ordinaria como la cambiaria han caducado o prescrito"*[155].

2). La sentencia de 19 de diciembre de 2007, en la cual se precisa:

"Reitera, pues, la Sala que no hay necesidad de la sentencia ejecutiva previa a la actio in rem verso, en donde se evidencie la extinción de la acción cambiaria en razón a la prescripción

---

[155] CSJ, C, S de 14 de marzo de 2001, M. P. Jorge SANTOS BALLESTEROS, sin publicar.

o la caducidad, pues la norma evocada no contempla tal requisito; tampoco surge de la naturaleza de una u otra institución, pues de ordinario el cumplimiento de las obligaciones no es el fruto del cobro coercitivo sino la consecuencia de un comportamiento espontáneo del deudor, quien para honrar sus compromisos no tiene, inevitablemente, que verse compelido por una orden judicial; en regla de principio, las deudas se satisfacen sin la intervención del aparato estatal, las personas contratan o adquieren compromisos no pensando en la coacción para satisfacerlas"[156].

3). La sentencia de 26 de junio de 2008, en la cual se puntualiza que no es menester que la caducidad o prescripción de las acciones cambiarias sean declaradas por medio de sentencia judicial, y de paso se acota:

"(...) el cómputo del término legalmente establecido para adelantar la acción de enriquecimiento cambiario no depende de que el fenómeno de la prescripción o la caducidad haya sido objeto de reconocimiento judicial, pues el ordenamiento jurídico no ha contemplado una exigencia semejante, sino que simplemente basta que cualquiera de ellos haya adquirido plena configuración, en orden a que el interesado tenga la posibilidad de acudir a este remedio excepcional, como mecanismo tendiente a evitar que obtenga firmeza una

---

[156] CSJ, C, S de 19 de diciembre de 2007, M. P. Pedro Octavio MUNAR CADENA, publicada en *Jurisprudencia y Doctrina*, t. XXXVII, N° 435, Legis, marzo de 2008, pp. 343 a 347.

situación patrimonial desequilibrada e injusta"[157].

4). La sentencia de 9 de septiembre de 2013, que además de reiterar que no se requiere la declaración judicial de la caducidad o prescripción de la acción cambiaria, agrega que dicha doctrina debe mantenerse.

"(...) no solo por la evidente inconveniencia de atribuir al titular del derecho un control predominante sobre los términos extintivos previstos para la acción de enriquecimiento derivada de la prescripción o caducidad de los títulos valores, -lo cual apuntaría en sentido contrario al de la política pública de permitir la rehabilitación de la situación crediticia de los deudores que han incumplido sus obligaciones, como presupuesto de la conservación del crédito y más recientemente del mercado financiero-[158]*, sino además por cuanto, según las circunstancias, los mismos términos, respecto de la acción cambiaria, se consuman con o sin decisión judicial; por lo que, incluso en la hipótesis de una providencia declarativa de la*

---

[157] CSJ, C, S de 26 de junio de 2008, M. P. César Julio VALENCIA COPETE, sin publicar.

[158] Propósito que ha inspirado diversas disposiciones de nuestro ordenamiento, tales como las siguientes:

Normas de derecho concursal: Decreto 750 de 1940; Decreto 2264 de 1969; Código de Comercio de 1971; Decreto 350 de 1989; Ley 222 de 1995; Ley 550 de 1999; y Ley 1116 de 2006.

Código General del Proceso, regulación de la *"Insolvencia de la Persona Natural No Comerciante"* artículos 524 y ss.; y Decreto 2677 de diciembre 12 de 2012.

Normas de regularización relativas a centros de información financiera (centrales de riesgo): Ley 1266 de 2008.

prescripción de un instrumento negociable, su ejecutoria no puede considerarse el detonante de la acción de enriquecimiento cambiario"[159].

5). La sentencia de 26 de junio de 2018, en la cual se expresa:

"(...) la Corte ha puesto de presente, fincada en una doctrina probable, de acuerdo con el artículo 10 de la Ley 153 de 1887, modificado como quedó por el artículo 4° de la Ley 169 de 1896, de manera reiterada y uniforme:

(...)

3. No existe norma que exija un pronunciamiento judicial previo sobre la consumación de la caducidad o prescripción. Lo contrario, implicaría imponer un requisito que la ley no contempla; por tanto, es suficiente demostrar que la acción de cobro se extinguió por el paso del tiempo o por incumplimiento de las cargas legales.

(...)

6. El tenedor del título, que por incuria o negligencia deja prescribir la acción cambiaria, incurre en un descuido grave que puede afectar esta acción y también la de enriquecimiento,

---

[159] CSJ, C, S de 9 de septiembre de 2013, M. P. Jesús Vall DE RUTÉN RUIZ, publicada en *Jurisprudencia y Doctrina*, t. XLIII, N° 505, Legis, enero de 2014, pp. 1 a 14.

ante el sentido imperativo y puntual del artículo 882, in fine, del Código de Comercio, por cuanto el acreedor 'deja prescribir el instrumento' (cursiva y subrayado de la Sala), traduciendo, en consecuencia, que de ninguna manera puede hacerse depender la acción de la posibilidad o expectativa de la renuncia de su derecho por el deudor, porque según la misma premisa basta la extinción por el mero transcurso del tiempo o el incumplimiento de las cargas legales"[160].

Es de insistir que el inciso 2° del artículo 2513 del Código Civil, a partir de la entrada en vigencia de la Ley 791 de 2002, que lo reformó, consagra la posibilidad de invocar la prescripción extintiva por vía de acción.

El precitado inciso dispone: *"La prescripción tanto la adquisitiva como la extintiva, podrá invocarse por vía de acción o por vía de excepción, por el propio prescribiente, o por sus acreedores o cualquiera otra persona que tenga interés en que sea declarada, inclusive habiendo aquel renunciado a ella".*

De modo que, a efectos del ejercicio la acción de enriquecimiento cambiario, bien puede el tenedor del título incluir como pretensión de la demanda que se declare consumada la prescripción de la acción cambiaria.

72. COMENTARIOS AL SALVAMENTO DE VOTO CONSIGNADO EN LA SENTENCIA DE 9 DE SEPTIEMBRE DE 2013, EN EL CUAL SE SOSTIENE LA

---

[160] CSJ, C, SC2343 de 26 de junio de 2018, M. P. Luis Armando TOLOSA VILLABONA.

TESIS DE QUE LA PRESCRIPCIÓN EXTINTIVA SURTE EFECTOS A PARTIR DEL MOMENTO EN QUE ES DECLARADA[161].

En sentencia de 9 de septiembre de 2013, reiterativa, entre otras, de la doctrina contenida en las sentencias de 14 de marzo de 2001, 26 de junio de 2008 y 13 de octubre de 2009 en cuanto a que no se requiere la declaración judicial de la prescripción de la acción cambiaria a efectos de ejercer la acción de enriquecimiento cambiario, aparece consignado un salvamento de voto registrado por el magistrado Arturo SOLARTE RODRÍGUEZ, en el cual sostiene la tesis de que el término de prescripción de un año de la *actio in rem verso cambiario* previsto en el artículo 882 del Código de Comercio debe comenzar a contarse a partir de la ejecutoria de la sentencia definitiva en la que, a su turno, se haya declarado la prescripción de la acción cambiaria surgida del título valor invocado como fuente de la acción de enriquecimiento.

El aludido salvamento de voto amerita detenido análisis toda vez que los fundamentos del mismo hacían parte de la ponencia inicial, que fue derrotada por el resto de magistrados que integraron la sala de decisión del recurso de casación de que trata la sentencia en mención.

Dicho salvamento de voto se fundamentó, en esencia, en la consideración de que para que se produzcan los efectos propios de

---

[161] Una primera versión al respecto, bajo el nombre *Prescripción Extintiva (Momento a partir del cual surte efectos)*, fue publicada en la revista *Criterios y Reflexiones* del Tribunal Superior de Cali, año 2019, pp. 33 a 39, Imprectis E.I.C.E.

la prescripción extintiva es necesario, como mínimo, que el deudor, o los demás interesados indicados en el artículo 2º de la Ley 791 de 2002 (reformatorio del artículo 2513 del Código Civil)[162], hayan optado por "aprovecharse"[163] de ella y la hayan alegado, ya como acción o como excepción y que, mediante sentencia ejecutoriada, se acoja la pretensión o el medio de defensa.

La razón central esgrimida por el magistrado disidente estribó en que, cumplidos los requisitos de la prescripción extintiva – inacción del acreedor y transcurso del tiempo–, no opera en forma automática o *ipso iure* la extinción el derecho de crédito del acreedor y la obligación correlativa, puesto que bien puede el deudor renunciar a la prescripción.

Similar planteamiento había sido ya formulado por otro magistrado (el Dr. Manuel ARDILA VELÁSQUEZ) en la aclaración de voto a la sentencia número 034 de 14 de marzo de 2001, ocasión en la cual, como se indicó atrás –*supras* 35 y 68–, el magistrado disidente dejó consignado que sólo al deudor incumbe decidir si invoca o no la prescripción, por ser él quien tiene ese poder de disposición.

La precitada tesis, al igual que la consideración de que sólo al

---

[162] Comillas originales del salvamento de voto.

[163] **C. C. Art. 2513.-** *"El que quiera aprovecharse de la prescripción debe alegarla; el juez no puede declararla de oficio.*

Inc. 2.º– Adicionado. Ley 791 de 2002, art. 2º.– *La prescripción tanto la adquisitiva como la extintiva, podrá invocarse por vía de acción o por vía de excepción, por el propio prescribiente, o por sus acreedores o cualquiera otra persona que tenga interés en que sea declarada, inclusive habiendo aquel renunciado a ella".*

deudor incumbe decidir si invoca o no la prescripción, se tornan ineficaces ante razones de orden jurídico como las siguientes (además de las expuestas en los *supras* 68 a 71):

1). *La prescripción extintiva sólo exige el transcurso del tiempo sin que se haya ejercido la acción. Su declaratoria surte efectos **ex tunc** (con retroactividad).*

Al efecto, el artículo 2535 del Código Civil, es categórico al disponer:

"La prescripción que extingue las acciones y derechos ajenos exige solamente cierto lapso de tiempo durante el cual no se hayan ejercido dichas acciones.

Se cuenta este tiempo desde que la obligación se haya hecho exigible".

De la norma antes transcrita se infiere que, transcurrido el intervalo de tiempo dentro del cual debe ser ejercida la acción –sin que lo hubiere sido– opera *ipso jure* la prescripción extintiva, la que, si bien puede ser invocada como acción, o alegada como excepción, no amerita declaración judicial. En otros términos, si se invoca como acción, al igual que cuando se alega como excepción, la decisión judicial que la reconoce surte efectos eminentemente

declarativos o *ex tunc* (con retroactividad), puesto que se concreta a **constatar** una situación jurídica preexistente a la cual le confiere certeza.

Cosa distinta ocurre con la prescripción adquisitiva, que por ser título constitutivo de dominio (inciso 1° del artículo 765 del Código Civil)[164] y modo adquisitivo del mismo (inciso 1° del artículo 673 ibídem)[165], para que surta efectos, requiere ser invocada como acción, aparte de que la decisión judicial correspondiente tiene efectos **constitutivos** o *ex nunc* (hacia el futuro), habida cuenta que **transforma** una situación o relación jurídica preexistente. No en vano el artículo 2534 del Código Civil advierte: *"La sentencia judicial que declara una prescripción* [entiéndase la adquisitiva dada la ubicación y forma en que está redactada la norma][166] *hará las veces de escritura pública para la propiedad de bienes raíces o de derechos*

---

[164] **C. C. Art. 765.-** *"El justo título es constitutivo o traslaticio de dominio. <u>Son constitutivos de dominio la ocupación, la accesión y la prescripción.</u>*

Son traslaticios de dominio los que por su naturaleza sirven para transferirlo, como la venta, la permuta, la donación entre vivos. Pertenecen a esta clase las sentencias de adjudicación en juicios divisorios y los actos legales de partición.

Las sentencias judiciales sobre derechos litigiosos no forman nuevo título para legitimar la posesión.

Las transacciones en cuanto se limitan a reconocer o declarar derechos preexistentes no forman un nuevo título; pero en cuanto transfieren la **propiedad de un objeto no disputado constituyen un título nuevo".** (Subrayado fuera de texto)

[165] **C. C. Art. 673.-** *"<u>Los modos de adquirir el dominio son</u> la ocupación, la accesión, la tradición, la sucesión por causa de muerte y <u>la prescripción.</u>*

De la adquisición de dominio por estos dos últimos medios se tratará en el libro de la sucesión por causa de muerte, y al fin de este Código". (Subrayado fuera de texto).

[166] El citado artículo 2534 del –Código Civil– hace parte del Capítulo II (De la prescripción con que se adquieren las cosas) del Título XLI (De la Prescripción) del Libro Cuarto (De las obligaciones en general y de los contratos).

reales constituidos en ellos".

Refuerza lo antes expuesto la sentencia de 9 de agosto de 1995 (expediente 4553, M. P. Pedro LAFONT PIANETA), en la cual la CSJ, Sala Civil, apuntaló que si en un proceso reivindicatorio el poseedor demandado

> *"(...) restringe su actividad a la simple proposición de la excepción de prescripción extintiva del derecho de dominio del demandante, ello no equivale a que por la jurisdicción se hubiere declarado como nuevo dueño del bien, como quiera que, para esto, necesariamente ha de surtirse un proceso de declaración de pertenencia, ya sea por haberse promovido en forma autónoma y separada, ora porque ello ocurra en razón de que el demandado formule, en la oportunidad debida y con las formalidades de ley, demanda de reconvención contra su demandante inicial".*

2). *La prescripción sólo puede ser invocada o renunciada después de cumplida.*

Está fuera de toda discusión que aprovecharse de la prescripción no es otra cosa que **invocarla**, ya sea como acción (i.e. como pretensión declarativa), o como excepción (i.e. como medio de defensa). No hacerlo, y en particular no proponerla como excepción en la respuesta a la demanda equivale a **renunciar** a formularla (artículos 282 del Código General del Proceso y 306 del Código de Procedimiento Civil). Empero, cualquiera de esas

225

contingencias (invocar la prescripción como acción, o como excepción, o renunciar a ella), **sólo es viable después de consumada**, lo que confirma que el acreedor-tenedor de un título valor de contenido crediticio descargado por prescripción de la acción cambiaria, a efectos de ejercitar la *actio in rem verso cambiario*, puede perfectamente proceder en conformidad, vale decir, puede formular la demanda correspondiente bajo el entendido de haberse consumado la prescripción extintiva de su acción cambiaria, sin que sea menester que el deudor la invoque, o se abstenga de hacerlo.

La sola actitud del acreedor consistente en ejercitar la acción de enriquecimiento cambiario sobre la base de haber operado la prescripción extintiva de la acción cambiaria equivale a **invocarla** o **admitirla**. Tanto es así que bien puede recabar como pretensión declarativa primera principal (es lo recomendable a fin de evitar discusiones al respecto) que se decrete que el título valor de contenido crediticio fue descargado por prescripción de la acción cambiaria.

De modo que si el acreedor decide ejercitar la *actio in rem verso cambiario* bajo la consideración (y el convencimiento) de que se ha cumplido la prescripción extintiva de su acción cambiaria ejecutiva, poco o nada importa que a ese momento (el de la demanda de *actio in rem verso cambiario*) el deudor hubiere alegado o no, judicial o extrajudicialmente, la prescripción extintiva mencionada. Si la hubiere alegado, simplemente estaría corroborando la configuración de la prescripción, que ciertamente constituye uno de los fundamentos o supuestos fácticos de la *actio in rem verso cambiario.* Si no la hubiere alegado extrajudicialmente, mas lo hiciere dentro del término de respuesta a la demanda de *actio in rem verso cambiario*, sencillamente estaría ratificándola (la prescripción de la acción cambiaria). Y si guardare silencio y no se refiriere a ella ni siquiera dentro del término de respuesta a la demanda de *actio in rem verso cambiario*, estaría confirmándola o admitiendo su configuración a la par que asintiendo la procedencia de la acción de enriquecimiento sin causa en su contra.

En otros términos, si en el proceso de *actio in rem verso* cambiario el deudor **invoca** o propone la excepción de prescripción extintiva de la *acción cambiaria (ejecutiva)*, que no la de la *actio in rem verso cambiario*, no estará haciendo otra cosa que corroborando la configuración de aquella, así como admitiendo la procedencia de la acción de enriquecimiento. Y si, por el contrario, **no invoca** o propone la aludida excepción, pues nada pasará (seguirá operando y surtiendo efectos la prescripción extintiva de la *acción cambiaria*, que es precisamente la que sirve de basamento a la *actio in rem verso cambiario*), todo lo cual comprueba que no es indispensable que la prescripción extintiva, en particular la de la acción cambiaria ejecutiva, sea alegada por el deudor, o cualquiera otro legitimado para ello, y menos declarada judicialmente.

De lo antes expuesto se colige que, cuando es el propio acreedor quien invoca la prescripción de su acción cambiaria, es porque **la reconoce**, y cuando es el deudor quien la invoca, es porque la **confirma o corrobora**. Si el deudor no la invoca dentro del proceso ejecutivo, es porque **renuncia a ella** (lo que por sustracción de materia hace innecesario el ejercicio de la *actio in rem verso cambiario*) y se atiene a que se dicte en su contra la providencia de continuación de la ejecución correspondiente. Por otra parte, cuando el deudor omite alegar la prescripción de la acción cambiaria ejecutiva en el proceso de enriquecimiento cambiario, si bien no podría decirse que renuncia a ella (por no ser menester que se pronuncie al respecto dentro del proceso) sí significa que **admite** su configuración.

En ninguno de los casos de reconocimiento, confirmación, o admisión de la prescripción antes referidos, se obstruye la procedencia de la *actio in rem verso cambiario.*

Es de insistir que el silencio o renuencia del deudor a invocar la prescripción (extintiva) de la acción cambiaria dentro del proceso ejecutivo, se traduce en **renuncia a la prescripción**, y si ese mutismo ocurre dentro el proceso de enriquecimiento cambiario (en el cual no es imperioso que se pronuncie al efecto), supone entonces la **admisión** de su configuración, que es la que sirve de soporte a la acción de enriquecimiento cambiario.

3). El que (eventualmente) la prescripción liberatoria no produzca extinción automática del derecho de crédito del acreedor y la obligación correlativa, no impide la consumación de la misma.

El que, cumplidos los requisitos de la prescripción extintiva – inacción del acreedor y transcurso del tiempo– no se produzca en forma automática la extinción del derecho de crédito del acreedor y la obligación correlativa (habida cuenta que bien puede el deudor renunciar a la prescripción, como se asevera en el salvamento de voto a la sentencia de 9 de septiembre de 2013), **no impide la consumación de la misma**, toda vez que por expreso mandato legal (artículo 2535 del Código Civil) tal forma de extinción de las acciones y derechos ajenos *"exige solamente cierto lapso de tiempo durante el cual no se hayan ejercido dichas acciones"*, contado –dicho lapso de tiempo– *"desde que la obligación se haya hecho exigible"*.

4). Si la prescripción extintiva sólo surtiere efectos a partir del momento en que fuere declarada, no podría entonces invocarla el deudor ni cualquiera otro interesado legitimado para ello, lo que sería ilógico y por ende absurdo.

El que, ante la inacción del acreedor y el transcurso del tiempo, pueda el deudor, o cualquiera otro interesado legitimado para ello (como lo son el acreedor o acreedores del deudor – artículos 2512 y 2513 del Código Civil–), proponer la prescripción extintiva, significa que el reconocimiento judicial de tal tipo de prescripción surte efectos abiertamente declarativos o *ex tunc* (con retroactividad) no constitutivos o *ex nunc* (hacia el futuro). De lo contrario (si la prescripción extintiva sólo surtiere efectos a partir del momento en que fuere declarada), no podría ser entonces invocada por el deudor ni por cualquiera otro interesado legitimado para ello, lo que sería ilógico y por ende absurdo.

73. CASUÍSTICA QUE CONFIRMA LO ANTES EXPUESTO

*1).	Efectos de la **excepción de prescripción de la acción cambiaria** según sea **alegada** en el proceso ejecutivo, o en el de* **actio in rem verso cambiario.**

Una cosa es que el deudor alegue o proponga la excepción de *prescripción extintiva de la acción cambiaria* en el proceso ejecutivo, y otra bien distinta que lo haga en el proceso de **actio in rem verso cambiario**. En el primer evento, buscará no pagar el valor del importe o derecho incorporado en el título y demás accesorios de ley (artículo 782 del Código de Comercio), en tanto que en el segundo estará corroborando la procedencia de la **actio in rem verso cambiario**.

*2).	Efectos de la **renuncia a la prescripción de la acción cambiaria** según se **produzca** al interior del proceso ejecutivo o en el de* **actio in rem verso cambiario.**

Del mismo modo, una cosa es que la renuncia a la prescripción extintiva de la acción cambiaria se produzca al interior del proceso ejecutivo, y otra distinta que acaezca en el de **actio in rem verso cambiario**.

En el ejecutivo, con dicha renuncia, que puede ser expresa o tácita (no ser alegada como excepción dentro del término de respuesta a la demanda), el deudor quedará supeditado a que se dicte en su contra la providencia que ordena seguir adelante la ejecución (artículos 443, numeral 4, del Código General del Proceso, y 510, literal c, del Código de Procedimiento Civil). En el de *actio in rem verso cambiario,* la renuncia (expresa se sobrentiende) a la prescripción extintiva de la acción cambiaria, entraña el reconocimiento de la deuda, de tal suerte que, más que una defensa del deudor se torna en un reconocimiento de la obligación por parte de éste.

En otras palabras, si dentro del término de respuesta a la demanda de *actio in rem verso cambiario* (o incluso antes de que se ejercite ésta), el deudor manifiesta de manera expresa su renuncia a la prescripción de la acción cambiaria ejecutiva, implica ello el reconocimiento de la deuda y por ende le queda allanado al acreedor el camino para ejercitar la acción cambiaria, sin que pueda el deudor alegar con éxito la prescripción de la misma (por haber renunciado a ella). En tal caso, el eventual decaimiento de la *actio in rem verso cambiario* no obedecería a falta de requisitos de la acción, sino más bien a la variación de las circunstancias que la estructuran, debido al resurgimiento de la acción cambiaria ante la renuncia a la prescripción extintiva de la misma por parte del deudor.

3). *En el proceso de enriquecimiento cambiario no es viable la renuncia tácita a la prescripción de la acción cambiaria ejecutiva. El silencio equivale a admisión de la prescripción.*

En el proceso de enriquecimiento cambiario no es viable –no tiene operatividad– la renuncia tácita a la prescripción de la acción cambiaria ejecutiva, toda vez que, como se indicó antes, la abstención del deudor demandado a invocarla entraña el reconocimiento de la misma, que constituye ciertamente el

231

presupuesto para el ejercicio de la acción de enriquecimiento cambiario, que dicho sea de paso no tiene por objeto el cobro del derecho incorporado en el título, sino la restitución de la suma en que se haya enriquecido el demandado a causa de la prescripción. Lo que confirma una vez más que el acreedor puede proceder de conformidad y por consiguiente actuar bajo el entendido de haber operado la pluricitada prescripción de la acción cambiaria.

4). *Una cosa es la renuncia a la prescripción extintiva de la acción cambiaria y otra bien distinta el ejercicio de la **actio in rem verso cambiario**.*

Todo lo antes expuesto denota que una cosa es la renuncia a la prescripción, en particular la renuncia a la prescripción extintiva de la acción cambiaria, y otra bien distinta el ejercicio de la *actio in rem verso cambiario*. La renuncia a la prescripción extintiva de la acción cambiaria tiene especial importancia, ante todo, frente al ejercicio de la acción cambiaria, evento en el cual la abdicación del deudor no refleja otra cosa que su disposición de pagar. No reviste la misma importancia frente al ejercicio de la *actio in rem verso cambiario*, por cuanto, se reitera, esta última no tiene por objeto el cobro del derecho incorporado en el título, sino la restitución de la suma en que se haya enriquecido el demandado.

74. TABLA DE RESUMEN SOBRE LAS CONDUCTAS QUE PODRÍA ASUMIR EL DEUDOR DEMANDADO

Las conductas –y consiguientes efectos– que podría asumir el deudor demandado una vez operada la prescripción extintiva de la acción cambiaria ejecutiva, son, *grosso modo*, las que se reflejan en la siguiente

TABLA DE RESUMEN

Prescripción de la acción cambiaria ejecutiva que conlleva el descargo del instrumento negociable		
Escenario	**Contingencia**	**Efectos**
Proceso ejecutivo cambiario (o de ejercicio de la acción cambiaria)	El deudor **invoca, alega o propone** la prescripción de la acción cambiaria.	Extinción del derecho del acreedor a reclamar el valor del importe o derecho incorporado en el título y demás accesorios de ley (artículo 782 del Código de Comercio).
	El deudor **renuncia** de manera expresa a la prescripción de la acción cambiaria, o simplemente guarda silencio (no invoca ni alega ni propone ninguna excepción).	Se tiene por renunciada la prescripción (artículos 282 del Código General del Proceso, y 306 del Código de Procedimiento Civil), y se dicta **auto** por medio del cual se ordena *"el remate y el avalúo de los bienes embargados y de los que posteriormente se embarguen, si fuere el caso, o seguir adelante la ejecución para el cumplimiento de las obligaciones determinadas en el mandamiento de pago, practicar la liquidación del crédito y condenar en costas al ejecutado"*. (Artículos 440, inciso 2°, del Código General del Proceso, y 507, inciso 2°, del Código de Procedimiento

		Civil).
	El deudor renuncia de manera expresa a la prescripción de la acción cambiaria, o no la alega, pero propone otra(s) **excepción(es) que no prospera(n) o prospera(n) parcialmente**.	Se tiene por renunciada la prescripción (artículos 282 del Código General del Proceso, y 306 del Código de Procedimiento Civil), y se dicta **sentencia** en la cual se ordena seguir adelante la ejecución en la forma que corresponda. (Artículos 443, numeral 4, del Código General del Proceso, y 510, literal c, del Código de Procedimiento Civil).
	El deudor renuncia de manera expresa a la prescripción de la acción cambiaria, o no la alega, pero propone otra(s) **excepción(es) que prospera(n) totalmente**.	Aunque pudiere tenerse por renunciada la prescripción (artículos 282 del Código General del Proceso, y 306 del Código de Procedimiento Civil), se dicta **sentencia** en la cual se ordena el desembargo de los bienes perseguidos y se condena al ejecutante a pagar las costas y los perjuicios que haya sufrido el demandado con ocasión de las medidas cautelares y del proceso. (Artículos 443, numeral 3, del Código General del Proceso, y 510, literal b, del Código de Procedimiento Civil).
	El deudor **alega** la prescripción de la acción cambiaria.	Se corrobora la procedencia de la acción de enriquecimiento cambiario (o de **actio in rem verso cambiario**).
Proceso	El deudor **no alega** la	Es irrelevante. El silencio del

(declarativo y de condena) de enriquecimiento cambiario (o de ejercicio de la *actio in rem verso cambiario*)	prescripción de la acción cambiaria.	deudor se traduce en admisión de la configuración de la prescripción de la acción cambiaria ejecutiva, prescripción que es precisamente la que sustenta el ejercicio de la *actio in rem verso cambiario*.
	El deudor **renuncia de manera expresa** a la prescripción de la acción cambiaria. **Nota:** Este evento sería raro en la práctica por cuanto, más que entrañar una defensa en el proceso de enriquecimiento cambiario, supondría el reconocimiento de la deuda por parte del deudor.	Se reabre la oportunidad para el acreedor de ejercitar la acción ejecutiva cambiaria contra el deudor sin que pudiere éste alegarle con éxito la prescripción de la misma (por haber renunciado a ella).

75. CONCLUSIONES

1). La prescripción adquisitiva surte efectos a partir del momento en que es declarada judicialmente (artículo 2534 del C. C.).

2). La prescripción extintiva surte efectos a partir del momento en que se consuma (artículo 2535 del C. C.).

3). En tratándose de títulos valores, la **invocación** de la prescripción extintiva de la acción cambiaria ejecutiva por parte del deudor, no impide el ejercicio de la acción de enriquecimiento cambiario, sino que, por el contrario, corrobora su procedencia.

4). La **renuncia tácita** a la prescripción de la acción cambiaria ejecutiva por parte del deudor, que ocurre cuando éste no la propone como excepción en el proceso ejecutivo instaurado en su contra, da lugar a que se profiera la decisión de seguir adelante la ejecución en contra del mismo en caso de que no proponga ninguna otra excepción o de que las propuestas no prosperen.

5). La **renuncia expresa (sea extrajudicial, sea judicial),** a la prescripción de la acción cambiaria ejecutiva por parte del deudor, supone el reconocimiento de la deuda a la par que le allana al acreedor el camino para el ejercicio de dicha acción (cambiaria ejecutiva).

6). **En el proceso de enriquecimiento cambiario no opera la renuncia tácita a la prescripción de la acción cambiaria ejecutiva.** Si el deudor demandado omite alegar la prescripción, significa (simplemente) que **admite** su configuración.

76. Síntesis de los comentarios al salvamento de voto

En síntesis, no es cierto que, a efectos de ejercitar la acción de enriquecimiento cambiario, deba ser previa y judicialmente declarada, o alegada por el deudor, la prescripción extintiva de la acción cambiaria (ejecutiva). Consumada ésta (i.e. la prescripción extintiva de la acción cambiaria) y ejercitada aquella (i.e. la *actio in rem verso cambiario*), si el deudor alega la prescripción, estará corroborando su configuración, y si guarda silencio, simplemente la estará admitiendo y asintiendo la procedencia de la acción de enriquecimiento cambiario en su contra.

77. LÍMITES AL MONTO DE LA SUMA CUYA RESTITUCIÓN SE DEMANDA

La Corte señala dos límites que estima imposible rebasar en cuanto al monto de los resultados económicos perseguidos con el ejercicio de la acción de enriquecimiento cambiario[167]:

1). *El monto de la restitución no puede exceder el monto del enriquecimiento del demandado.*

2). *Dicho monto tampoco puede superar el monto del empobrecimiento del demandante.*

Tales límites los justifica con el argumento de que, siendo función de la **actio in rem verso cambiario** la de restablecer la integridad de un patrimonio con referencia a otro patrimonio, no puede convertirse en fuente de provecho injustificado para el actor ni en motivo legítimo de pérdida para el demandado.

La Corte fija, asimismo, una fórmula de solución para el evento en que ambos extremos (el monto del empobrecimiento y el monto del enriquecimiento) no coincidan: advierte que en tal caso el límite del reembolso estará demarcado por el menor valor.

En el mismo sentido, EMILIANI ROMÁN, al referirse a la **actio in**

---

[167] CSJ, C, S de 6 de diciembre de 1993, M P. Carlos Esteban JARAMILLO SCHOLSS, en *Jurisprudencia y Doctrina*, t. XXIII, núm. 266, feb. de 1994, p. 149.

rem verso común, que en ese aspecto del **quantum** de la pretensión resarcitoria opera igual que la **actio in rem verso cambiario**, estima que el monto de la acción está determinado por la *"cuantía menor entre enriquecimiento y empobrecimiento"*[168].

De lo anterior se sigue que, si el empobrecimiento es menor que el enriquecimiento, solo se deberá el monto del empobrecimiento, y si, por el contrario, el empobrecimiento es mayor que el enriquecimiento, solo se deberá el monto del enriquecimiento. Al efecto DE LA CALLE LOMBANA expresa:

> *"El límite máximo de la acción de enriquecimiento es el monto de la acción cambiaria. Pero, en cambio, puede ser inferior a éste, ya que la ley permite perseguir sólo el valor del enriquecimiento que haya obtenido alguno de los sujetos integrantes de la cadena cambiaria"*[169].

Una opinión diferente sostiene ARCILA GONZÁLEZ, quien al respecto comenta:

> *"El objeto de la acción no es el importe del documento (...) sino el monto del enriquecimiento injusto, de tal manera que esta acción puede superar el valor extracambiario"*[170].

---

[168] EMILIANI ROMÁN, Raimundo, op. Cit. p. 174.

[169] DE LA CALLE LOMBANA, Humberto, op. cit., pp. 242 y 243.

[170] ARCILA GONZÁLEZ, Antonio, *El Cheque y la Acción Cambiaria*, Ecoe, Bogotá, 1989, p. 19).

Sin embargo, riñe con el sentido común que al acreedor que por su incuria deja caducar o prescribir la acción cambiaria, con lo cual se produce la extinción de la acción causal y se le concede, a título de remedio excepcional, la posibilidad de ejercitar la acción de enriquecimiento, se le premie permitiéndole, además, reclamar una suma mayor que la de la acción cambiaria o de la extracambiaria.

78. ES POSIBLE SOLICITAR CORRECCIÓN MONETARIA

De acuerdo con una de las sentencias de la Corte sobre la materia (de 18 de septiembre de 1995), es procedente solicitar el reajuste monetario de la suma que se reclama por concepto de enriquecimiento cambiario. En estos términos se pronunció la Corte sobre el particular:

"Esta acción (...) apenas comprende el valor del enriquecimiento ocurrido, fijado en términos monetarios actuales si de sumas de dinero se trata[171]. O por mejor decirlo, por obra de la acción de enriquecimiento que prospera ha de prestarse, en estricto rigor, indemnización[172] del

---

[171] Es difícil imaginar que en materia cambiaria la ***actio in rem verso*** pueda ejercitarse para reclamar un bien o un valor distinto del dinero, pues ella se fundamenta siempre en el descargo, por caducidad o prescripción de la acción cambiaria, de un título valor de contenido crediticio, caracterizado éste precisamente por incorporar el derecho a reclamar una suma determinada de dinero.

[172] En lugar del término *indemnización* (asignado a la restitución del enriquecimiento producido), el cual sugiere la causación de un daño, hubiera resultado más apropiada la expresión –que tal vez quiso utilizarse– *restitución del enriquecimiento*; o *resarcimiento del empobrecimiento*; o *resarcimiento* o *reparación del menoscabo patrimonial sufrido*. En todo caso, no puede perderse de vista que en la misma providencia, en coherencia con la sentencia de 19 de noviembre de 1936, se advierte que la ***actio in rem verso*** no tiene por objeto la

enriquecimiento en realidad producido y no indemnización de daños, de forma tal que la obtención de ese valor en que consiste la acción en examen, pueda conseguirse efectivamente a salvo de la disminución del valor de la moneda, todavía con mayor razón cuando, como en la especie de estos autos acontece, ese objeto recibido en un comienzo por el deudor demandado, son sumas de dinero reajustables sobre las cuales la institución financiera demandante tiene derecho a percibir intereses a una determinada tasa que, por lo demás, fue pactada en los contratos de mutuo celebrados".[173].

79. NO PROCEDE EL COBRO DE INTERESES MORATORIOS

En la precitada sentencia se advierte, además, que el demandante *"no puede obtener el pago de intereses moratorios y demás gastos que el legislador permite cobrar a quien ejercita la acción cambiaria (Art. 782 del C. de Co.)"*[174].

En el mismo sentido la sentencia de 25 de octubre de 2000, en la cual se indica: *"siendo independiente la acción, no hay lugar para hablar de mora, a cuyo título reclama el demandante tal tasa de interés. La específica calidad de deudor moroso supone un incumplimiento que ya no consiente más el acreedor. Y si las obligaciones antecedentes, tanto causal*

---

indemnización de daños. (Cas. de 19 de noviembre de 1936, G. J., t. XLIV, p. 475).

[173] CSJ, C, S de Casación de 18 de septiembre de 1995, sin publicar, M. P. Carlos Esteban JARAMILLO SCHOLSS, folios 22 y 23.

[174] CSJ, C, S de Casación de 18 de septiembre de 1995, ya citada, folio 23.

como cambiaria, han extinguido, mal pueden subsistir sus predicados "[175].

80. PROCEDE EL COBRO DE INTERESES REMUNERATORIOS

En la susodicha sentencia de Casación de 18 de septiembre de 1995, se indica que el demandante *"sí puede solicitar una total restitución que incluye los intereses en cuanto representan, según quedó visto, el justo precio que por el uso de las sumas en cuestión convinieron en aceptar las partes "*[176]. Líneas adelante se acota:

> *"En otros términos, a la corrección monetaria que opera en este tipo de transacciones, para medir el enriquecimiento restituible, se le agrega el interés admitido y así declarado por los litigantes como ganancia razonable que tiene derecho a percibir el mutuante y que, apenas por causa de la prescripción de los pagarés emitidos para instrumentar los contratos de mutuo realizados, no puede economizarse el mutuario "*[177].

No obstante, en un aparte anterior del citado fallo se previene:

> *"(...) la corrección monetaria computa como interés en las obligaciones pactadas en unidades de poder adquisitivo constante, lo que quiere significar, no que los dos factores en*

---

[175] CSJ, C, S de 25 de octubre de 2000 (expediente 5744), sin publicar, M. P. Manuel ARDILA VELÁSQUEZ.

[176] CSJ, C, S de Casación de 18 de septiembre de 1995, ya citada, folio 23.

[177] Ibíd., folio 25.

cuestión sean una misma cosa y '.. se compensen por tener
idénticos objetivos ..`, sino que para los solos fines de
determinar la tasa usuraria y hacer actuar las sanciones
correspondientes de que se haga merecedor el acreedor
infractor, es preciso sumarlos "[178].

En procura de una mejor ilustración, en el mismo fallo se cita el Oficio 93003771-2 de 9 de marzo de 1993, originario de la Superintendencia Bancaria (hoy Superintendencia Financiera de Colombia), en el cual se precisa: *"(...) El interés bancario corriente involucra un porcentaje de corrección monetaria y otro de tasa pura"*[179].

En relación con el mismo tópico, los artículos 64 y 68 de la Ley 45 de 1990 (Por la cual se expiden normas en materia de intermediación financiera, se regula la actividad aseguradora, se conceden unas facultades y se dictan otras disposiciones), establecen, en su orden:

Art. 64.– **"Aplicación de las normas sobre límites a los intereses.**–* Para los efectos del artículo 884 del Código de Comercio, en las obligaciones pactadas en unidades de poder adquisitivo constante (UPAC) o respecto de las cuales se estipule cualquier otra cláusula de reajuste la corrección monetaria o el correspondiente reajuste computará como interés.*

---

[178] Ibíd., folio 18.

[179] Ibíd., folio 20.

En cualquier sistema de interés compuesto o de capitalización de intereses se aplicarán los límites previstos en el mencionado artículo. Sin embargo, dichos límites no se tendrán en cuenta cuando se trate de títulos emitidos en serie o en masa, cuyo rendimiento esté vinculado a las utilidades del emisor.

Parágrafo primero. En operaciones de largo plazo los establecimientos de crédito podrán utilizar sistemas de pago que contemplen la capitalización de intereses, de conformidad con las reglamentaciones que para el efecto expida la Junta Monetaria.

Parágrafo segundo. Toda tasa de interés legal o convencional en la cual no se indique una periodicidad de pago determinada se entenderá expresada en términos de interés efectivo anual.

*Art. 68.– "**Sumas que se reputan intereses.**– Para todos los efectos legales se reputarán intereses las sumas que el acreedor reciba del deudor sin contraprestación distinta al crédito otorgado, aun cuando las mismas se justifiquen por concepto de honorarios, comisiones u otros semejantes[180]. Así mismo, se incluirán dentro de los intereses las sumas que el deudor pague por concepto de servicios vinculados directamente con el crédito en exceso de las sumas que señale el reglamento".*

---

[180] Hubiera sido más apropiada, y por ende más clara, la fórmula: *Para todos los efectos legales se reputarán intereses las sumas que el acreedor reciba del deudor en contraprestación* [no *"sin contraprestación distinta"*] *al crédito otorgado....*

81. PRETENSIONES PRINCIPALES DE LA DEMANDA DE *ACTIO IN REM VERSO CAMBIARIO*

De acuerdo con las precisiones precedentes, en términos generales las pretensiones principales de la *actio in rem verso cambiario* pueden reducirse a las siguientes:

PRETENSIÓN PRIMERA PRINCIPAL:

Que se declare que el título valor de contenido crediticio (identificar aquí el instrumento negociable –letra de cambio, cheque, pagaré o cualquiera otro título valor de contenido crediticio–) fue descargado por (caducidad, o prescripción, según el caso) de la acción cambiaria (directa, o de regreso, según el caso) de XX (el tenedor en cuyas manos se produjo el descargo del instrumento por caducidad o prescripción de la acción cambiaria) contra YY (el suscriptor del título frente al cual operó la caducidad o prescripción de la acción cambiaria que produjo el descargo del mismo), con lo cual se produjo también la extinción de la obligación originaria o fundamental consistente en (describir aquí la obligación pertinente, v. gr. pagar la suma de $ .... correspondiente al saldo adeudado por razón del contrato de compraventa de ... celebrado el ....).

Justificación: Aunque, según la jurisprudencia de la CSJ, para el ejercicio de la *actio in rem verso cambiario* no es exigible un pronunciamiento judicial sobre la caducidad o prescripción, *"porque sería imponer un requisito que la ley no contempla"* (sentencia, sin publicar, de 14 de marzo de 2001, M. P. Jorge SANTOS BALLESTEROS, entre otras sentencias), a fin de evitar discusiones sobre el particular y habida cuenta que ese es uno de los presupuestos de la acción, sí es recomendable que se formule como pretensión primera principal la declaratoria de descargo del título ya por caducidad, ora por prescripción, según el caso, de la acción cambiaria, máxime si se tiene en cuenta que el artículo 2 de la Ley 791 de 2002 adicionó al artículo 2513 del Código Civil un inciso 2° en virtud del cual es posible invocar la prescripción extintiva por vía de acción.

Ciertamente, sobre la posibilidad de formular la pretensión de descargo del título por caducidad o prescripción de la acción cambiaria versa la sentencia de 14 de mayo de 2008 (M. P. César Julio VALENCIA COPETE), publicada en: Jurisprudencia y Doctrina, t. XXXVII, núm. 440, Legis, agosto de 2008, p. 1265.

PRETENSIÓN SEGUNDA PRINCIPAL:

Que se declare que el demandado se enriqueció sin justa causa y a expensas del demandante por razón del descargo del instrumento en la forma antes indicada.

82. PRETENSIONES CONSECUENCIALES DE LA DEMANDA DE *ACTIO IN REM VERSO CAMBIARIO*

Del mismo modo, conforme a las precisiones precedentes, en términos generales las pretensiones consecuenciales de la *actio in rem verso cambiario* se pueden concretar a las siguientes:

PRETENSIÓN TERCERA
(Primera consecuencial):

Que, en consecuencia, se condene al demandado a:

1. Restituir al demandante el monto por el cual se enriqueció, sin que exceda el monto del empobrecimiento sufrido por el demandante (o, lo que es lo mismo, restituir al demandante el monto por el cual se empobreció éste, sin que exceda el monto del enriquecimiento obtenido por el demandado).

2. Pagar el reajuste por corrección monetaria, mas los intereses remuneratorios correspondientes, del monto de dinero que deba restituir, sin que la suma de ambos factores (corrección monetaria e intereses) exceda una y media (1.5) veces el interés bancario corriente, conforme lo establecen los artículos 884 del Código de Comercio, 305 del Código Penal y demás disposiciones concordantes.

PRETENSIÓN CUARTA

(Que no requiere petición expresa, dado que corresponde al juez acceder a ella de oficio, según se desprende de los artículos 365 del Código General del Proceso y 392 del Código de Procedimiento Civil):

Que se condene al demandado al pago de las costas, incluidas las agencias en derecho.

Capítulo IX

VICISITUDES PROCESALES Y PROBATORIAS DE LA
ACTIO IN REM VERSO CAMBIARIO

Sumario. 83. En el proceso han de quedar acreditados los elementos constitutivos y los requisitos de la acción de enriquecimiento cambiario. 84. Casos en que el demandante queda relevado de probar que la caducidad o prescripción de la acción cambiaria no se suspendió, ni se interrumpió, ni fue objeto de renuncia. 85. La no suspensión, la no interrupción y la no renuncia a la caducidad o prescripción de la acción cambiaria son eventos que entrañan indefiniciones, que no requieren ser probados. 86. Casos en que podría ser útil para el acreedor demandante demostrar la suspensión de la caducidad o la prescripción, o la inoperatividad de la caducidad, o la interrupción de la prescripción, o la renuncia a la caducidad o la prescripción por parte del demandado. 87. Procedencia del cobro ejecutivo del título valor cuando en el proceso se establece que no es viable la **actio in rem verso cambiario** por no haber transcurrido los términos de caducidad o prescripción de la acción cambiaria, o por haberse producido la suspensión de la caducidad o prescripción, o su inoperatividad, o su interrupción, o su renuncia. 88. Posible terminación del proceso de **actio in rem verso cambiario** por no transcurso de los términos de caducidad o prescripción de la acción cambiaria, o por suspensión, interrupción, o renuncia a la misma. 89. Renuncia a la caducidad o prescripción de la acción cambiaria durante el proceso en que se ejercita la **actio in rem verso**

*cambiario. Efectos sobre costas y viabilidad de la acción cambiaria. 90. Cómputo del término de caducidad o prescripción de la acción cambiaria en caso de renuncia a la misma durante el proceso en que se ejercita la **actio in rem verso cambiario**. 91. Sería paradójico que en el proceso en que se ejercitare la **actio in rem verso cambiario** el demandado alegare la suspensión, o la interrupción, o ante todo la renuncia a la caducidad o prescripción de la acción cambiaria. 92. Precedente judicial sobre prosperidad de la **actio in rem verso cambiario** ejercitada después del año de prescrita la acción cambiaria ejecutiva. 93. Renuncia tácita a la prescripción de la acción de enriquecimiento cambiario. 94. La relación causal debe ser objeto de cabal demostración. 95. Cómo se estructura la prueba del enriquecimiento y del correlativo empobrecimiento. 96. La prueba del enriquecimiento y del correlativo empobrecimiento incumbe al actor. 97. Existe libertad de medios probatorios. 98. El título valor descargado por caducidad o prescripción de la acción cambiaria no es prueba suficiente de la obligación de restitución. 99. Tabla de sentencias de la CSJ, C, en la cual se reflejan las distintas tesis jurisprudenciales sobre acreditación de elementos de la **actio in rem verso cambiario**. 100. Reseña de los salvamentos de voto contra las sentencias indicativas de que el título valor descargado por caducidad o prescripción de la acción cambiaria no es prueba suficiente de los elementos de la **actio in rem verso cambiario**, y en particular de la obligación de restitución. 1) Salvamentos de voto a la sentencia de 6 de abril de 2005. 2) Salvamentos de voto a la sentencia de 26 de junio de 2007. 101. La prueba de la relación cambiaria no equivale a la prueba de la relación causal (sentencias de la Corte que se han ocupado del particular). 102. La simple demostración de que el* *suscriptor del título valor se obligó a pagar la suma estipulada en el mismo, sin indicar el concepto correspondiente, no prueba por sí sola la relación causal. 103. Es importante, y hasta necesario, describir y probar la relación causal y el monto del derecho incorporado en el título valor. 104. Sentencias de la CSJ, C, que versan sobre tópicos diferentes a los elementos constitutivos del enriquecimiento o el correlativo empobrecimiento. 105. Tabla de sentencias de la CSJ, C, que no se ocupan de la prueba de los elementos constitutivos del enriquecimiento o el correlativo empobrecimiento. 106. Tabla de providencias de la CSJ, C, sobre acción de enriquecimiento cambiario. 107. Prueba documental insubstituible. 108. ¿Qué ocurre si el 'título valor` descargado por caducidad o prescripción carece de un requisito esencial que la ley no suple? 109. No procede la **actio in rem verso cambiario** cuando el título descargado por caducidad o prescripción no es de contenido crediticio. 110. La acción causal y la de enriquecimiento cambiario, son pretensiones susceptibles de tramitarse en un mismo proceso, la primera como principal y la segunda como subsidiaria. 111. ¿Sería procedente tramitar la acción de enriquecimiento cambiario como principal y la causal como subsidiaria? 112. ¿Sería posible tramitar la acción cambiaria y/o la causal y/o la de enriquecimiento cambiario como subsidiarias entre sí? 113. Salvo los casos de prejudicialidad, no es procedente el ejercicio simultáneo de la acción de enriquecimiento cambiario y la cambiaria, ni el de la acción de enriquecimiento cambiario y la causal.*

83.   EN EL PROCESO HAN DE QUEDAR ACREDITADOS LOS ELEMENTOS CONSTITUTIVOS Y LOS REQUISITOS DE LA ACCIÓN DE ENRIQUECIMIENTO

A manera de precisión general, el demandante debe tener el cuidado de acreditar en el proceso los elementos constitutivos y los requisitos de la *actio in rem verso cambiario* ya precisados, cuales son 1) que se haya recibido, en pago, un título valor de contenido crediticio; 2) que se hubiere producido el descargo del instrumento por caducidad o prescripción de la acción cambiaria; 3) que, como consecuencia (o por causa) de la caducidad o prescripción, el acreedor haya sufrido un empobrecimiento; 4) que sea el empobrecido quien ejercite la acción; y 5) que la acción se inicie contra quien se haya enriquecido a causa de la caducidad o prescripción.

84. CASOS EN QUE EL DEMANDANTE QUEDA RELEVADO DE PROBAR QUE LA CADUCIDAD O PRESCRIPCIÓN DE LA ACCIÓN CAMBIARIA NO SE SUSPENDIÓ, NI SE INTERRUMPIÓ, NI FUE OBJETO DE RENUNCIA

En lo que concierne al cómputo del término de caducidad o prescripción de la acción cambiaria que conlleva el descargo del título valor de contenido crediticio y que da lugar a la *actio in rem verso cambiario*, al demandante le basta con acreditar la fecha en que comenzó a correr dicha caducidad o prescripción y la fecha en que se consumó la misma. En otras palabras, es suficiente, en principio, con que el demandante demuestre que transcurrió el término de caducidad o prescripción de la acción cambiaria ejecutiva, y que alegue que por razón de la susodicha caducidad o prescripción se produjo el descargo de instrumento negociable.

Lo anterior por cuanto es lo natural y corriente que no se den eventos de suspensión, interrupción, o renuncia de la caducidad[181] o prescripción. Y de producirse alguno de tales fenómenos, ello implicaría que no se encontrare prescrita o caducada la acción. De tal suerte que no es dable exigirle al acreedor demandante del enriquecimiento cambiario la comprobación de lo que no inexiste, esto es de la no ocurrencia de eventos de suspensión, interrupción o renuncia de la acción cambiaria.

No se olvide que *"La prescripción que extingue las acciones y derechos ajenos* [reza el artículo 2535 del Código Civil] *exige solamente cierto lapso de tiempo durante el cual no se hayan ejercido dichas acciones"*. Y lo propio puede decirse de la caducidad, tanto la

---

[181] Téngase en cuenta que la *caducidad cambiaria* difiere de la *caducidad civil o procesal* (institución de orden público, de carácter irrenunciable y, además, declarable de oficio por el Juez aunque no sea alegada por el demandado). Al respecto, Peña Castrillón comenta: *"La caducidad cambiaria que no tiene connotación procesal alguna, afecta la existencia o exigibilidad de un derecho sustancial, no el ejercicio de una vía procesal"* (en: *Algunas Falacias Interpretativas de los Títulos Valores,* op. cit., p. 31).

Que la *caducidad de la acción cambiaria* es diferente de la llamada *caducidad procesal,* podría inferirse de normas como el artículo 807 del Código de Comercio (derogado por el artículo 626 del Código General del Proceso), conforme al cual *"El procedimiento de cancelación o reposición interrumpe la prescripción y **suspende los términos de caducidad"*** (resaltado fuera de texto), suspensión que, en principio, no es posible en tratándose de *caducidad procesal.*

Ciertamente, la tradición jurídica ha enseñado que la denominada caducidad procesal no es susceptible de suspensión, sino de inoperatividad, según se desprende del artículo 94 del Código General del Proceso (artículo 90 del Código de Procedimiento Civil). No obstante, como se dijo ya, y se reitera ahora, la Ley 2220 de 2022 (*Por medio de la cual se expide el estatuto de conciliación y se dictan otras disposiciones*), de manera ***sui generis*** advierte en su artículo 56 que *"La presentación de la solicitud de conciliación extrajudicial en derecho **suspende el término** de prescripción o **de caducidad,** según el caso, hasta que suscriba el acta de conciliación, se expidan las constancias establecidas en la presente ley o hasta que se venza el término de tres (3) meses, o la prórroga a que se refiere el artículo 60 de esta ley, lo que ocurra primero. // Esta suspensión operará por una sola vez y será improrrogable".* (Resaltado fuera de texto).

civil-procesal como la cambiaria, que se basan también en el decurso del tiempo sin que sean ejercitadas las acciones correspondientes. De modo que transcurrido el lapso de tiempo durante el cual deben ejercitarse tales acciones sin que se hubiere hecho uso de las mismas, ha de entenderse consolidada la prescripción o caducidad, salvo que haya ocurrido un evento que las desvirtúe (como lo es la suspensión, la interrupción, o la renuncia), el que ha de ser alegado y probado, en principio, por quien pretenda demostrar la inexistencia de la prescripción o caducidad.

Por lo antes expuesto, lo indicado es que el demandante quede relevado de probar la inexistencia del susodicho tipo de eventos cuando actúe bajo el entendido y convicción de que la caducidad o prescripción de la acción cambiaria no se suspendió, ni se interrumpió, ni fue objeto de renuncia, o cuando del texto de la demanda en que ejercite la acción de enriquecimiento cambiario se deduzca la inexistencia de las referidas suspensión, interrupción o renuncia.

85. LA NO SUSPENSIÓN, LA NO INTERRUPCIÓN Y LA NO RENUNCIA A LA CADUCIDAD O PRESCRIPCIÓN DE LA ACCIÓN CAMBIARIA SON EVENTOS QUE ENTRAÑAN INDEFINICIONES, QUE NO REQUIEREN SER PROBADOS

En adición a lo antes precisado, la no suspensión, la no interrupción y la no renuncia a la caducidad o prescripción de la acción cambiaria son eventos que entrañan indefiniciones. Por esta razón el demandante debe estar protegido por la regla según la cual *"las afirmaciones o negaciones indefinidas no requieren prueba"* (inciso final del artículo 167 Código General de Proceso e inciso 2° del artículo 177 del Código de Procedimiento Civil).

Por consiguiente, a efectos de demostrar que el instrumento se ha descargado por caducidad o prescripción de la acción cambiaria y de que se abra paso la *actio in rem verso cambiario*, debe ser en principio suficiente para el demandante acreditar, como se indicó antes, que han transcurrido los términos de caducidad o prescripción correspondientes (que en circunstancias normales se contabilizan a partir de la fecha de vencimiento consignada en el título), probado lo cual se traslada al demandado la carga de demostrar: **i)** que en realidad no han transcurrido los términos de caducidad o prescripción de la acción cambiaria, o **ii)** que antes de que se ejercitara la acción de enriquecimiento cambiario se produjo, bien la suspensión de la caducidad o prescripción de la acción cambiaria, ya la interrupción por el hecho de haber reconocido el deudor la obligación expresa o tácitamente (inciso 2° del artículo 2539 del Código Civil), ora la renuncia a dicha caducidad o prescripción. Y de llegar a prosperar cualquiera de las cuatro (4) eventualidades antes referidas (no transcurso de los términos de caducidad o prescripción de la acción cambiaria, o suspensión de la caducidad o prescripción de la acción, o interrupción, o renuncia a la caducidad o prescripción), se haría improcedente la acción de enriquecimiento cambiario.

86. Casos en que podría ser útil para el acreedor demandante demostrar la suspensión de la caducidad o prescripción, o la inoperatividad de la caducidad, o la interrupción de la prescripción, o la renuncia a la caducidad o

Podría ocurrir que se hubiere suspendido la caducidad o prescripción de la acción cambiaria, o impedido la caducidad, o reanudado y completado el término en que ellas operan. Podría suceder en igual forma que no obstante haberse interrumpido la prescripción, o haberse producido la renuncia a la caducidad o prescripción por parte del deudor, el término correspondiente hubiere transcurrido nuevamente.

En tales eventos la prueba de la suspensión de la caducidad o prescripción, o de la inoperatividad de la caducidad, o de la interrupción de la prescripción, o de la renuncia a la caducidad o prescripción, sería útil para establecer en qué forma corrió real o nuevamente el término de caducidad o prescripción de la acción cambiaria, y útil también para contabilizar el término de un año en que opera la prescripción de la *actio in rem verso cambiario*.

Por manera que si el acreedor instaura demanda de *actio in rem verso cambiario* y el deudor demandado propone la excepción de prescripción de la acción bajo el entendido de haber transcurrido un año contado a partir de la caducidad o prescripción de la acción cambiaria, determinadas éstas, sin solución de continuidad, desde la fecha de vencimiento consignada en el texto del título valor, el acreedor demandante podría enervar la excepción demostrando: i) que en realidad el término de caducidad o prescripción de la acción cambiaria no corrió de manera seguida, sino que sufrió variaciones, ya por haberse suspendido, ora por haberse impedido, o bien por haberse interrumpido, o haber

255

renunciado a ella(s) el deudor, y ii) que presentó –por ende– la demanda de *actio in rem verso cambiario* dentro del año siguiente a la consumación de la caducidad o prescripción de la acción cambiaria. Esto último, claro está, siempre y cuando el auto admisorio de la demanda le sea notificado al demandado dentro del año siguiente a la notificación del mismo al demandante (de lo contrario se consumaría, sí, la prescripción de la acción de enriquecimiento cambiario, según se desprende de los artículos 94 del Código General del Proceso y 90 del Código de Procedimiento Civil).

Podría ocurrir también que la ejercitada por el acreedor no fuere la *actio in rem verso cambiario* sino la acción cambiaria ejecutiva y que el deudor demandado excepcionare la caducidad o prescripción de dicha acción cambiaria ejecutiva en el entendido de haber transcurrido el término correspondiente y sin solución de continuidad, contabilizado el referido término desde la fecha de vencimiento consignada en el texto del título. En tal caso el acreedor demandante podría enervar la excepción demostrando que el término de caducidad o prescripción de la acción cambiaria no alcanzó a transcurrir, ya por haberse suspendido, impedido o interrumpido, o bien por haber renunciado a ella(s) el deudor y por no haberse consumado por consiguiente la caducidad o prescripción al momento de la presentación de la demanda ejecutiva (o al momento de la notificación del auto de mandamiento de pago al demandado, caso de que no le hubiere sido notificado a éste dentro del año siguiente a la notificación del mismo al demandante, conforme se deduce de los artículos 94 del Código General del Proceso y 90 del Código de Procedimiento Civil, ya citados).

87. Procedencia del cobro ejecutivo del título valor cuando en el proceso -se establece que no es viable la *ACTIO IN REM VERSO CAMBIARIO* por no haber transcurrido los términos de caducidad o prescripción de la acción cambiaria, o por haberse producido la suspensión de dicha caducidad o prescripción, o su inoperatividad, o su interrupción, o su renuncia

Si en el proceso en que se ejercita la *actio in rem verso cambiario* se establece que los términos de caducidad o prescripción de la acción cambiaria no alcanzaron a transcurrir, o que antes de que se ejercitara la acción se produjo, bien la suspensión, ya la interrupción, ora la renuncia de la caducidad o prescripción de la acción cambiaria, habría lugar a determinar si sería procedente o no el cobro ejecutivo del título valor. Para el citado propósito sería pertinente realizar el cómputo del término de caducidad o prescripción de la acción cambiaria con sujeción a la contingencia correspondiente. De tal suerte que en el caso de la *suspensión,* se descontaría el tiempo durante el cual hubiere estado cesante el término; en el de la *interrupción,* se haría de nuevo el cómputo desde cuando se hubiere producido la obstrucción; y en el de la *renuncia,* se volvería a realizar el cómputo desde cuando hubiere operado la misma, soluciones –éstas dos últimas (la de la interrupción y la renuncia)– que resultan acordes con lo dispuesto en el inciso final del artículo 2536 del Código Civil, conforme al cual *"Una vez interrumpida o renunciada una prescripción, comenzará a contarse nuevamente el respectivo término".*

88. Posible terminación del proceso de *ACTIO IN REM VERSO CAMBIARIO* por no transcurso de los términos de caducidad o prescripción de la acción cambiaria, o por suspensión, interrupción, o renuncia a la misma

Las cuatro (4) eventualidades antes citadas (no transcurso de los términos de caducidad o prescripción de la acción cambiaria, suspensión, interrupción, o renuncia a la misma)[182], podrían constituir causales anormales de terminación del proceso en el cual se ejercitare la *actio in rem verso cambiario*, en particular si se establecieren antes de la sentencia, ya que en tales casos se consumaría una especie de desaparición del objeto de la litis por substracción de materia. De suceder así, podría ocurrir que el demandante se encontrare aún en tiempo de ejercitar la acción cambiaria ejecutiva correspondiente y de ver realizado su derecho de acceso a la justicia en torno a dicha acción previo el desglose del título valor en los términos del artículo 116 del Código General del Proceso (artículo 117 del Código de Procedimiento Civil).

A propósito de la terminación anormal del proceso, uno de los eventos en que opera, que *mutatis mutandis* podría ser susceptible de aplicación analógica en lo que concierne a la imposibilidad de continuar con el trámite de la actuación, es el regulado en el enunciado inicial del numeral 2 del artículo 403 del Código General del Proceso (enunciado inicial del numeral 2 del

---

[182] La renuncia a la caducidad o prescripción durante el decurso del proceso de *actio in rem verso cambiario* se vislumbra como posible en la aclaración de voto del magistrado Manuel ARDILA VELÁSQUEZ consignada en la S número 034 de 14 de marzo de 2001, sentencia en la cual fue ponente el magistrado Jorge SANTOS BALLESTEROS.

artículo 464 del Código de Procedimiento Civil), que respecto del proceso de deslinde y amojonamiento advierte: *"Practicadas las pruebas, si el juez encuentra que los terrenos no son colindantes, declarará por medio de auto improcedente el deslinde".*

Lo propio y **mutatis mutandis** –se insiste–, podría decirse del proceso de enriquecimiento cambiario, cuando practicadas las pruebas el juez hallare que no alcanzaron a transcurrir los términos de caducidad o prescripción de la acción cambiaria, o que la caducidad o prescripción se impidió, se suspendió, se interrumpió, o fue objeto de renuncia por parte del demandado. En tales casos lo indicado sería que declarare, por medio de auto, improcedente la restitución del enriquecimiento pretendido por el demandante.

Podría acontecer incluso que en la audiencia *inicial* de que trata el artículo 372 del Código General del Proceso (audiencia de *conciliación, saneamiento, decisión de excepciones previas y fijación del litigio* bajo la vigencia del artículo 101 del Código de Procedimiento Civil), y con sujeción al inciso cuarto del numeral 7 del mismo (parágrafo 6° del artículo 101 del Código de Procedimiento Civil), que versa sobre *determinación de hechos y fijación del objeto del litigio* (*fijación de hechos, pretensiones y excepciones de mérito* en el parágrafo 6° del artículo 101 citado), las partes se pusieren de acuerdo en los hechos atinentes al no transcurso de los términos de caducidad o prescripción de la acción cambiaria, o en los hechos inherentes a la suspensión, interrupción, o renuncia de la misma, los cuales harían innecesario continuar con el trámite del proceso de enriquecimiento cambiario y en cambio, sí, menester terminarlo.

89. Renuncia a la caducidad o prescripción de la acción cambiaria durante el proceso en que se ejercita la *ACTIO IN REM VERSO CAMBIARIO*. Efectos sobre costas y viabilidad de la acción cambiaria

Si se establece que el demandado renuncia a la caducidad o prescripción de la acción cambiaria[183], no antes sino durante el proceso en que se ejercita la *actio in rem verso cambiario* y se frustra por consiguiente esta última, sería injusto imponer condena en costas al acreedor demandante habida cuenta que esa frustración del proceso no sería imputable al demandante sino al demandado.

En tal caso (el de la renuncia a la caducidad o prescripción de la acción cambiaria por parte del demandado) y con independencia de lo antedicho, lo conducente sería que el demandante quedare legitimado para ejercitar la acción cambiaria por vía ejecutiva, que presupone menos limitaciones, menos exigencias probatorias y menos cargas procesales que la *actio in rem verso cambiario*.

---

[183] Se recuerda que la *renuncia* a la prescripción de la acción cambiaria, y a la caducidad de ésta cuando hubiere lugar a ello, sólo es posible después de cumplido el término correspondiente. Por esta razón no se citan aquí los casos de *suspensión* e *interrupción* de la acción cambiaria durante el proceso en que se ejercita la *actio in rem verso* cambiario, toda vez que la suspensión y la interrupción de la prescripción (y de la caducidad cambiaria cuando hubiere también lugar a ello), solo son posibles antes de que se cumpla el término correspondiente, no después de cumplido el mismo (momento en el que, se insiste, sí es posible la *renuncia*). Cumplido el término, hay lugar al ejercicio de la *actio in rem verso* cambiario.

90. CÓMPUTO DEL TÉRMINO DE CADUCIDAD O PRESCRIPCIÓN DE LA ACCIÓN CAMBIARIA EN CASO DE RENUNCIA A LA MISMA DURANTE EL PROCESO EN QUE SE EJERCITA LA *ACTIO IN REM VERSO CAMBIARIO*

En el susodicho evento, vale decir, en caso de renuncia a la caducidad o prescripción de la acción cambiaria durante el proceso en que se ejercitare la *actio in rem verso cambiario*, lo lógico, y como debería ser natural, sería que el término de caducidad o prescripción de la acción cambiaria comenzare a correr nuevamente desde el momento en que se estableciere la renuncia correspondiente por parte del demandado a favor del demandante.

91. SERÍA PARADÓJICO QUE EN EL PROCESO EN QUE SE EJERCITARE LA *ACTIO IN REM VERSO CAMBIARIO* EL DEMANDADO ALEGARE LA SUSPENSIÓN, O LA INTERRUPCIÓN, O ANTE TODO LA RENUNCIA A LA CADUCIDAD O PRESCRIPCIÓN DE LA ACCIÓN CAMBIARIA

No dejaría de ser paradójico que en el proceso en que se ejercitare la acción de enriquecimiento cambiario el demandado (que suele ser el principal obligado cambiario) se opusiere a las pretensiones de la demanda alegando suspensión, o interrupción, o ante todo renuncia a la caducidad o prescripción de la acción cambiaria, por cuanto tal forma de defensa supondría, si no su intención de pagar la obligación, sí su decisión de enfrentar el proceso de cobro ejecutivo del título, que como se sabe es un proceso más expedito, que podría comprender además el cobro de los intereses moratorios, los gastos de cobranza y demás derechos de ley consagrados en los artículos 782 y 783 del Código de Comercio.

Tal forma de defensa supondría en igual manera la decisión del demandado de enfrentar el proceso a que diere lugar la relación causal (proceso más despejado también que el de enriquecimiento cambiario), cuya acción correspondiente –la causal– procede, recuérdese, *"en caso de que el instrumento sea rechazado o no sea descargado de cualquier manera"* (incisos 1° y 2° del artículo 882).

92. PRECEDENTE JUDICIAL SOBRE PROSPERIDAD DE LA *ACTIO IN REM VERSO CAMBIARIO* EJERCITADA DESPUÉS DEL AÑO DE PRESCRITA LA ACCIÓN CAMBIARIA EJECUTIVA

En sentencia de 21 de mayo de 2002, con ponencia del magistrado Manuel ARDILA VELÁSQUEZ, la CSJ decidió no casar una sentencia proferida por el Tribunal Superior de Barranquilla en la cual se había decidido revocar la de primera instancia (denegatoria de las pretensiones de la demanda) y declarar que los demandados se enriquecieron sin justa causa, quienes en consecuencia fueron condenados a pagar cierta cantidad de upacs e intereses al 9% anual desde el 19 de junio de 1978.

Como antecedentes del pleito se registran, entre otros, los siguientes:

En un proceso ejecutivo adelantado con fundamento en dos pagarés se declaró la prescripción de la acción cambiaria de regreso del último tenedor. La sentencia correspondiente quedó ejecutoriada el 14 de julio de 1993.

El 11 de julio de 1994, esto es dentro del año siguiente a la ejecutoria de la sentencia que declaró la prescripción de la acción cambiaria ejecutiva, pero mucho tiempo después del año posterior a la fecha en que operó la prescripción, y por ende más allá del año de que trata el inciso final del artículo 882 del Código de Comercio, el referido último tenedor de los pagarés formuló demanda de enriquecimiento cambiario contra los otorgantes de los mismos, quienes propusieron como excepción de mérito la de *"inexistencia de la obligación"* y al efecto pusieron de presente que se estaba intentado exigir una prestación extinguida por negligencia del acreedor quien no accionó a tiempo. Dichos demandados, alegaron (al parecer)[184] la excepción de prescripción de la *acción cambiaria ejecutiva*, pero no la excepción de prescripción de la *acción de enriquecimiento cambiario*.

Aunque podría pensarse que los demandados alegaron también la excepción de prescripción de la *acción de enriquecimiento cambiario*, toda vez que fue un aspecto tratado en las sentencias de primera y segunda instancia[185], es lo cierto que la Corte no analizó el tema de la prescripción de la acción de enriquecimiento cambiario, sino el de la prescripción de la acción

---

[184] La sentencia de la Corte no lo dice expresamente. (Se dice "al parecer" por cuanto así se infiere de las consideraciones de la sentencia de la Corte que versan sobre la prescripción de la acción cambiaria ejecutiva como presupuesto de la acción de enriquecimiento cambiario, no sobre la prescripción de la acción de enriquecimiento cambiario).

[185] Es lo que se colige de la lectura de la sentencia de la Corte cuando realiza el resumen de la sentencia del Tribunal, donde reporta: *"expresó la corporación* [léase el Tribunal Superior] *que en su sentir, al contrario de lo sostenido por el a quo, el término para iniciar la acción in rem verso comienza a correr, no desde la 'ocurrencia' de la acción cambiaria, sino desde su 'declaratoria', en razón a que mientras no se encuentre en firme la decisión atinente a la excepción que de la acción cambiaria en el proceso pertinente se haya formulado, 'no puede decirse en forma categórica que el título valor está prescrito'".*

263

cambiaria ejecutiva, que es diferente, y respecto de éste puntualizó:

"A simple vista, en efecto, la lectura del sobredicho precepto [léase el artículo 882 del Código de Comercio] *enseña que la presencia de la prescripción o de la caducidad, obstáculo que puede ser para la viabilidad de la **actio de in rem verso** común, muy lejos está de serlo para la de enriquecimiento cambiario y bien al contrario constituye precisamente, en aparente paradoja, prerrequisito fáctico de la misma conforme a la regulación del código de comercio, al punto que su impulso inicial lo proporciona imprescindiblemente la aparición de cualquiera de esas circunstancias extintivas. O, si se quiere mirar el asunto desde una óptica diferente, dígase que para los efectos y en los términos del mentado artículo 882, ni la prescripción ni la caducidad, con todo y la culpa que seguramente se avizora en la raíz de tales fenómenos, conforman causa legítima de enriquecimiento, de manera que eventos tales no son, per se, óbice para la procedencia de la acción en comento. Y la mejor demostración del anterior aserto, para no ir más allá, se encuentra en la literalidad misma de la norma en cuanto estatuye que el acreedor 'tendrá acción contra quien se haya enriquecido sin causa a consecuencia de la caducidad o de la prescripción (del instrumento)'".*

(...)

"Frente a los anotados criterios, nada queda ya por añadir que no sea el recalcar cómo la acusación no puede abrirse paso en

cuanto, para decirlo una vez más, ya a manera de recopilación, el censor, haciendo abstracción de cualquier otro aspecto de la sentencia, la impugna tan sólo en tanto con que en ella se dio vía libre al enriquecimiento cambiario a pesar de la declaratoria de prescripción de la acción cambiaria que fue su génesis, argumento impertinente, ya se sabe, puesto que dicha modalidad extintiva no sólo no empece aquella acción, sino que, al tenor del pertinente precepto, es su eventual aparición en el escenario legal la que justifica la previsión normativa correspondiente".

Existen otras sentencias de la Corte en las cuales se ha abordado, sí, de manera expresa el fenómeno de la prescripción de la acción de enriquecimiento cambiario. En ellas se ha dicho que el cómputo del término de la mencionada prescripción comienza a correr desde el día en que haya caducado o prescrito el instrumento sin que se requiera declaración judicial de prescripción respecto de la acción cambiaria.

Sobre el referido tópico versan las sentencias de 14 de marzo de 2001 (M. P. Jorge Santos BALLESTEROS), sin publicar; 19 de diciembre de 2007 (M. P. Pedro Octavio MUNAR CADENA), publicada en *Jurisprudencia y Doctrina*, t. XXXVII, N° 435, Legis, marzo de 2008, pp. 343 a 347; 21 de julio de 2008 (M. P. Edgardo VILLAMIL PORTILLA), sin publicar; 9 de septiembre de 2013 (M. P. Jesús Vall DE RUTÉN RUIZ), publicada en *Jurisprudencia y Doctrina*, t. XLIII, N° 505, Legis, enero de 2014, pp. 1 a 14; y 26 de junio de 2018 (M. P. Luis Armando TOLOSA VILLABONA). También la sentencia de tutela STS8909 de 10 de julio de 2015 (M. P. Margarita CABELLO BLANCO).

Al leer la sentencia de 21 de julio de 2008, se evidencia **(i)** que la parte demandada propuso la excepción de prescripción contra la acción de enriquecimiento sobre la base de haber transcurrido más de ocho años desde cuando se produjo la prescripción que afectó el título valor (pagaré), prescripción cambiaria que además había sido declarada en un proceso ejecutivo anterior; **(ii)** que en la sentencia de primera instancia se declaró infundada tal excepción de prescripción de la acción de enriquecimiento; **(iii)** que la sentencia de segunda instancia revocó la de primera y denegó las pretensiones de la demanda por no haberse acreditado el enriquecimiento y el empobrecimiento correlativo; y **(iv)** que no se casó la sentencia del Tribunal dado que la Corte consideró que, de llegar a ser ciertos los errores de juicio denunciados por el impugnante en casación, el eventual fallo sustitutivo conservaría el mismo sentido adverso a las pretensiones de la demanda adoptado en la sentencia del Tribunal, puesto que prosperaría la excepción de prescripción de la acción de enriquecimiento desechada por el juzgado *a quo* en la sentencia de primera instancia.

93. RENUNCIA TÁCITA A LA PRESCRIPCIÓN DE LA ACCIÓN DE ENRIQUECIMIENTO CAMBIARIO

Lo expuesto en el numeral precedente lleva a una conclusión irrefragable: el deudor demandado, a efectos de eximirse de responder, tiene la carga de alegar la excepción de prescripción de la acción de enriquecimiento cambiario cuando ésta sea ejercitada después del año de prescrita la acción cambiaria ejecutiva. Y no es suficiente que invoque la prescripción de la acción cambiaria ejecutiva (que es distinta a la acción de enriquecimiento cambiario), así haya sido declarada en un proceso judicial anterior o separado.

Piénsese en un título valor de contenido crediticio respecto del cual ha transcurrido no solo el término de prescripción de la acción cambiaria que conlleva el descargo del mismo, sino el término de prescripción de un año de la acción de enriquecimiento cambiario de que trata el inciso final del artículo 882 del Código de Comercio. En tal caso es una carga del deudor demandado en el proceso de enriquecimiento cambiario excepcionar la prescripción (extintiva) de la acción de enriquecimiento cambiario o *actio in rem verso cambiario*, pues, si no lo hace, se entiende que renuncia tácitamente a dicha prescripción, sin importar, se reitera, que en un proceso anterior hubiere sido declarada judicialmente la prescripción extintiva de la acción cambiaria ejecutiva. Incluso, se reitera también, no es suficiente que alegue solo la prescripción de la acción cambiaria ejecutiva, entre otras razones porque tal prescripción es precisamente uno de los presupuestos de la acción de enriquecimiento cambiario.

94. LA RELACIÓN CAUSAL DEBE SER OBJETO DE CABAL DEMOSTRACIÓN

En sentencia de 6 de abril de 2005, con ponencia del magistrado César Julio VALENCIA COPETE, la CSJ indicó:

"(...)

Adicionalmente, en asuntos de esta naturaleza, donde la prueba es de suyo exigente, tampoco se puede presumir la existencia y el contenido de la relación causal o subyacente que ha originado la creación o transferencia del instrumento de contenido crediticio –art. 882 C. de Co.–, pues ella debe ser objeto de cabal demostración, así como no es dable desconocer que no siempre que se suscribe un título valor media un negocio jurídico oneroso, toda vez que podrían celebrarse otros donde impere la gratuidad, como ocurriría, verbi gratia, con la figura del favor cambialis prevista por el artículo 639 del Código de Comercio".

95. CÓMO SE ESTRUCTURA LA PRUEBA DEL ENRIQUECIMIENTO Y DEL CORRELATIVO EMPOBRECIMIENTO

Dado que es necesario acreditar que el demandado se enriqueció por un monto específico a expensas del demandante, y que, según acaba de indicarse, la relación causal debe ser objeto de cabal demostración, es menester probar entonces la relación causal, el monto de la obligación contraída por el demandado en virtud de la misma, y que dicha obligación fue "pagada" con un título valor de contenido crediticio que a la postre fue descargado por caducidad o prescripción de la acción cambiaria, con lo cual sufrió el demandante un menoscabo patrimonial equivalente al del importe del título en armonía con el valor de la obligación causal, pero en todo caso no mayor al monto del enriquecimiento experimentado por el demandado.

En concreto, si el título valor no alcanzó a ser endosado, habrá de probarse la relación causal (y las vicisitudes antes referidas) existente entre el suscriptor del título y el beneficiario-tenedor del mismo descargado por caducidad o prescripción de la acción cambiaria.

Ese suscriptor del título, que no alcanzó a ser negociado, podrá ser entonces el librador del cheque, el otorgante del pagaré, o el aceptante de la letra de cambio, o el girador de la misma cuando no fue aceptada por el girado (evento éste inusual en la práctica, por cuanto supone el concurso de tres sujetos (un girador, un girado y un beneficiario), siendo lo normal y corriente que la letra sea girada, ya a la orden del girador –caso en el cual girador y beneficiario son una misma persona–, ora a cargo del girador –caso en el cual el girador es el mismo aceptante–).

Si el título valor alcanzó a ser endosado, habrá de probarse la relación causal en la cual fue parte el enriquecido con el descargo del título valor, enriquecido que en la práctica suele ser cualquiera de los suscriptores ya referidos (el librador del cheque, el otorgante del pagaré, o el aceptante de la letra de cambio, o el girador de la misma cuando no fue aceptada por el girado).

En tal evento (cuando el título alcanzó a ser endosado), será más que conveniente demostrar las distintas relaciones causales que dieron lugar a los diferentes endosos del título hasta llegar a manos del último tenedor. Será útil también establecer que ninguna de las relaciones causales en virtud de las cuales se produjeron los diferentes endosos del título fue la que originó el enriquecimiento y el correlativo empobrecimiento causado por la caducidad o prescripción de la acción cambiaria.

En todo caso, será necesario demostrar que en virtud de la relación causal, por razón de la cual se emitió el título valor, se contrajo una obligación por un monto determinado; que dicha obligación fue "pagada" con el título valor (de contenido crediticio); que éste fue descargado por caducidad o prescripción de la acción cambiaria; y que fue a causa de la aludida caducidad o prescripción de la acción cambiaria que el suscriptor del título (librador del cheque, u otorgante del pagaré, o aceptante de la letra de cambio, o girador de la misma si no fue aceptada por el girado), resultó enriquecido a expensas del último endosatario y tenedor del instrumento, por un importe determinado, que no puede resultar mayor al monto del empobrecimiento experimentado por el demandante.

96. LA PRUEBA DEL ENRIQUECIMIENTO Y DEL CORRELATIVO EMPOBRECIMIENTO INCUMBE AL ACTOR

En reiterada jurisprudencia, la CSJ ha puntualizado:

"(...) en litigios de esta índole cuyo verdadero sentido no es, valga insistir una vez más, el de autorizar la furtiva cobranza de un efecto negociable degradado, sino el de hacer posible la restitución de un enriquecimiento que debe efectuar el

demandado en la parte que corresponda a su personal empobrecimiento, ha de entenderse entonces que es al actor a quien le compete restablecer la existencia de esta obligación, carga que lejos de poderse reputar satisfecha mediante la exhibición del título del que es tenedor, lo constriñe a justificar probatoriamente, con la precisión adecuada, la concreta procedencia de la acción de enriquecimiento en relación con las particularidades que ofrezca el respectivo desequilibrio patrimonial"[186].

(...) en esta especial acción es de la incumbencia del actor demostrar que el patrimonio del demandado obtuvo 'algo' y que esa obtención de la ventaja ha costado 'algo' en el patrimonio suyo, de modo de establecerse una conexión indubitable entre el enriquecimiento y el empobrecimiento correlativos. Más elípticamente, probar que la ventaja del demandado derivó de la desventaja del actor.

Por eso es que aparece decantado el criterio de que eso mismo hace que al demandante le sea insuficiente apuntalarse no más que en el título valor prescrito; porque, insístese, es ineluctable para él acreditar que efectiva y realmente hubo el acrecimiento que experimentó el patrimonio de su contraparte, con la pertinente mengua del suyo. Abroquelarse exclusivamente en el título valor, sería permitirle al demandante que alargase la vida de la acción cambiaria y que hábilmente transborde la carga de

---

[186] CSJ, C, S de 6 de diciembre de 1993, ya citada, op. cit., p. 150.

probar en su adversario"[187].

97. EXISTE LIBERTAD DE MEDIOS PROBATORIOS

Respecto del enriquecimiento cambiario, en sentencia de 3 de abril de 1990, la Corte indicó:

"Ahora bien, en la demostración de los elementos de esta actio in rem verso cambiaria relativos al enriquecimiento y un empobrecimiento correlativo, originado injustamente en la caducidad o prescripción de las acciones cambiarias y causales pertinentes se advierte que no existe restricción alguna en el empleo y valoración de los medios de convicción, pudiéndose acudir entonces a cualquiera de ellos (...)"[188].

Así mismo, refiriéndose al enriquecimiento tanto común como cambiario, en sentencia de 16 de abril de 2004, la Corte anotó:

"(...) en la materia hay amplia libertad probatoria, que habilita al actor para emplear todos los elementos demostrativos contemplados por la ley, sin que sea posible introducir limitaciones, jerarquías o cortapisas que aquélla no ha previsto"[189].

---

[187] CSJ, C, S de 25 de octubre de 2000 (M. P. Manuel ARDILA VELÁSQUEZ, expediente 5744), sin publicar. Reiterada en las sentencias de 6 de abril de 2005, 26 de junio de 2007 y 14 de diciembre de 2011.
[188] CSJ, C, S de 3 de abril de 1990 (M. P. Pedro LAFONT PIANETTA), publicada en G. J., t. CC, N° 2439, pp. 138 a 157.

[189] CSJ, C, S de 16 de abril de 2004 (M. P. César Julio VALENCIA COPETE), sin

98. EL TÍTULO VALOR DESCARGADO POR CADUCIDAD O PRESCRIPCIÓN DE LA ACCIÓN CAMBIARIA NO ES PRUEBA SUFICIENTE DE LA OBLIGACIÓN DE RESTITUCIÓN

Aunque, como se dijo antes, existe amplia libertad probatoria para la acreditación de los elementos de la *actio in rem verso cambiario*, en reiteradas sentencias la propia Corte ha sostenido que el título valor descargado por caducidad o prescripción de la acción cambiaria no es prueba suficiente de tales elementos, y en particular de la obligación de restitución.

En una primera sentencia, proferida el 3 de abril de 1990, se dijo de manera general que *"no existe restricción alguna en el empleo y valoración de los medios de convicción, pudiéndose acudir entonces a cualquiera de ellos (...)"*[190], lo que lleva a inferir que el título valor descargado por caducidad o prescripción de la acción cambiaria podrá ser prueba suficiente de la *actio in rem verso* cambiario y en particular de la obligación de restitución a cargo del demandado,

No obstante, con posterioridad a dicha fecha, la Corte ha venido profiriendo nuevas sentencias (algunas de éstas con salvamentos o aclaraciones de votos) en las cuales se sostiene que el título valor descargado por caducidad o prescripción de la acción cambiaria no es prueba suficiente de la obligación de restitución.

publicar.

[190] CSJ, C, S de 3 de abril de 1990 (M. P. Pedro LAFONT PIANETTA), publicada en G. J., t. CC, N° 2439, pp. 138 a 157.

Sobre el referido aspecto versan las sentencias de 6 de diciembre de 1993 (en cuanto a que la sola exhibición del título no satisface la prueba de la existencia de la obligación de restitución)[191]; 25 de octubre de 2000 (en el sentido de que el título valor prescrito no es prueba suficiente del enriquecimiento cambiario y del empobrecimiento correlativo)[192]; 16 de diciembre de 2004 (donde se indica que el testimonio no es el único medio de prueba del enriquecimiento –común o cambiario– y que en la materia hay amplitud probatoria, que habilita al actor para emplear todos los elementos demostrativos contemplados en la ley)[193], 6 de abril de 2005 (en cuanto a que la carga de la acreditación de los presupuestos de la *actio in rem verso cambiario* no se satisface con la mera exhibición del instrumento impagado)[194]; 26 de junio de 2007 (en la cual se precisa que el título decaído o degradado no es suficiente prueba del empobrecimiento de quien reclama y el agrandamiento del patrimonio de la parte convocada, por lo cual no puede afirmarse que se esté recurriendo a una reprochable e inaceptable tarifa legal, siendo indiferente que el título hubiere sido o no objeto de transferencias o negociaciones en las que haya variado su beneficiario)[195]; 13 de octubre de 2009 (en la que se

---

[191] M. P. Carlos Esteban JARAMILLO SCHLOSS, publicada en *Gaceta Judicial*, t. CCXXV, p. 763 a 775; y en *Jurisprudencia y Doctrina*, t. XXIII, N° 266, Legis, febrero de 1994, p. 150.

[192] M. P. Manuel ARDILA VELÁSQUEZ, sin publicar.

[193] M. P. César Julio VALENCIA COPETE, sin publicar.

[194] M. P. César Julio VALENCIA COPETE, sin publicar.

[195] M. P. Ruth Marina DÍAZ RUEDA, publicada en *Jurisprudencia y Doctrina*, t. XXXVI, N° 428, Legis, agosto de 2007, pp. 1304 a 1305.

asevera que al instrumento impagado imposible le resulta revelar la existencia cierta del negocio subyacente, la dimensión del deterioro patrimonial del actor y la del aprovechamiento del convocado)[196]; 18 de diciembre de 2009 (en la que se sostiene que, en el terreno cuantitativo, el enriquecimiento y el empobrecimiento no necesariamente coinciden con el valor de los créditos incorporados en los títulos valores cuya exigibilidad ha decaído por virtud de la caducidad o de la prescripción, y que tal suma puede ser superior o inferior al crédito cartular)[197], y 14 de diciembre de 2011 (en la que se reafirma que la carga de la acreditación de los presupuestos de la *actio in rem verso cambiario* no se satisface con la mera exhibición del instrumento impagado)[198].

99. TABLA DE SENTENCIAS DE LA CSJ, C, EN LA CUAL SE REFLEJAN LAS DISTINTAS TESIS JURISPRUDENCIALES SOBRE ACREDITACIÓN DE ELEMENTOS DE LA *ACTIO IN REM VERSO CAMBIARIO*

Sentencia	Tesis sostenida en la sentencia
Sentencia número 138 de 3 de abril de 1990 (M. P. Pedro LAFONT PIANETTA). Publicada en *Gaceta Judicial*, t. CC, pp. 138 a 157.	No existe restricción alguna en el empleo y valoración de los medios de convicción.
Sentencia de 6 de diciembre	La sola exhibición del título no satisface la

---

[196] M. P. César Julio VALENCIA COPETE, sin publicar.

[197] M. P. Arturo SOLARTE RODRÍGUEZ, sin publicar.

[198] M. P. Ruth Marina DÍAZ RUEDA, sin publicar.

de 1993 (M. P. Carlos Esteban JARAMILLO SCHLOSS). Publicada en *Gaceta Judicial*, t. CCXXV, p. 763 a 775; y en *Jurisprudencia y Doctrina*, t. XXIII, N° 266, Legis, febrero de 1994, p. 150.	prueba de la existencia de la obligación de restitución.
Sentencia número 197 de 25 de octubre de 2000 (M. P. Manuel ARDILA VELÁSQUEZ). No publicada.	El título valor prescrito no es prueba suficiente del enriquecimiento cambiario y del empobrecimiento correlativo.
Sentencia número 238 de 16 de diciembre de 2004 (M. P. César Julio VALENCIA COPETE). No publicada.	El testimonio no es el único medio de prueba del enriquecimiento –común o cambiario–. En la materia hay amplitud probatoria, que habilita al actor para emplear todos los elementos demostrativos contemplados en la ley.
Sentencia número 054 de 6 de abril de 2005 (M. P. César Julio VALENCIA COPETE). No publicada.	La carga de la acreditación de los presupuestos de la *actio in rem verso cambiario* no se satisface con la mera exhibición del instrumento impagado.
Sentencia número 066 de 26 de junio de 2007 (M. P. Ruth Marina DÍAZ RUEDA). Publicada en *Jurisprudencia y Doctrina*, t. XXXVI, N° 428, Legis, agosto de 2007, pp. 1304 a 1305.	El título decaído o degradado no es suficiente prueba del empobrecimiento de quien reclama y el agrandamiento del patrimonio de la parte convocada, por lo cual no puede afirmarse que se esté recurriendo a una reprochable e inaceptable tarifa legal, siendo indiferente que el título hubiere sido o no objeto de transferencias o negociaciones en las que haya variado su beneficiario.
Sentencia de 13 de octubre de 2009 (M. P. César Julio VALENCIA COPETE). Sin publicar.	Al instrumento impagado imposible le resulta revelar la existencia cierta del negocio subyacente, la dimensión del deterioro patrimonial del actor y la del aprovechamiento del convocado.

Sentencia de 18 de diciembre de 2009 (M. P. Arturo SOLARTE RODRÍGUEZ). Sin publicar.	En el terreno cuantitativo, enriquecimiento y el empobrecimiento no necesariamente coinciden con el valor de los créditos incorporados en los títulos valores cuya exigibilidad ha decaído por virtud de la caducidad o de la prescripción. Tal suma puede ser superior o inferior al crédito cartular.
Sentencia de 14 de diciembre de 2011 (M. P. Ruth Marina DÍAZ RUEDA). Sin publicar.	La carga de acreditación de los presupuestos de la *actio in rem verso cambiario* no se satisface con la mera exhibición del instrumento impagado.

100. RESEÑA DE LOS SALVAMENTOS DE VOTO CONTRA LAS SENTENCIAS INDICATIVAS DE QUE EL TÍTULO VALOR DESCARGADO POR CADUCIDAD O PRESCRIPCIÓN DE LA ACCIÓN CAMBIARIA NO ES PRUEBA SUFICIENTE DE LOS ELEMENTOS DE LA *ACTIO IN REM VERSO CAMBIARIO*, Y EN PARTICULAR DE LA OBLIGACIÓN DE RESTITUCIÓN

Las decisiones de la CSJ, si bien han venido siendo uniformes en cuanto a que la sola exhibición del título valor de contenido crediticio descargado por caducidad o prescripción de la acción cambiaria no es prueba suficiente de la acreditación de los elementos de la *actio in rem verso*, han venido siendo también, algunas de ellas, objeto de salvamentos de voto. En otros términos, no es pacífico el criterio según el cual el título valor descargado por caducidad o prescripción de la acción cambiaria no es prueba suficiente de la acreditación de los elementos de la *actio in rem verso*.

En los referidos salvamentos de voto se han expuesto

277

opiniones como las que a continuación se registran:

1). Salvamentos de voto a la sentencia de 6 de abril de 2005.

i).   El magistrado Jaime Alberto ARRUBLA PAUCAR, en salvamento de voto a la sentencia de 6 de abril de 2005 (de la cual fue ponente el magistrado César Julio VALENCIA COPETE), sostuvo que negar que el título valor prescrito o caducado sea idóneo para acreditar el enriquecimiento y el correlativo empobrecimiento es ir contra el principio de libertad probatoria que inspira nuestro ordenamiento. Dijo también:

> *"Por el contrario ese documento, ya sin fuerza cambiaria, puede incluso ser el mejor medio y hasta suficiente en un momento dado para probar que una persona dejó de recibir el dinero de su importe favoreciendo de esta manera a quien no tuvo que cancelarlo.*
>
> *De todos modos en el escenario del debate puede el demandado defenderse probando lo contrario. Pero de allí, el afirmar que, el documento allegado al proceso con las respectivas constancias de no haber sido cubierto, sea irrelevante para acreditar el perjuicio y que son necesarios otros medios diferentes de prueba, es establecer una tarifa probatoria que la ley no trae".*

ii).   El magistrado Edgardo VILLAMIL PORTILLA, en salvamento de voto a la misma sentencia de 6 de abril de 2005, precisó:

"(...) la libertad probatoria en materia de la acción de enriquecimiento va hasta admitir que el título, en determinadas condiciones (...), es la medida y prueba suficiente de que resultó proficuo para el deudor el advenimiento de la prescripción.

Aceptar el título valor como prueba suficiente del desplazamiento patrimonial recíproco que se produce por la desaparición de un pasivo –incremento– y el marchitamiento de un activo –empobrecimiento–, no lleva implícita la afirmación de que se ha regresado a la acción cambiaria o que esta se halla encubierta en una acción de enriquecimiento".

"(...) la prescripción no afecta al título valor como prueba capaz de acreditar el monto del enriquecimiento del deudor y del empobrecimiento del acreedor, quien sin duda alguna deja de percibir un crédito al que tenía derecho, en claro perjuicio de su propio patrimonio".

El mismo magistrado disidente, luego de aseverar que no se presume el daño al admitir como prueba el título valor, expuso:

*"(...) aquellos casos en que la relación cambiaria es simple, es decir, no hay giradores, endosantes ni avalistas y cuando el título no ha circulado, en tanto la relación se mantenga entre las partes iniciales, cómo no decir que la falta de pago empobrece al acreedor y enriquece al girador, para qué acudir a elucubraciones y **forzosos** razonamientos con el fin de desconocer una verdad inconcusa, cual es que alguien dejó de percibir el importe de un crédito y otro dejó de pagar ese*

mismo importe".

"(...) Si el beneficio es la regla en el mundo comercial, ha de presumirse la contraprestación cambiaria, su equivalencia y su magnitud; en síntesis, no puede suponerse la ausencia de causa en el giro de títulos valores, pues ésta existe aunque no sea expresa.

Partir del innegable vigor del título valor como prueba idónea y suficiente de los elementos que configuran el enriquecimiento cambiario, no sólo agiliza la labor demostrativa del proceso, sino que además pone en manos del deudor que no paga, la tarea de demostrar que no se enriqueció en los términos cuantitativos que se consignan en el documento cambiario, o que su contendiente no se empobreció en tal extensión. Es a él, al demandado, a quien incumbe desquiciar la fuerza probatoria que emana del título valor, mismo que pese al advenimiento de la prescripción no deja de ser un documento auténtico del cual se presume la certeza de su contenido".

"(...) llevar a límites extremos la exigencia de la prueba del enriquecimiento afecta sensiblemente la aplicación práctica de esa figura, pues impone al acreedor una prueba casi imposible, en tanto no bastaría demostrar que el tenedor dio algo a cambio del título valor, sino que estaría indebidamente compelido a acreditar que ese algo es valioso y que fue útil para el demandado".

2). Salvamentos de voto a la sentencia de 26 de junio de

2007.

i). El magistrado Jaime Alberto Arrubla Paucar, en salvamento de voto a la sentencia de 26 de junio de 2007 (de la cual fue ponente la magistrada Ruth Marina Díaz Rueda), manifestó:

"Pero además, gozan [refiriéndose a los títulos valores]*, de 'eficacia probatoria', ya que 'si instrumento y derecho se hallan indisolublemente ligados, este sólo se puede acreditar con la exhibición de aquél' (Cas. Civ., oct. 23/79), de manera que son también documentos probatorios, y como tales rinden la prueba de la prestación cambiaria materializada en ellos, con fuerza demostrativa plena, en atención a la presunción de autenticidad que los acompaña –art. 252 num. 5° in fine del C.PC–, que rodea de certidumbre su autoría y origen.*

Y de esa eficacia persuasiva que les es connatural no quedan despojados por la pérdida del rigor cartular (...), porque aunque inejecutable, el título seguirá demostrando el activo que en el acervo del tenedor constituía el crédito cambiario, y la condigna disminución que su pérdida apareja, sobre todo frente a postulados básicos en el régimen mercantil, como el de la buena fe, presumida como estado normal en el obrar de los sujetos que participan en el tráfico comercial –art. 835 del C. de Co.– y la onerosidad, que si bien no ha sido objeto de consagración expresa, irradia el orden mercantil, que en toda su extensión revela el animus lucrando como motor de las actividades que se reputan como tales, entre las que se comprenden el giro, otorgamiento, aceptación, garantía o negociación de títulos valores –art. 20, num. 6° ib.–".

"(...) Como sostiene Cámara, además de valerle para acreditar su calidad de portador, el título valor cuyas obligaciones se hayan extinguidas, servirá 'para fijar el monto del perjuicio; como se ha expresado, la prescripción y la caducidad no convierten el documento en una nada jurídica' (Cámara Héctor, Letra de cambio y vale o pagaré, III tomo, Ediar, Buenos Aires, 1980, p. 456).

En ese orden, el título valor que debe allegarse al proceso tiene la fuerza probatoria suficiente para demostrar el desplazamiento económico que en perjuicio del acreedor gestan (...),. Así ocurre, v. gr. cuando se halla en poder del original beneficiario, porque sin perjuicio de su derecho de demostrar, dentro del escenario del proceso, que no hubo incremento en su haber, lo cierto es que si el desplazamiento de valores se da entre las partes inmediatas en la relación cartular y causal, lógico es pensar que si una se afecta porque el crédito no ha sido cubierto, la que se favorece es la que estaba obligada a solucionarlo, sobre todo si en la creación del documento y en la incorporación del crédito cambiario suele resguardarse un acto interesado y no de liberalidad, lo que no acontece cuando ha habido circulación, porque interviniendo varios obligados, y creándose entre ellos, relaciones distintas e independientes, cualquiera puede beneficiarse con la caducidad o prescripción del instrumento y para su identificación el título puede quedarse corto.

De todas maneras, si el documento cambiario allegado al

proceso con las constancias de no haber sido cubierto, es suficiente para fijar, por sí, esos extremos, no hay razón valedera para negarle esa fuerza, puesto que su estimación resulta admisible a la luz del principio de libertad probatoria imperante en el régimen procesal actual, que consiente la aducción, en juicio, de todo medio capaz de forjar en el sentenciador la convicción sobre los hechos que se investigan, y que en el caso no ha sido objeto de reserva legal expresa".

"(...) [Al acreedor] *se le admite a 'probar' dentro del esquema de libertad de medios que impera, el florecimiento patrimonial del demandado, a sus expensas, con un instrumento que puede ser, incluso, el más apropiado para demostrarlo, de modo que desconocer ese mérito para exigir el complemento de otras piezas, es someter a un rigor extremo la comprobación de los sustratos del enriquecimiento injusto, haciendo inoperante, a la larga, el remedio adoptado por el legislador para morigerar los efectos de un régimen cambiario severo, introduciendo, de paso, una tarifa probatoria que la ley no ha consagrado".*

"(...) Serán las circunstancias particulares de cada caso las que sirvan para determinar si por sí solo basta para la atención de la carga probatoria que sobre esos factores sobrelleva su proponente, o por el contrario, debe complementarse con otras piezas".

ii). El magistrado Edgardo VILLAMIL PORTILLA, en salvamento de voto a la misma sentencia de 26 de junio de 2007, señaló:

"(...) de modo general el demandante demuestra el empobrecimiento económico con solo aportar los títulos valores en que constan las obligaciones, pues la presencia de ellos es bastante para dar por probado que el advenimiento de la prescripción condujo al detrimento patrimonial del acreedor.

"(...) De lo que se trata es de no desaparecer los títulos valores como documentos, y como tales con capacidad de permitir el flujo de información para formar la convicción sobre el enriquecimiento y el empobrecimiento.

En especial, y sin descartar otras situaciones, cuando los títulos valores no han circulado, son suficientes como demostración del enriquecimiento, porque no aparecen súbitamente de la nada, por el contrario emergen en un contexto rodeado de circunstancias que anudadas sin esfuerzo dan la medida del enriquecimiento y el empobrecimiento.

"(...) la desaparición de un activo causa empobrecimiento y enriquecimiento, de modo especial si se trata de cheques, pues ellos son una orden pago para afectar los fondos de una cuenta, no son garantía de nada, son un mandato al banco librado para que afecte una cuenta y si tal cosa no se hace, todo parece indicar que el girador gana y el tenedor pierde con ocasión de la prescripción".

"(...) la prescripción no resta capacidad probatoria al título valor como documento que conserva naturalmente su función como prueba para acreditar el monto del enriquecimiento del

deudor y del empobrecimiento correlativo del acreedor, quien sin duda alguna deja de percibir un crédito al que tenía derecho, en claro perjuicio de su patrimonio".

"(...) Nada se presume si la prueba está en los documentos que enantes tenían fuerza ejecutiva y la perdieron. Si se adscribe al documento la fuerza probatoria que debe tener, ya que el derecho de las pruebas no trae una tarifa negativa para excluirlo como instrumento de demostración, no hay lugar a presumir nada, sino a tener por verificados los hechos que configuran el enriquecimiento".

"(...) el cheque refleja con mayor solidez la transferencia de capitales entre quienes figuran en el documento, pues (...) incorporan dinero de manera inmediata, sin ninguna modalidad temporal jurídicamente admisible, de donde se sigue que el cheque representa, con mayor aptitud demostrativa, que alguien dejó de percibir una suma de dinero y otro correlativamente dejó de pagar ese mismo importe, pues si el dinero del girador sigue intacto en el banco y el acreedor nada recibe porque la orden de pago no se cumple, ahí está la medida del empobrecimiento y el enriquecimiento".

iii). El magistrado Manuel Isidro Ardila Velásquez, en salvamento de voto, también a la misma sentencia de 26 de junio de 2007, expresó:

"Independientemente de la autonomía de los títulos valores, jamás se puede ocultar que ellos obedecen a una causa que, por

lo general, es seria y lícita. Cuando, por lo mismo, ellos pierden fuerza cambiaria por fenómenos tales como la prescripción, y la caducidad, es dable colegir, también como línea de principio, que un derecho ha perdido su tenedor legítimo, que no es otro que el que incorporado está en el título valor. Disminución patrimonial que las más de las veces representa acrecimiento económico del deudor, quien por el fenómeno prescriptivo o el de la caducidad no ha tenido que descargarlo aún.

"(...) Es de sindéresis suponer entonces que esa pérdida le causa un perjuicio. Desde luego que es una presunción de hombre, y enervarla se puede, pues que lo haga quien lo alegue, demostrando que en su excepcional caso, contra todo lo que se piensa, ningún perjuicio hubo. Requerimiento probatorio que no es descomunal, pues le bastaría acreditar que la existencia del cheque, por ejemplo, carece de causa. Es por ese mecanismo como se impregnaría de lógica el tema probatorio en asuntos semejantes.

"(...) adhiero por lo demás a los desarrollos sustentadores que aparecen en los anteriores salvamentos de voto".

101. LA PRUEBA DE LA RELACIÓN CAMBIARIA NO EQUIVALE A LA PRUEBA DE LA RELACIÓN CAUSAL (SENTENCIAS DE LA CORTE QUE SE HAN OCUPADO DEL PARTICULAR)

En reiteradas sentencias, entre ellas las de 6 de diciembre de 1993, 25 de octubre de 2000, 6 de abril de 2005, 26 de junio de 2007, 13 de octubre de 2009, 18 de diciembre de 2009 y 14 de diciembre de

2011, dos de ellas con salvamentos de voto (las de 6 de abril de 2005 y 26 de junio de 2007), la CSJ, C, ha sostenido el criterio de que la sola exhibición del título valor descargado por caducidad o prescripción de la acción cambiaria, no es prueba suficiente de la acreditación de los presupuestos de la *actio in rem verso*, en particular, de la obligación de restitución a cargo del deudor.

Prima facie (a simple vista) y con mayor razón si se tienen en cuenta los salvamentos de voto consignados en las sentencias de 6 de abril de 2005 y 26 de junio de 2007, podría pensarse que la exigencia de otros medios de prueba, adicionales al título valor descargado por caducidad o prescripción de la acción cambiaria, tornarían excesiva y hasta diabólica la carga de acreditación de la obligación de restitución a cargo del deudor. Mas, por encima de ello, lo recomendable es que en la demanda se describa (y se demuestre en el proceso, para lo cual es idóneo el título valor descargado por caducidad o prescripción de la acción cambiaria, y los demás medios de prueba que resulten pertinentes), lo más detalladamente posible, en qué consistió la relación causal en virtud de la cual fue emitido o transferido el título valor. Esto es lo que se percibe del análisis minucioso y detenido de las sentencias de 6 diciembre de 1993, 25 de octubre de 2000, 6 de abril de 2005, y 26 de junio de 2007, 13 de octubre de 2009 y 14 de diciembre de 2011.

Para ser más exactos, en los apartes concernientes a la reseña de los hechos referidos en cada una de dichas sentencias, se vislumbra que las correspondientes demandas de *actio in rem verso cambiario* fueron insuficientes en la descripción y comprobación de la relación causal o negocio jurídico fundamental que dio origen a la emisión o transferencia del instrumento negociable que resultó a la postre impagado por caducidad o prescripción de la acción cambiaria.

Tal estado de cosas, lleva a pensar que si en las aludidas demandas se hubiere hecho énfasis en la determinación y demostración de la relación causal correspondiente, otras habrían sido las consideraciones de la Corte. Ésta no hubiera tenido que formular reparos en lo atañedero a la prueba de la obligación de restitución *in rem verso*.

Así, en la sentencia de 6 de diciembre de 1993, se reseña que el demandado (una persona natural), y un tercero (una persona jurídica), suscribieron un pagaré declarándose deudores de la demandante (un establecimiento bancario), por una suma determinada mas intereses de mora a una tasa también especificada[199], pero no se describe la relación causal en virtud de la cual fue suscrito el pagaré.

En sentido similar, en la sentencia de 25 de octubre de 2000, se comenta que el demandado (una persona natural), salió adeudando al demandante (persona igualmente natural), una suma determinada *"a consecuencia del trato comercial que (...) traían de tiempo atrás"*[200] (no se señala en qué consistió ese trato comercial),

---

[199] M. P. Carlos Esteban JARAMILLO SCHLOSS, publicada en *Gaceta Judicial*, t. CCXXV, p. 763 a 775; y en *Jurisprudencia y Doctrina*, t. XXIII, N° 266, Legis, febrero de 1994, p. 142.

[200] M. P. Manuel ARDILA VELÁSQUEZ, sin publicar.

y que por razón de ello le entregó al demandante varias letras de cambio respecto de las cuales se consumó la prescripción de la acción cambiaria.

En la sentencia de 6 de abril de 2005 se reporta que para el pago de cierta cantidad de dólares (sin expresar por qué concepto), el demandado *"aceptó una letra de cambio, que no fue cobrada por la vía ejecutiva, encontrándose prescrita la respectiva acción cambiaria"*[201].

Así mismo, en la sentencia de 26 de junio de 2007 se expresa que el demandado (un municipio), giró *"varios cheques a favor de las personas que se relacionan y en las cuantías en cada uno de ellos expresada, con el fin de satisfacer en la misma población créditos* [que no aparecen especificados] *que tenía a su cargo"*[202].

En la sentencia de 13 de octubre de 2009 se relata que en los hechos de la demanda se adujo que los demandados (dos personas naturales) suscribieron un pagaré a favor de un banco *"por la suma señalada y se comprometieron a solventarla en un plazo de doce meses"*, pero no se indica la forma en que fue desembolsada la referida suma ni se hace una especial alusión al contrato o relación causal que originó la suscripción del pagaré, el que, dicho sea de paso, según se memora en la sentencia, fue endosado a favor de un segundo banco, que fue el que promovió la **actio in rem verso cambiario**[203].

---

[201] M. P. César Julio VALENCIA COPETE, sin publicar.

[202] M. P. Ruth Marina DÍAZ RUEDA, publicada en *Jurisprudencia y Doctrina*, t. XXXVI, N° 428, Legis, agosto de 2007, p. 1300.

[203] M. P. César Julio VALENCIA COPETE, sin publicar.

En la sentencia de 14 de diciembre de 2011, si bien se reconoce como compendio de la *causa petendi* que el demandado (una persona natural), otorgó a la orden de la parte actora (una sociedad comercial), varios pagarés, se reprocha que la citada parte actora no hubiere reseñado los elementos de juicio en que sustenta la afirmación de que efectivamente desembolsó dineros al demandado (considerando 15 de la sentencia que declaró infundados los cargos primero y tercero de la demanda de casación)[204].

102. LA SIMPLE DEMOSTRACIÓN DE QUE EL SUSCRIPTOR DEL TÍTULO VALOR SE OBLIGÓ A PAGAR LA SUMA ESTIPULADA EN EL MISMO, SIN INDICAR EL CONCEPTO CORRESPONDIENTE, NO PRUEBA POR SÍ SOLA LA RELACIÓN CAUSAL

En relación con lo antes reseñado es pertinente decir que la simple demostración de que el suscriptor del título valor se obligó a pagar la suma estipulada en el mismo, sin indicar el concepto correspondiente, no prueba por sí sola la relación causal. Prácticamente esa fue la razón por la cual la CSJ, en las sentencias ya referidas, se vio precisada a señalar que el título valor descargado por caducidad o prescripción de la acción cambiaria no era prueba suficiente de los elementos constitutivos de la *actio in rem verso*, y concretamente de la obligación de restitución a cargo del demandado.

---

[204] M. P. Ruth Marina DÍAZ RUEDA, sin publicar.

Es preciso insistir en que, si en los casos concretos antes citados la parte actora hubiere tenido especial cuidado en describir y probar la relación causal que dio lugar a la emisión de los instrumentos negociables respectivos, y su correspondencia con la obligación cambiaria, sobre todo con el monto de ésta, posiblemente no hubieren sido necesarios los reparos formulados por la Corte en las susodichas sentencias en torno al tópico de la prueba del enriquecimiento y el correlativo empobrecimiento que fue objeto de discusión en cada uno de los referidos eventos.

Además de las antes citadas, existe otra sentencia, de fecha 18 de diciembre de 2009, en cuyo resumen de los hechos de la demanda se reconoció la alusión a las relaciones causales que dieron origen a la firma de tres pagarés (respecto de los cuales operó la prescripción de las acciones cambiarias). No obstante ello, la Corte prohijó la decisión de segunda instancia, revocatoria de la sentencia (consultada) de primera instancia, que había accedido a las súplicas de la demanda en la cual se solicitó declarar que los demandados se enriquecieron sin causa en perjuicio del banco demandante como consecuencia de la prescripción de los tres pagarés.

En la precitada sentencia la Corte destacó que el juzgador de segunda instancia expuso entre sus fundamentos el consistente en que: *"se puede apreciar la existencia de una relación entre las partes como fue el contrato de mutuo con intereses y la apertura de una cuenta corriente".* Y a renglón seguido agregó: *"hasta acá, puede decirse que la génesis de la acción se halla demostrada; sin embargo, de los documentos aportados al proceso, no se avizora prueba alguna, con la cual el Banco demandante haya demostrado los dos requisitos de enriquecimiento y empobrecimiento correlativos, pretendiendo que se presuman por parte de la jurisdicción".*

Cosa distinta se advierte en la sentencia de 3 de abril de 1990 (denegatoria de la casación del fallo impugnado)[205], en la cual se tuvo por demostrado —no se echó de menos— la prueba del enriquecimiento y del recíproco empobrecimiento. Se relató en la referida providencia que uno de los demandados (persona jurídica) **recibió de la demandante** (una entidad bancaria) **una suma de dinero**[206] y que fue en torno a ésta que versó un pagaré descargado por prescripción de la acción cambiaria[207].

Sobra agregar que en los considerandos de la sentencia precitada, la CSJ, tras el análisis jurídico y la valoración judicial de los medios de prueba, reconoció la demostración del negocio jurídico fundamental, del enriquecimiento, del correlativo empobrecimiento y de la obligación de restitución *in rem verso*.

---

[205] La sentencia impugnada fue la proferida el 4 de noviembre de 1998 por el Tribunal Superior de Medellín, que declaró: *"Industrias Gráficas ... Limitada se ha enriquecido injustamente en perjuicio del Banco Cafetero al no cancelar el crédito contenido en el pagaré .... ya prescrito en sus acciones cambiaria y causal",* al paso que dispuso que la mencionada sociedad, además de la condena en costas, estaba en la obligación de pagar al banco citado cierta cantidad de dólares convertidos a moneda nacional colombiana a la tasa de cambio vigente el día del pago.

[206] Lo que supone un contrato de mutuo —relación causal concreta—, que no es lo mismo que decir que *se quedó adeudando una suma de dinero* producto de una la relación causal diferente.

[207] M. P. Pedro LAFONT PIANETTA, publicada en *Gaceta Judicial*, t. CC, N° 2439,

103. Es importante, y hasta necesario, describir y probar la relación causal y el monto del derecho incorporado en el título valor

No cabe duda que, conforme al estado actual de la jurisprudencia, es innegable la importancia, así como la necesidad, de describir y probar la relación causal y la correspondencia del monto de ésta (obligación a cargo del deudor) con el monto del derecho incorporado en el título valor extinguido por la caducidad o prescripción de la acción cambiaria. Esto sin perder de vista que solo se puede demandar el importe del empobrecimiento sufrido por el demandante pero no más del monto del enriquecimiento evidenciado por el demandado.

De modo que, en lo que concierne a la prueba del empobrecimiento y del correlativo enriquecimiento, y en particular en lo que atañe a la prueba de la obligación de restitución *in rem verso*, es ineludible, como se dijo antes, que el demandante demuestre la relación causal, el monto de la obligación contraída por el demandado en virtud de la misma, y que dicha obligación fue "pagada" con un título valor de contenido crediticio que resultó a la postre descargado por caducidad o prescripción de la acción cambiaria, con lo cual sufrió el demandante un menoscabo patrimonial equivalente al del importe del título (esto armonía con la obligación causal), pero, se reitera, no mayor al monto del enriquecimiento experimentado por el demandado.

pp. 136 y 137.

104. Sentencias de la CSJ, C, que versan sobre tópicos diferentes a los elementos constitutivos del enriquecimiento o el correlativo empobrecimiento

Aunque no todas las sentencias atrás citadas (las de 3 de abril de 1990, 6 de diciembre de 1993, 25 de octubre de 2000, 16 de diciembre de 2004, 6 de abril de 2005, 26 de junio de 2007, 13 de octubre de 2009, 18 de diciembre de 2009 y 14 de diciembre de 2011), se refieren de manera exclusiva a los elementos constitutivos del enriquecimiento y el correlativo empobrecimiento, es lo cierto que las demás sentencias de la Corte –que a continuación se enuncian–, distintas de aquellas, versan sobre tópicos diferentes a los aludidos elementos. Así, la de 18 de agosto de 1989 se ocupa de la autonomía de la acción de enriquecimiento cambiario[208]; la de 5 de octubre de 1989 trata de la no aplicación de la *actio in rem verso cambiario* en materia de caducidad de certificados de cambio[209]; la de 31 de marzo de 1993 es reiterativa de las sentencias de 18 de agosto y 5 de octubre de 1989 en cuanto a que se trata de una acción de enriquecimiento especial que se estructura particularmente para la caducidad o prescripción de los títulos valores[210]; la de 18 septiembre de 1995 tiene que ver con la especialidad de la *actio in rem verso cambiario*, los límites al monto de la acción, la improcedencia de obtener el pago de

---

[208] M. P. Alberto OSPINA BOTERO, publicada en *Jurisprudencia y Doctrina*, t. XVIII, N° 214, Legis, octubre de 1989, pp. 681 a 683.

[209] M. P. Pedro LAFONT PIANETTA, publicada en *Gaceta Judicial*, t. CXCVI, N° 2435, pp. 55 a 60.

[210] M. P. Rafael ROMERO SIERRA, sin publicar.

intereses moratorios, y la posibilidad de obtener el pago de intereses remuneratorios[211]; la de 11 de enero de 2000 versa, entre otros aspectos de segundo orden, sobre la interrupción y la suspensión de la prescripción, y la subsidiariedad de la *actio in rem verso cambiario*[212]; la de 14 de marzo de 2001 concierne a la condición resolutoria a que queda sometido el pago con un título valor de contenido crediticio, a la no exigencia de la declaración judicial de la caducidad o la prescripción, y al momento desde el cual comienza a correr el año fijado por el artículo 882 del C. Co. para el ejercicio de la *actio in rem verso cambiario*[213]; la de 30 de julio de 2001 se refiere a la naturaleza de la acción de enriquecimiento sin causa común, la naturaleza de la *actio in rem verso cambiario*, y el monto u objeto de la acción[214]; la de 21 de mayo de 2002 indica que la *actio in rem verso* común es de carácter eminentemente subsidiario, del cual participa la de enriquecimiento cambiario, y que la presencia de la prescripción o de la caducidad, que puede ser obstáculo para la viabilidad de la *actio in rem verso* común, muy lejos está de serlo para la de enriquecimiento cambiario[215]; la de 16 de diciembre de 2005 precisa que no puede invocarse la resolución del pago de que trata el artículo 882 del C. Co. cuando dicho pago no se hace al tenedor legítimo y además el título se descarga con destinatario distinto de

---

[211] M. P. Carlos Esteban JARAMILLO SCHOLSS, publicada en *Gaceta Judicial*, t. CCXXXVII, pp. 898 a 915.

[212] M. P. Manuel ARDILA VELÁSQUEZ, sin publicar.

[213] M. P. Jorge SANTOS BALLESTEROS, sin publicar.

[214] M. P. Carlos Ignacio JARAMILLO JARAMILLO, publicada en *Jurisprudencia y Doctrina*, t. XXX, N° 357, Legis, septiembre de 2001, pp. 1599 a 1601.

[215] M. P. Manuel ARDILA VELÁSQUEZ, sin publicar.

su beneficiario natural;[216] la de 19 de diciembre de 2007 concierne a la naturaleza de la acción de enriquecimiento cambiario, al monto de ésta, y a que no es necesaria la declaración judicial de la caducidad o la prescripción[217]; la de 26 de junio de 2008 hace hincapié en la *actio in rem verso cambiario* como modalidad peculiar de la *actio in rem verso* común, el carácter subsidiario y autónomo de la acción, y la no exigencia de que la caducidad o prescripción de la acción cambiaria surgida del título valor sea declarada mediante sentencia judicial[218]; la de 21 de julio de 2008 reitera que no se requiere declaración judicial de la prescripción de la acción cambiaria, al paso que establece que el término de prescripción es un asunto de orden público[219]; la de 9 de septiembre de 2013, que itera que los términos extintivos de la acción cambiaria se consuman con o sin decisión judicial, alude a los efectos de la interrupción civil y la renuncia de la prescripción, y se refiere a la prejudicialidad determinada por el proceso ejecutivo sobre el de *actio in rem verso cambiario*[220]; la sentencia de tutela de 10 de julio de 2015, reitera la doctrina consignada en la sentencia de 19 de diciembre de 2007 en cuanto a que no es necesaria la declaración judicial de la caducidad o la prescripción; y la de 26 de junio de 2018 insiste en que la *actio in rem verso cambiario* es de carácter subsidiario y resalta que es indiferente

---

[216] M. P. Edgardo VILLAMIL PORTILLA, sin publicar.

[217] M. P. Pedro Octavio MUNAR CADENA, publicada en *Jurisprudencia y Doctrina*, t. XXXVII, N° 435, Legis, marzo de 2008, pp. 343 a 347.

[218] M. P. César Julio VALENCIA COPETE, sin publicar.

[219] M. P. Edgardo VILLAMIL PORTILLA, sin publicar.

[220] M. P. Jesús Vall DE RUTÉN RUIZ, publicada en *Jurisprudencia y Doctrina*, t.

que se decrete o no en juicio la prescripción, por ser esta de naturaleza eminentemente declarativa, no atributiva.

105. TABLA DE SENTENCIAS DE LA CSJ, C, QUE NO SE OCUPAN DE LA PRUEBA DE LOS ELEMENTOS CONSTITUTIVOS DEL ENRIQUECIMIENTO O EL CORRELATIVO EMPOBRECIMIENTO

Sentencia	Tesis sostenida en la sentencia
Sentencia número 300 de 18 de agosto de 1989 (M. P. Pedro LAFONT PIANETTA). Publicada en *Jurisprudencia y Doctrina*, t. XVIII, N° 214, Legis, octubre de 1989, pp. 681 a 683.	La autonomía de la acción de enriquecimiento cambiario solo se circunscribe al campo de los títulos valores de contenido crediticio, mas no al de todo el derecho comercial.
Sentencia número 328 de 5 de octubre de 1989 (M. P. Alberto OSPINA BOTERO). Publicada en *Gaceta Judicial*, t. CXCVI, pp. 55 a 60.	La *actio in rem verso cambiario* no es aplicable en materia de caducidad de certificados de cambio.
Sentencia número 038 de 31 de marzo de 1993 (M. P. Rafael ROMERO SIERRA). No publicada.	La *actio in rem verso cambiario* una acción de enriquecimiento especial que se estructura particularmente para la caducidad o prescripción de los títulos valores.
Sentencia número 120 de 18 de septiembre de 1995 (M. P. Carlos Esteban JARAMILLO SCHOLSS). Publicada en *Gaceta Judicial*, t. CCXXXVII, pp. 898 a 915.	La *actio in rem verso cambiario* es una modalidad peculiar de la *actio in rem verso*. El monto de la acción apenas comprende el valor del enriquecimiento ocurrido fijado en términos monetarios actuales si de sumas de dinero se trata. Es improcedente obtener el pago de intereses moratorios, pero posible el pago

	de intereses remuneratorios.
Sentencia número 001 de 11 de enero de 2000 (M. P. Manuel ARDILA VELÁSQUEZ). No publicada.	Puede haber casos en los que sea posible, bien la interrupción, o bien la suspensión de la prescripción.
Sentencia número 034 de 14 de marzo de 2001 (M. P. Jorge SANTOS BALLESTEROS). No publicada.	El pago con un título valor de contenido crediticio, queda sometido a la condición resolutoria en caso de que el instrumento no sea descargado de cualquier manera. No es necesaria la declaración judicial de la caducidad o la prescripción de la acción cambiaria. El año fijado en el artículo 882 del C. Co. Comienza a correr desde el día en que haya caducado o prescrito el instrumento.
Sentencia número 145 de 30 de julio de 2001 (M. P. Carlos Ignacio JARAMILLO JARAMILO, publicada en *Jurisprudencia y Doctrina*, t. XXX, N° 357, Legis, septiembre de 2001, pp. 1599 a 1601.	La acción de enriquecimiento cambiario tiene como presupuesto el que el acreedor haya dejado *"caducar o prescribir el instrumento"*. Dicha acción no es de naturaleza cambiaria.
Sentencia número 093 de 21 de mayo de 2002 (M. P. Manuel ARDILA VELÁSQUEZ). No publicada.	La ***actio in rem verso*** común es de carácter eminentemente subsidiario, del cual participa la de enriquecimiento cambiario. La presencia de la prescripción o de la caducidad, que puede ser obstáculo para la viabilidad de la ***actio in rem verso*** común, muy lejos está de serlo para la de enriquecimiento cambiario.
Sentencia de 16 de diciembre de 2005 (M. P. Edgardo VILLAMIL PORTILLA). No publicada.	No puede invocarse la resolución del pago de que trata el artículo 882 del C. Co. cuando dicho pago no se hace al tenedor legítimo y además el título se descarga con destinatario distinto de su

	beneficiario natural.
Sentencia número 147 de 19 de diciembre de 2007 (M. P. Pedro Octavio MUNAR CADENA). Publicada en *Jurisprudencia y Doctrina*, t. XXXVII, N° 435, Legis, marzo de 2008, pp. 343 a 347.	No es necesaria la declaración judicial de la caducidad o la prescripción de la acción cambiaria.
Sentencia número 057 de 26 de junio de 2008 (M. P. César Julio VALENCIA COPETE). Sin publicar.	La *actio in rem verso cambiario* es una modalidad peculiar de la *actio in rem verso* común. Puede afirmarse que es una acción extracambiaria. No es menester que la caducidad o prescripción de la acción cambiaria derivada del título valor sea declarada por medio de sentencia judicial.
Sentencia número 073 de 21 de julio de 2008 (M. P. Edgardo VILLAMIL PORTILLA). Sin publicar.	No se requiere declaración judicial de prescripción de la acción cambiaria. El término de prescripción es un asunto de orden público.
Sentencia de 9 de septiembre de 2013 (M. P. Jesús Vall DE RUTÉN RUIZ). Publicada en *Jurisprudencia y Doctrina*, t. XLIII, N° 505, Legis, enero de 2014, pp. 1 a 14.	Los términos extintivos de la acción cambiaria se consuman con o sin decisión judicial. El principio de legalidad implica que los plazos prescriptivos no sean susceptibles de alteración por las partes. Efectos de la interrupción civil y la renuncia de la prescripción. Prejudicialidad determinada por el proceso ejecutivo sobre el de *actio in rem verso cambiario*.
Sentencia de tutela STS8909 de 10 de julio de 2015 (M. P. Margarita CABELLO BLANCO). Sin publicar.	No es necesaria la declaración judicial de la caducidad o la prescripción de la acción cambiaria.

Sentencia número 2343 de 26 de junio de 2018 (M. P. Luis Armando TOLOSA VILLABONA).	La *actio in rem verso cambiario* es de carácter subsidiario. Es indiferente que se decrete o no en juicio la prescripción, por ser esta de naturaleza eminentemente declarativa, no atributiva.

106. TABLA DE PROVIDENCIAS DE LA CSJ, C, SOBRE ACCIÓN DE ENRIQUECIMIENTO CAMBIARIO

Con el fin de facilitar la búsqueda, consulta y estudio de la jurisprudencia sobre acción de enriquecimiento cambiario, en la siguiente tabla se condensan, en orden cronológico, las distintas providencias (sentencias y autos) de la CSJ, C, que se han ocupado de la acción en mención, ya sea en lo atinente a la acreditación de sus elementos, o en relación con aspectos de otro orden.

Providencia	Tesis principal sostenida en la providencia
Sentencia número 300 de 18 de agosto de 1989 (M. P. Pedro LAFONT PIANETTA). Publicada en *Jurisprudencia y Doctrina*, t. XVIII, Nº 214, Legis, octubre de 1989, pp. 681 a 683.	La autonomía de la acción de enriquecimiento cambiario solo se circunscribe al campo de los títulos valores de contenido crediticio, mas no al de todo el derecho comercial.
Sentencia número 328 de 5 de octubre de 1989 (M. P. Alberto OSPINA BOTERO). Publicada en *Gaceta Judicial*, t. CXCVI, pp. 55 a	La *actio in rem verso cambiario* no es aplicable en materia de caducidad de certificados de cambio.

60.	
Sentencia número 338 de 17 de octubre de 1989 (M. P. Eduardo GARCÍA SARMIENTO). Sin publicar	A los certificados de cambio previstos en el Decreto 444 de 1967 no les son aplicables en este caso los artículos 831 y 882 del Código de Comercio.
Sentencia número 138 de 3 de abril de 1990 (M. P. Pedro LAFONT PIANETTA). Publicada en *Gaceta Judicial*, t. CC, pp. 138 a 157.	No existe restricción alguna en el empleo y valoración de los medios de convicción.
Auto número 130 del 1° de julio de 1992 (M. P. Pedro LAFONT PIANETTA). Publicada en *Gaceta Judicial*, t. CCXIX, N° 2458, pp. 27 a 33.	La acción de enriquecimiento cambiario establecida en el artículo 882 del Código de Comercio es un asunto de naturaleza civil, del cual, en consecuencia, ha de conocer la jurisdicción civil ordinaria.
Sentencia número 038 de 31 de marzo de 1993 (M. P. Rafael ROMERO SIERRA). No publicada.	La *actio in rem verso cambiario* una acción de enriquecimiento especial que se estructura particularmente para la caducidad o prescripción de los títulos valores.
Sentencia de 6 de diciembre de 1993 (M. P. Carlos Esteban JARAMILLO SCHLOSS). Publicada en *Gaceta Judicial*, t. CCXXV, p. 763 a 775; y en *Jurisprudencia y Doctrina*, t. XXIII, N° 266, Legis, febrero de 1994, p. 150.	La sola exhibición del título no satisface la prueba de la existencia de la obligación de restitución.
Sentencia número 120 de 18 de septiembre de 1995 (M. P. Carlos Esteban JARAMILLO SCHOLSS). Publicada en *Gaceta Judicial*, t. CCXXXVII, pp.	La *actio in rem verso cambiario* es una modalidad peculiar de la *actio in rem verso*. El monto de la acción apenas comprende el valor del enriquecimiento ocurrido fijado en términos monetarios actuales si de sumas de dinero se trata.

898 a 915.	Es improcedente obtener el pago de intereses moratorios, pero posible el pago de intereses remuneratorios.
Sentencia número 001 de 11 de enero de 2000 (M. P. Manuel ARDILA VELÁSQUEZ). No publicada.	Puede haber casos en los que sea posible, bien la interrupción, o bien la suspensión de la prescripción.
Sentencia número 197 de 25 de octubre de 2000 (M. P. Manuel ARDILA VELÁSQUEZ). No publicada.	El título valor prescrito no es prueba suficiente del enriquecimiento cambiario y del empobrecimiento correlativo.
Sentencia número 034 de 14 de marzo de 2001 (M. P. Jorge SANTOS BALLESTEROS). No publicada.	El pago con un título valor de contenido crediticio, queda sometido a la condición resolutoria en caso de que el instrumento no sea descargado de cualquier manera. No es necesaria la declaración judicial de la caducidad o la prescripción de la acción cambiaria. El año fijado en el artículo 882 del C. Co. Comienza a correr desde el día en que haya caducado o prescrito el instrumento.
Sentencia número 145 de 30 de julio de 2001 (M. P. Carlos Ignacio JARAMILLO JARAMILO, publicada en *Jurisprudencia y Doctrina*, t. XXX, N° 357, Legis, septiembre de 2001, pp. 1599 a 1601.	La acción de enriquecimiento cambiario tiene como presupuesto el que el acreedor haya dejado *"caducar o prescribir el instrumento"*. Dicha acción no es de naturaleza cambiaria.
Sentencia número 093 de 21 de mayo de 2002 (M. P. Manuel ARDILA VELÁSQUEZ). No publicada.	La *actio in rem verso* común es de carácter eminentemente subsidiario, del cual participa la de enriquecimiento cambiario. La presencia de la prescripción o de la caducidad, que puede ser obstáculo para la viabilidad de la *actio in rem verso* común, muy lejos está de serlo para la de enriquecimiento

	cambiario.
Sentencia número 103 de 7 de junio de 2002 (M. P. Silvio Fernando TREJOS BUENO). No publicada.	El artículo 882 del C. Co. es una disposición expresa de la ley constitutiva de una excepción, que reafirma la tesis de que la regla general consiste en que cuando prescribe un derecho o se extingue una acción por caducidad no superviven sus efectos mediante el ejercicio de la acción *in rem verso* (común).
Sentencia número 238 de 16 de diciembre de 2004 (M. P. César Julio VALENCIA COPETE). No publicada.	El testimonio no es el único medio de prueba del enriquecimiento –común o cambiario–. En la materia hay amplitud probatoria, que habilita al actor para emplear todos los elementos demostrativos contemplados en la ley.
Sentencia número 054 de 6 de abril de 2005 (M. P. César Julio VALENCIA COPETE). No publicada.	La carga de la acreditación de los presupuestos de la ***actio in rem verso cambiario*** no se satisface con la mera exhibición del instrumento impagado.
Sentencia de 16 de diciembre de 2005 (M. P. Edgardo VILLAMIL PORTILLA). No publicada.	No puede invocarse la resolución del pago de que trata el artículo 882 del C. Co. cuando dicho pago no se hace al tenedor legítimo y además el título se descarga con destinatario distinto de su beneficiario natural.
Sentencia número 066 de 26 de junio de 2007 (M. P. Ruth Marina DÍAZ RUEDA). Publicada en *Jurisprudencia y Doctrina*, t. XXXVI, N° 428, Legis, agosto de 2007, pp. 1304 a 1305.	El título decaído o degradado no es suficiente prueba del empobrecimiento de quien reclama y el agrandamiento del patrimonio de la parte convocada, por lo cual no puede afirmarse que se esté recurriendo a una reprochable e inaceptable tarifa legal, siendo indiferente que el título hubiere sido o no objeto de transferencias o negociaciones en las que haya variado su beneficiario.

Sentencia número 147 de 19 de diciembre de 2007 (M. P. Pedro Octavio MUNAR CADENA). Publicada en *Jurisprudencia y Doctrina*, t. XXXVII, N° 435, Legis, marzo de 2008, pp. 343 a 347.	No es necesaria la declaración judicial de la caducidad o la prescripción de la acción cambiaria.
Sentencia número 057 de 26 de junio de 2008 (M. P. César Julio VALENCIA COPETE). Sin publicar.	La *actio in rem verso cambiario* es una modalidad peculiar de la *actio in rem verso* común. Puede afirmarse que es una acción extracambiaria. No es menester que la caducidad o prescripción de la acción cambiaria derivada del título valor sea declarada por medio de sentencia judicial.
Sentencia número 073 de 21 de julio de 2008 (M. P. Edgardo VILLAMIL PORTILLA). Sin publicar.	No se requiere declaración judicial de prescripción de la acción cambiaria. El término de prescripción es un asunto de orden público.
Sentencia de 13 de octubre de 2009 (M. P. César Julio VALENCIA COPETE). Sin publicar.	Al instrumento impagado imposible le resulta revelar la existencia cierta del negocio subyacente, la dimensión del deterioro patrimonial del actor y la del aprovechamiento del convocado.
Sentencia de 18 de diciembre de 2009 (M. P. Arturo SOLARTE RODRÍGUEZ). Si publicar.	En el terreno cuantitativo, el enriquecimiento y el empobrecimiento no necesariamente coinciden con el valor de los créditos incorporados en los títulos valores cuya exigibilidad ha decaído por virtud de la caducidad o de la prescripción. Tal suma puede ser superior o inferior al crédito cartular.
Sentencia de 14 de diciembre de 2011 (M. P. Ruth Marina DÍAZ RUEDA). Sin publicar.	La carga de acreditación de los presupuestos de la *actio in rem verso cambiario* no se satisface con la mera exhibición del instrumento impagado.

Sentencia de 9 de septiembre de 2013 (M. P. Jesús Vall DE RUTÉN RUIZ). Publicada en *Jurisprudencia y Doctrina*, t. XLIII, N° 505, Legis, enero de 2014, pp. 1 a 14.	Los términos extintivos de la acción cambiaria se consuman con o sin decisión judicial. El principio de legalidad implica que los plazos prescriptivos no sean susceptibles de alteración por las partes. Efectos de la interrupción civil y la renuncia de la prescripción. Prejudicialidad determinada por el proceso ejecutivo sobre el de *actio in rem verso cambiario*.
Sentencia de tutela STS8909 de 10 de julio de 2015 (M. P. Margarita CABELLO BLANCO). Sin publicar.	No es necesaria la declaración judicial de la caducidad o la prescripción de la acción cambiaria.
Sentencia número 2343 de 26 de junio de 2018 (M. P. Luis Armando TOLOSA VILLABONA).	La *actio in rem verso cambiario* es de carácter subsidiario. Es indiferente que se decrete o no en juicio la prescripción, por ser esta de naturaleza eminentemente declarativa, no atributiva.

107. PRUEBA DOCUMENTAL INSUBSTITUIBLE

A efectos del ejercicio de la *actio in rem verso cambiario*, es necesario allegar al proceso el original del título valor de contenido crediticio descargado por caducidad o prescripción de la acción cambiaria, puesto que es el único medio idóneo para acreditar que se trata en realidad de un instrumento negociable (cuya prueba es el instrumento mismo) y que éste no fue descargado por pago, dado que, de haberlo sido, no estaría en poder del tenedor-demandante. Bien puede decirse, utilizando términos propios de los actos y declaraciones de voluntad, que tal documento constituye una exigencia no solo **ad probationem**, sino **ad substantiam actus** o **ad solemnitatem**[221] del hecho configurativo de la caducidad o prescripción de la acción cambiaria. En estos términos se aclara y amplía el criterio consignado en la *Revista de Derecho Privado* N° 21, páginas 285 y 286, editada por la Universidad de Los Andes, contentiva de una versión inicial del presente ensayo, en la cual se dijo que *"Constituye una formalidad **ad probationem** y, por ende, un requisito esencial para el ejercicio de la acción, la necesidad de aportar el título valor descargado por prescripción o caducidad de la acción cambiaria".*

108. ¿QUÉ OCURRE SI EL ´TÍTULO VALOR` DESCARGADO POR CADUCIDAD O PRESCRIPCIÓN CARECE DE UN REQUISITO ESENCIAL QUE LA LEY NO SUPLE?

Dando por descontado que el título valor descargado por caducidad o prescripción de la acción cambiaria constituye una prueba **ad-sustamtiam actus** del hecho configurativo de las mentadas caducidad o prescripción, lo que entraña un presupuesto para el ejercicio de la **actio in rem verso cambiario**, bien puede ocurrir que en el proceso en que ésta sea ejercitada el demandado excepcione y/o demuestre que el instrumento adolece de la falta de uno o varios de los elementos necesarios para ser título valor y que la ley no suple expresamente, esto es, que pruebe que se trata de

---

[221] A las exigencias **ad substantiam actus, ad solemnitatem** y **ad probationem**, se refieren las sentencias de 3 de marzo de 1977 y 28 de febrero de 1979, de la CSJ, C. La segunda de ellas publicada en la G. J. CLIX, N° 2400, primera parte, pp. 44 a 59.

un título incompleto[222] entregado o transferido en pago de la obligación causal. En este caso, al no ser a la postre título valor el documento que se aporta como prueba insubstituible al proceso de enriquecimiento cambiario, no será posible que el juez decida de manera favorable la pretensión de reparación impetrada por el actor. Para decirlo en una sola frase: si el título es deficiente o incompleto, no es entonces instrumento negociable y no procede por ende la *actio in rem verso cambiario*.

En relación con el citado aspecto, en la sentencia de 14 de marzo de 2001, proferida por la CSJ, C (M. P. Jorge SANTOS BALLESTEROS), aparece consignada una aclaración de voto en la cual el ponente de la aclaración, magistrado Manuel ARDILA VELÁSQUEZ, advierte:

"Nótese que, puestas así las cosas, el tenedor del título no estaría padeciendo por el rigor del formulismo cambiario –que es el fundamento por el cual sin embargo de la acidia del tenedor del título se le otorga un último remedio en la acción de enriquecimiento– (...)

Por ese camino, llegaríase, pues, a consentir que quien no tuvo acción cambiaria tiene no obstante la de enriquecimiento, contrariándose subsecuentemente la filosofía que inspira a esta última. Para mejor expresarlo, parecería que peligrosamente la de enriquecimiento acabaría convirtiéndose en el refugio de

---

[222] Sobre la opinión personal que el autor de la presente monografía tiene acerca de los títulos valores incompletos, puede consultarse la clasificación de *"Títulos según el grado de intención o la ausencia de ésta en el creador"*, en *Buena fe exenta de culpa*, Bogotá, D. C., Ediciones jurídicas radar, 1993, p. 87 y sigs.

los tenedores que están perjudicados, no por la prescripción, sino por la deficiencia de sus títulos. Este tema en mi sentir, era necesario tocarlo, pues es tanta su ligazón con el que concretamente se expuso en el cargo, que basta mirar que para determinar la prescripción de la acción cambiaria, es de necesidad absoluta mirar que ésta hubiese existido efectivamente; ni para qué decir, que sólo muere lo que ha nacido".

Desde luego que lo lógico es que la obligación fundamental que pretenda ser extinguida con la entrega o transferencia del título valor incompleto (que a la postre resulta no ser título valor), no fenezca en realidad por razón de la (supuesta) caducidad o prescripción de la acción cambiaria. En este evento la caducidad o prescripción será inocua, como estéril será el *"instrumento negociable"* entregado o transferido en tales condiciones, que, por lo mismo, no será idóneo para extinguir la obligación en virtud de la cual se efectúa la aludida entrega o transferencia.

Lo antedicho explica de paso la razón por la cual el inciso 1° del artículo 620 del Código de Comercio advierte que los documentos y actos a que se refiere el Título III del Libro Tercero del cual hace parte el mentado inciso sólo producirán los efectos en él previstos (i.e. Título III precitado) *"cuando contengan las menciones y llenen los requisitos que la ley señale, salvo que ella los presuma"*, artículo que en su inciso 2° agrega: *"La omisión de tales menciones y requisitos no afecta el negocio jurídico que dio origen al documento o acto".*

Lo expuesto en precedencia lleva a concluir que, en las anotadas circunstancias (entrega o transferencia, en pago de una obligación, de un instrumento que resulta no ser título valor), lo natural y obvio es que las acciones derivadas del negocio jurídico o fundamental permanezcan incólumes, de manera que el acreedor queda en libertad de hacer efectivo el pago de la obligación originaria o fundamental con sustento en el hecho de no extinguirse la obligación dada la (frustrada) caducidad o prescripción de la "acción cambiaria", surgida ésta del instrumento que a la final resulta no ser título valor.

Pertinente es traer a colación la opinión de SANÍN ECHEVERRY, quien, refiriéndose a la posibilidad de ejercitar la acción causal sin necesidad de esperar el vencimiento del título cuando la obligación causal pretende ser extinguida mediante la entrega o transferencia de un (supuesto) instrumento negociable que a la postre resulta no ser título valor de contenido crediticio, anota:

"Si el título valor tiene un defecto evidente, como la falta de firma, en nuestro concepto puede considerarse sin esperar el vencimiento como no descargado e iniciar la acción causal, porque un instrumento así no lo es en efecto y por tanto no hay vencimiento del mismo (....)"[223].

109. NO PROCEDE LA *ACTIO IN REM VERSO CAMBIARIO* CUANDO EL TÍTULO DESCARGADO POR CADUCIDAD O PRESCRIPCIÓN NO ES DE CONTENIDO CREDITICIO

---

[223] SANÍN ECHEVERRI, Eugenio, *Títulos Valores*, 5a. ed., Bogotá, D. C., Ediciones Librería del Profesional, 1993, p. 97.

En cuanto los artículos 643 y 882 del Código de Comercio no son aplicables a los títulos valores de contenido no crediticio (que no tienen por objeto el pago de moneda), es dable decir que ocurrida la caducidad o acontecida la prescripción de la acción cambiaria y el consiguiente descargo de uno cualquiera de los llamados instrumentos cuasinegociables, no es posible acudir al ejercicio de la acción de enriquecimiento cambiario, ya que esta acción, según ha quedado establecido, constituye un recurso excepcional para cuando se extingue la obligación originaria o fundamental a causa del descargo del instrumento negociable por razón de la caducidad o prescripción de la acción cambiaria, no cuando ese descargo se produce con ocasión de la caducidad o prescripción de la acción cambiaria a que da lugar un título valor de contenido no crediticio, esto es un título corporativo o de participación, o de tradición o representativo de mercancías.

En términos más concretos y categóricos, el ejercicio de la acción de enriquecimiento cambiario, regulada en el artículo 882 del Código de Comercio, solo procede en el evento de descargo, por caducidad o prescripción de la acción cambiaria y de la consiguiente extinción de la obligación fundamental, de un instrumento negociable o título valor de contenido crediticio.

Una opinión diferente sostiene TRUJILLO CALLE[224], quien al respecto comenta:

---

[224] TRUJILLO CALLE, Bernardo, *El Enriquecimiento sin Causa y Especialmente el Enriquecimiento sin Causa en un Título Valor*, op. cit., pp. 101 y 102.

"(...) con la caducidad o prescripción de las obligaciones procedentes de un título de tradición –un certificado de depósito de un almacén general de depósito– se puede dar el enriquecimiento injusto del Almacén, o del endosante o del avalista, como en cualquier instrumento negociable. Y donde hay la misma razón debe haber la misma disposición, según conocida sentencia.

Ahora bien: si el artículo 882 hace esta exclusión, como parece ser cierto que la hace, habría que invocar el artículo 831 fijando sus alcances, como es de rigor, a la única posibilidad de ejercerse la acción por el beneficiario (tomador) contra el otorgante o avalista del título, es decir, que ella se da entre las personas que intervienen en los actos de creación y emisión del documento, entre los que fueron parte de la relación causal original y no entre un endosatario o cesionario y el otorgante o acreedor (almacén, transportador) (....)".

"(...) si el artículo 882 admite la acción de enriquecimiento solamente en los casos de caducidad o prescripción de los títulos valores de contenido crediticio, habría que convenir también que, prescritas o caducadas dichas acciones en un título valor de tradición o representativo de mercancías, la acción causal no se extinguirá simultáneamente con aquéllas y al sobrevivir, daría lugar a que se pudiera invocar su cumplimiento o resolución".

El anterior planteamiento se ve, sin embargo, desvirtuado

ante la consideración de que, cuando acontece un enriquecimiento en virtud de la caducidad o prescripción de la acción cambiaria surgida de un instrumento cuasinegociable, dicha caducidad o prescripción es causa legal suficiente del enriquecimiento (artículo 1625, num. 10, del C. C.)[225].

La razón por la cual no es posible ejercitar la acción de enriquecimiento cambiario en tratándose de instrumentos cuasinegociables, parece darla el mismo autor citado cuando, respecto de *algunas diferencias fundamentales entre los artículos 831* (sobre enriquecimiento sin causa común) *y 882* (sobre enriquecimiento cambiario), comenta:

> *"c. Si un artículo como el 2314 del código civil prohíbe repetir lo que se ha pagado para cumplir una obligación puramente natural de las enumeradas en el artículo 1527 del Código Civil, por ejemplo, una obligación civil extinguida por la prescripción, intentar obtener la reparación utilizando la vía de la actio in rem verso común, sería como ir directamente al fracaso.*
>
> *Mas si el pago se hizo con un título valor, aceptando una letra*

---

[225] Artículo 1625, núm. 10, del C. C.

"Toda obligación puede extinguirse por una convención en que las partes interesadas, siendo capaces de disponer libremente de lo suyo, consientan en darla por nula. Las obligaciones se extinguen además en todo o en parte:

(...)

10) Por la prescripción.

(....)".

a la orden del acreedor, por ejemplo[226] y prescribe la acción directa, aunque también se haya extinguido la obligación causal, hay sin embargo lugar a ejercer la actio in rem verso contra el aceptante"[227].

110. LA ACCIÓN CAUSAL Y LA DE ENRIQUECIMIENTO CAMBIARIO SON PRETENSIONES SUSCEPTIBLES DE TRAMITARSE EN UN MISMO PROCESO, LA PRIMERA COMO PRINCIPAL Y LA SEGUNDA COMO SUBSIDIARIA

En un apartado anterior del presente estudio (*supra* 50), en el cual se desarrolló el subtema *"LA ACTIO IN REM VERSO COMÚN, MÁS QUE SUBSIDIARIA ES DE CARÁCTER RESIDUAL. SUBSIDIARIA, AMÉN DE SUCESIVA, ES MÁS BIEN LA ACTIO IN REM VERSO CAMBIARIO"*, se resaltó que la **actio in rem verso cambiario** es de carácter *subsidiario*, amén de sucesiva, en la medida en que procede cuando se produce el descargo del instrumento y la consiguiente extinción de la obligación causal por razón de la caducidad o prescripción de la acción cambiaria. Dicho de otro modo, la **actio in rem verso cambiario** procede en caso de que no sea viable la acción cambiaria ejecutiva ni la acción causal debido a la caducidad o prescripción de la cambiaria.

Por lo antedicho y habida cuenta que la acción de enriquecimiento cambiario es en estricto rigor de carácter

---

[226] No cita como ejemplo un instrumento no negociable o de contenido no crediticio.

[227] TRUJILLO CALLE, Bernardo, *El Enriquecimiento sin Causa y Especialmente el Enriquecimiento sin Causa en un Título Valor*, op. cit., p. 89.

subsidiario y se tramita por la vía del proceso declarativo verbal (antes ordinario), el demandante puede perfectamente acumular en una sola demanda la pretensión de enriquecimiento cambiario como subsidiaria de la pretensión causal. Claro está siempre y cuando la causal sea susceptible de tramitarse por el mismo procedimiento, conforme lo prevé el artículo 88, numerales 1 a 3[228], del Código General del Proceso (artículo 82, numerales 1 a 3, del Código de Procedimiento Civil).

Ello –la acumulación– es posible, por ejemplo, en tratándose de las pretensiones causales de resolución o de cumplimiento del contrato por incumplimiento del deudor, evento en el cual es viable solicitar: i) como pretensión principal, la declaración de incumplimiento contra el contratante renuente y de manera consecuencial que se decrete la resolución del contrato, o que se ordene el cumplimiento del mismo (con la consiguiente indemnización de perjuicios si así lo pide el contratante cumplido o allanado a cumplir)[229], y ii) como pretensión subsidiaria, que se

---

[228] Al efecto el artículo 88 del Código General del Proceso dispone:

*"**Acumulación de pretensiones**. El demandante podrá acumular en una misma demanda varias pretensiones contra el demandado, aunque no sean conexas, siempre que concurran los siguientes requisitos:*
1. Que el juez sea competente para conocer de todas, sin tener en cuenta la cuantía.
2. Que las pretensiones no se excluyan entre sí, salvo que se propongan como principales y subsidiarias.
3. Que todas puedan tramitarse por el mismo procedimiento.
(...)".

[229] Es de advertir que en materia de compraventa comercial, **en caso de mora del comprador en el pago del precio**, el artículo 948 del C. Co. le confiere al vendedor el derecho a demandar, mediante **juicio de tenencia** en el cual puede solicitar el embargo o secuestro preventivo, *"la inmediata restitución de la cosa vendida, si el comprador la tuviere en su poder y no pagare o asegurare el pago a satisfacción del vendedor"*. Así mismo, **en caso de incumplimiento** –cualquier tipo de incumplimiento ha de entenderse aquí– **del comprador**, el artículo 950 ibídem

acceda a la acción de enriquecimiento cambiario con los accesorios correspondientes.

Que ambas pretensiones son susceptibles de tramitarse por la misma vía procesal, se deduce de lo dispuesto en el artículo 368 del Código General del Proceso (*"Asuntos sometidos al trámite del proceso verbal. Se sujetará al trámite establecido en este Capítulo todo asunto contencioso que no esté sometido a un trámite especial"*).

Que la pretensión de enriquecimiento cambiario es acumulable de manera subsidiaria a la pretensión causal siempre que sean susceptibles de tramitarse por el mismo procedimiento, se deduce también de la circunstancia de que la prescripción o caducidad de la acción cambiaria (que conlleva la extinción de la pretensión causal y da lugar a la pretensión de enriquecimiento cambiario), puede ser renunciada por el deudor demandado, caso en el cual, así como se reabre el camino de la pretensión cambiaria, se reabre también el de la pretensión causal, puesto que si la causal se extingue con la cambiaria, lo más natural es que reviva con ésta.

111. ¿SERÍA PROCEDENTE TRAMITAR LA ACCIÓN DE ENRIQUECIMIENTO CAMBIARIO COMO PRINCIPAL Y LA CAUSAL COMO SUBSIDIARIA?

En el apartado antecedente se indicó –y se sustentó–, que es procedente acumular en una misma demanda la pretensión de

---

le otorga también al vendedor la facultad de demandar *"una justa retribución por el uso que el comprador haya hecho de la cosa"*, así como *"la restitución de los frutos en proporción a la parte no pagada del precio, sin menoscabo de la correspondiente*

enriquecimiento cambiario como subsidiaria de la pretensión causal. Se pregunta ahora si sería viable tramitar la pretensión de enriquecimiento cambiario como principal y la causal como subsidiaria, pese a proceder aquella cuando opera el descargo del instrumento por caducidad o prescripción de la acción cambiaria, evento este que, se recuerda, conlleva la extinción de la acción causal, según lo advierte el inciso final del artículo 882 del Código de Comercio (*"Si el acreedor deja caducar o prescribir el instrumento, la obligación originaria o fundamental se extinguirá así mismo; pero tendrá acción contra quien se haya enriquecido sin causa a consecuencia de la caducidad o prescripción"*).

A dicho interrogante se responde, e itera, que, siendo pretensiones susceptibles de tramitarse por el mismo procedimiento (v. gr. cuando la pretensión causal consiste en la resolución o cumplimiento del contrato por incumplimiento del deudor, que como se dijo antes se tramita por la misma vía procesal –verbal a partir de la vigencia del artículo 21 de la Ley 1395 de 2010 y del artículo 368 del Código General del Proceso–, misma vía por la cual se tramita la **actio in rem verso cambiario**), si bien se trata de pretensiones incompatibles y excluyentes, es lo cierto que serían pretensiones subsidiarias entre sí, cada una independiente de la otra y por ende susceptible de ser formulada de preferencia a tal otra.

Por lo antes expuesto, muy a pesar de que la **actio in rem verso cambiario** es de carácter subsidiario, amén de sucesivo (procede cuando se produce el descargo del instrumento y la

indemnización de perjuicios".

consiguiente extinción de la obligación causal por razón de la caducidad o prescripción de la acción cambiaria), bien podría, por economía procesal además, tramitarse como principal, y la acción causal como subsidiaria. Con mayor razón si se tiene en cuenta que no es descartable que en el proceso en que se ejercite la *actio in rem verso cambiario* se establezca que no alcanzó a configurarse la prescripción o caducidad de la acción cambiaria (que es uno de los presupuestos de la *actio in rem verso cambiario*), ya porque no hubiere alcanzado a transcurrir el término exigido para la consumación de la prescripción o caducidad, ora porque éstas se hubieren suspendido, o bien porque se hubieren interrumpido o impedido, o bien porque el deudor demandado hubiere renunciado a ellas.

En tales eventos, al no encontrarse extinguida la acción cambiaria, tampoco lo estaría la acción causal, dada la resolución del pago (efectuado con el título valor de contenido crediticio) advenida por el rechazo y no descargo del instrumento. Procedería, por tanto, la acción causal, según lo dispone de manera expresa el inciso 2º del artículo 882 del Código de Comercio, que advierte: *"Cumplida la condición resolutoria, el acreedor podrá hacer efectivo el pago de la obligación originaria o fundamental (....)"*.

Un soporte jurisprudencial sobre el particular (procedencia de la acumulación de la pretensión causal como subsidiaria de la pretensión de enriquecimiento cambiario), se encuentra contenido en la sentencia de la CSJ, C, de 4 de noviembre de 1999 (expediente 5225), en la cual se revisó y rectificó una línea jurisprudencial inherente al *orden lógico y a la compatibilidad en la*

317

acumulación de pretensiones, concretamente las pretensiones de simulación y de nulidad, cuyas directrices resultan aplicables, **mutatis mutandis**, a la materia que aquí se analiza.

En dicha sentencia la Corte fijó los siguientes parámetros, que, se insiste, resultan pertinentes para sustentar la procedencia de la acumulación de la pretensión causal como subsidiaria de la pretensión de enriquecimiento cambiario:

"*2. Naturaleza y fundamentos de la acumulación subsidiaria de pretensiones. Del examen del citado artículo 82 del Código de Procedimiento Civil* [artículo 88 del Código General del Proceso], *se infiere que se trata de una facultad otorgada al demandante, nítidamente entroncada con el principio dispositivo, en cuanto somete al arbitrio de aquél la fijación y delimitación del objeto del proceso. En tratándose de la acumulación subsidiaria, compete al actor el señalamiento de la que considere como petición principal y de la que conciba como eventual, elección que se encuentra apuntalada en criterios de preferencia o de interés personal, habida cuenta que el legislador no le impuso restricciones lógicas o de cualquier otra índole, criterios estos que determinan la jerarquización de los pedimentos de la demanda, ello porque, como ya se dijera, cuando el actor plantea peticiones de modo subsidiario parte de la hipótesis que el pedimento principal fue denegado, vencimiento que, cabalmente, se erige en la condición cuya realización permite el examen y estimación de la petición eventual.*

No son pocas, ni de poca monta, las ventajas que tal especie de acumulación le reportan al demandante: de un lado, porque consiste en un mecanismo que le permite prevalerse de los efectos negativos provenientes del transcurso del tiempo o de su inactividad, puesto que al estar facultado para hacer valer, de una sola vez, todos los fundamentos y medios de que disponga frente al demandado, con el fin de agotar las posibilidades de éxito en un único intento, no debe aguardar los resultados de un proceso para, en caso de ser vencido, emprender, posteriormente y a riesgo de ver frustradas sus aspiraciones por prescripción o caducidad, uno nuevo enderezado justamente a que se examinen los pedimentos que pudo formular subsidiariamente.

Ahora, si se dijese que el actor no está obligado a esperar el vencimiento en juicio para intentar la acción con fundamento en otras pretensiones, porque puede iniciarlos coetáneamente, pronto habría que advertir que la acumulación subsidiaria tendría la innegable virtud de poner cortapisa a eventuales sentencias contradictorias por acoger ambas demandas del actor o, en su caso, por denegarlas.

Todo ello, obviamente, con evidente ahorro de tiempo, dinero y trabajo para el demandante y, en general, para las partes, como lo impone el fiel y cabal cumplimiento del principio de economía procesal.

3. Corolario. Si, pues, como ha quedado dicho, la procedencia de la acumulación de pretensiones no puede sujetarse a requisitos distintos de aquellos expresamente previstos en la ley y, de igual modo, si son tantas y tan palpables las ventajas que la acumulación subsidiaria de pretensiones le apareja al actor, no es posible cercenarle tal potestad sin, a su vez, vulnerar su derecho constitucional a una tutela jurídica efectiva la que se traduce en la prevalencia del derecho sustancial, en la forma ordenada por el artículo 228 de la Constitución política Colombiana.

4. (...) Sostuvo esta Corporación, en sentencia del 26 de febrero de 1991, que no era posible acumular '...en forma principal las pretensiones de simulación y nulidad del mismo negocio jurídico...; y la de simulación como subsidiaria de la nulidad formulada como principal, pues implícitamente excluye la subsidiaria de simulación, que presupone, contrariamente, la inexistencia de los efectos públicos queridos. En cambio su acumulación resulta pertinente cuando, siguiendo la lógica y compatibilidad jurídica, se proponga la simulación como principal y la otra como subsidiaria (artículo 82 num. 2 del C. de P.C.), o la de nulidad del acto oculto como consecuencia de la declaratoria de simulación'.

Como es diáfano en la aludida providencia, cuyo criterio jurisprudencial en el punto abandona hoy la Corte, se estimó improcedente no solo la acumulación simultánea, lo cual es obvio, de la petición de nulidad y la de simulación, sino, también, la subsidiaria de ésta con respecto a aquella, por considerar que 'implícitamente la excluye'. Mas, como ha podido establecerse en los párrafos antecedentes, la acumulación subsidiaria o eventual de pretensiones se caracteriza, justamente, por permitirle al demandante alegar en una misma demanda pedimentos excluyentes, bajo la condición, claro está, que se supedite el examen de unos (los eventuales) a la desestimación de otro u otros (los principales), sin que, como igualmente se ha acotado, hubiese distinguido la ley entre diversos grados de exclusión o incompatibilidad para efectos de condicionar el ejercicio de dicha potestad, o que la hubiese restringido solamente a la exclusión en torno a la causa para pedir, o exclusivamente referida al 'petitum', pues, es evidente, que a ninguna de esas hipótesis aluden las normas pertinentes, particularmente el reseñado artículo 82 del Código de Procedimiento Civil"[230] (M. P. Jorge Antonio CASTILLO RUGELES).

112. ¿SERÍA POSIBLE TRAMITAR LA ACCIÓN CAMBIARIA Y/O LA CAUSAL Y/O LA DE ENRIQUECIMIENTO CAMBIARIO COMO SUBSIDIARIAS ENTRE SÍ?

En párrafos anteriores (*supra* 37) se formuló el interrogante de si *"¿ES VIABLE EL COBRO, MEDIANTE PROCESO DECLARATIVO VERBAL (NO EJECUTIVO) DE UNA OBLIGACIÓN EJECUTIVA EXTINGUIDA POR PRESCRIPCIÓN?"*. Al efecto se dijo que, a la luz del artículo 2536 del Código Civil, es procedente, mediante sentencia declarativa y de condena, ordenarle al deudor el pago de la obligación civil prescrita.

Se plantea ahora la discusión sobre si sería posible que ante el advenimiento del descargo del título por caducidad o prescripción de la acción cambiaria, ésta y/o la acción causal, incluso la de

---

[230] Publicada en G. J. CCLXI, núm. 2500.

enriquecimiento cambiario, pudieren ejercitarse, por una misma vía procesal, como pretensiones subsidiarias entre sí.

Lo anterior por cuanto, siendo procedente el cobro, por vía verbal (antes ordinaria), no por vía ejecutiva, de una obligación civil extinguida por prescripción, sería también factible acumular dicha acción a otra, fuese como principal, fuese como subsidiaria.

En todo caso, en cuanto la acción de enriquecimiento cambiario debe tramitarse mediante proceso verbal (artículo 368 del Código General del Proceso), sería lo indicado y deseable que el demandante pudiese acumularla como subsidiaria de la acción cambiaria de cobro y/o de la acción causal extinguidas por la caducidad o prescripción de la cambiaria. Expresado de otra manera, al subsistir como naturales la obligación cambiaria y la causal, si bien pierden en principio la condición de exigibles, nada debería obstar para que pudieren intentarse por vía verbal (antes ordinaria) y fueren por ende acumulables como pretensiones subsidiarias a la pretensión de enriquecimiento cambiario.

En la anterior forma, siendo acciones (o pretensiones –si así quisiere entenderse–) tramitables por el mismo procedimiento y no excluyentes entre sí –siempre que se formularen una(s) como subsidiaria(s) de otra(s)–, y si fuere un mismo juez el competente para conocer de (todas) ellas, se cumplirían a cabalidad los requisitos para la acumulación subsidiaria de pretensiones regulados en el artículo 88 del Código General de Proceso (artículo 82 del Código de Procedimiento Civil).

De algo ha de servir recordar que el proceso ejecutivo (que es el propio de la acción cambiaria de cobro) se torna, en el fondo, en proceso de conocimiento cuando el demandado propone excepciones de mérito. Al respecto LÓPEZ BLANCO comenta: *"Cuando se proponen excepciones perentorias en un proceso ejecutivo, incuestionablemente varía la naturaleza jurídica del proceso y de ejecutivo pasa a tomar el carácter de proceso de cognición"*[231].

De modo que, si pudieren acumularse de manera subsidiaria entre sí las tres pretensiones (la cambiaria y/o la causal y/o la de enriquecimiento cambiario) y si el deudor demandado decidiere renunciar a la caducidad o prescripción de la acción cambiaria, o si en el proceso quedare demostrado que dicha caducidad o prescripción se suspendió, o se impidió, o se interrumpió, y que en todo caso no alcanzó a consumarse, habría lugar a que en la sentencia se resolviere de manera expresa la pretensión cambiaria, o la causal. Y si se estableciere que la caducidad o prescripción sí se consumó, habría lugar entonces a que la sentencia se profiriere también en torno a la pretensión de enriquecimiento cambiario.

En todo caso, si se concluyere que en definitiva la acción cambiaria extinguida por caducidad o prescripción no es susceptible de ser impetrada por vía verbal (antes ordinaria), se estaría ante una de las razones por las cuales se echaría de menos la inexistencia de un proceso único para el ejercicio de la pretensión. Con mayor razón cuando no es descartable que ante el ejercicio de

---

[231] LÓPEZ BLANCO, Hernán Fabio, *Procedimiento Civil, Parte Especial*, t. II, DUPRÉ Editores, Octava Edición, Bogotá, D. C., año 2004, p. 478.

la acción de enriquecimiento cambiario (de manera independiente y no como subsidiaria de otra-s-) el demandado pueda renunciar a la prescripción o caducidad de la acción cambiaria y suscitar por ende la necesidad de resolver si hay lugar o no a la pretensión de enriquecimiento cambiario.

Bajo consideraciones como las antes expuestas –se insiste– sería lo deseable que la obligación cambiaria y/o la causal y la de enriquecimiento cambiario pudieren ejercitarse por una misma vía procedimental, obviamente como subsidiarias entre sí.

113. SALVO LOS CASOS DE PREJUDICIALIDAD, NO ES PROCEDENTE EL EJERCICIO SIMULTÁNEO DE LA ACCIÓN DE ENRIQUECIMIENTO CAMBIARIO Y LA CAMBIARIA, O EL DE LA ACCIÓN DE ENRIQUECIMIENTO CAMBIARIO Y LA CAUSAL

Se cae de su peso que, salvo los casos de prejudicialidad, no es procedente el ejercicio simultáneo de la acción de enriquecimiento cambiario y la acción cambiaria, o el de la acción de enriquecimiento cambiario y la acción causal.

Ciertamente, sobre la improcedencia del ejercicio simultáneo de la acción de enriquecimiento cambiario y la acción cambiaria, la CSJ, C, en sentencia de 11 de enero de 2000, por vía de rectificación doctrinaria, señaló:

"Pasando a otro aspecto, ha de indicarse que el tribunal también subestimó la más notable de las características de la acción de enriquecimiento incausado, cual es la de la

subsidiariedad. Todo el mundo conoce que dicha acción se abre paso solo en la medida en que no haya otro remedio que venga en pos del empobrecido. En otros términos, la vida de esta acción depende por entero de la ausencia de toda otra alternativa. Subsecuentemente, en el punto no es de recibo la coexistencia de acciones.

Perspectiva desde donde queda fácil detectar que si en este caso el acreedor promovió un proceso ejecutivo tendiente a hacer efectivo el derecho incorporado en el título valor, con ello mismo puso en evidencia que contaba con la alternativa del ejercicio de la llamada acción cambiaria. Y si al momento de instaurar el ordinario de enriquecimiento subsistía esa alternativa, como de hecho subsistía, por supuesto que no había concluido el ejecutivo, brota la verdad irrecusable de que a la sazón estuvo ejercitando simultáneamente dos posibilidades: el cobro forzado de la obligación y la acción de enriquecimiento del artículo 882 del Código de Comercio.

La propia demanda introductoria del ordinario evidencia estas cosas, al referir en uno de sus hechos que en el proceso ejecutivo se formuló la excepción de prescripción y que 'Ese es el estado actual del proceso'; es inexacto, entonces, que el actor afirmase en otro pasaje de ese libelo, que acudía al proceso ordinario porque a la sazón carecía de otras acciones"[232].

En el mismo sentido, en sentencia de 25 de octubre de 2000,

---

[232] CSJ, C, S 001 de 11 de enero de 2000 (expediente 5208), pp. 26, 29 y 30. M. P. Manuel ARDILA VELÁSQUEZ.

la Corte dijo:

"Delanteramente conviene enfatizar, cual lo hiciera en su momento el tribunal, la autonomía de la acción aquí deducida; tanto, que su existencia la debe precisamente a la desaparición de la acción cambiaria. La una es, cuando la otra deja de ser; exclúyese cualquier coexistencia. Mal podría ésta, entonces, suministrarle vida artificial en punto de pactos o acuerdos que por obvias razones se fueron con su extinción"[233].

En lo que concierne a la prejudicialidad, la misma corporación, en sentencia de 9 de septiembre de 2013 (M. P. Jesús Vall DE RUTÉN RUIZ), indicó:

"6.- Igualmente podrían cuestionar quienes abogan por que el cómputo del término extintivo de la acción de enriquecimiento solo se inicie a partir de la declaratoria de la prescripción de la acción cambiaria, que la postura defendida por la Corte, eventualmente podría obligar al acreedor a promover el proceso ordinario antes de que concluya el ejecutivo en el cual la excepción de prescripción hubiere sido planteada, lo cual lo colocaría en situación de defender, simultáneamente, planteamientos contradictorios.

Dicha objeción queda salvada si el segundo proceso se interpone con la advertencia de que está sometido a

---

[233] CSJ, C, S de 25 de octubre de 2000 (expediente 5744), sin publicar, M. P. Manuel ARDILA VELÁSQUEZ.

prejudicialidad respecto del primero (artículos 171 a 173 del Código de Procedimiento Civil), caso en el cual la alegada contradicción material desaparece, tal como ocurre con las pretensiones recíprocamente excluyentes que se plantean como principales y subsidiarias (artículo 82 ordinal 2° ídem).

La contingencia de una eventual condena en costas en alguno de los dos procesos sería una consecuencia natural del retardo en proponerlos, que el acreedor estaría obligado a soportar"[234].

---

[234] Hay que decir que la sentencia fue elaborada al no haber sido acogida la ponencia inicial (del M. Arturo SOLARTE RODRÍGUEZ) en la cual se había sostenido la tesis, plasmada luego en el salvamento de voto, de que el término de prescripción de la *actio in rem verso cambiario* debía comenzar a contarse a partir de la ejecutoria de la sentencia que declarara la prescripción extintiva de la acción cambiaria. En sustento de ello se dijo en el salvamento de voto que si el acreedor no promueve la acción cambiaria en tiempo oportuno tendría que gestionar paralelamente la acción de enriquecimiento cambiario para impedir la prescripción de ésta, debiendo (el acreedor) negar la configuración de la prescripción en el ejecutivo cambiario y esgrimir su materialización en el de enriquecimiento, lo que – se argumentaba en la ponencia inicial– sería una incoherencia que tanto la ley como la Corte no le podrían imponer, dado que esa doble postura reñiría con los principios de la buena fe y de la lealtad que imperan en todo diligenciamiento judicial.

Capítulo X

OPTIMIZACIÓN DEL PROCESO

Sumario. 114. Moción de propuesta de un proceso único y de una precisa asignación de competencias. Razones que la sustentan.

114. MOCIÓN DE PROPUESTA DE UN PROCESO ÚNICO Y DE UNA PRECISA ASIGNACIÓN DE COMPETENCIAS. RAZONES QUE LA SUSTENTAN.

En virtud de lo expuesto en el capítulo precedente, y aprovechando la oportunidad para abordar de manera tangencial un tema de interés general: la **optimización del proceso**, es pertinente dejar consignado que sería lo ideal el diseño y puesta en funcionamiento de un *proceso único* (o *uniforme*)[235], con las condignas adaptaciones que le correspondieren, según lo suscitaren las pretensiones del demandante y las eventuales excepciones del demandado y/o pruebas a practicar, por medio del cual pudiere tramitarse cualquier tipo de pretensión (declarativa, constitutiva, de condena, ejecutiva, de liquidación, de jurisdicción voluntaria, etc.).

Se trataría de un proceso en el cual variaría solamente el término para contestar la demanda (que podría ser el mismo fijado en la actualidad para cada trámite procesal dependiendo del tipo de

---

[235] Un comienzo de intento de *proceso único* se vislumbra en la Ley 1395 de 2010 (*Por la cual se adoptan medidas en materia de descongestión judicial*), artículos 21, 24, 31, 42 y 44, y se continúa en el Código General del Proceso (Ley 564 de 2012), artículos 368 y siguientes.

pretensión). De modo que los términos probatorio, de alegatos y de sentencia, serían uniformes (como suele ocurrir en segunda instancia), con las variables consiguientes (incluso las hoy vigentes) según se propusieren o no excepciones, o según se solicitaren o no pruebas, o se renunciare o no a los términos pertinentes.

Lo anterior, claro está, sin descuidar lo concerniente a la constante necesidad de creación de Despachos Judiciales (y no ciertamente de descongestión sino permanentes), de manera tal que el número de los mismos responda en todo momento a la progresiva y creciente demanda de administración de justicia, ámbito en el cual no cesa de aumentar el número de procesos, que por lo general aumenta en proporción directa al número de habitantes y consecuentes relaciones socio-jurídicas y económicas de los distintos circuitos y distritos judiciales.

Al efecto –ciertamente– en mayo de 2014, el entonces presidente de la CSJ, magistrado Luis Gabriel MIRANDA, en entrevista que le realizó el reconocido periodista Yamid AMAT relató: *"En las dos décadas de vigencia de la Constitución del 91, la demanda de justicia ha crecido un 370 por ciento, mientras que la cantidad de funcionarios judiciales solo creció un 24%"*[236].

En el mismo sentido, en septiembre de 2014, el presidente de la Sala Administrativa del Consejo Superior de la Judicatura, magistrado Pedro MUNAR CADENA, en conversación sostenida con

---

[236] MIRANDA, Luis Gabriel, *No se pueden volver a repetir tutelones*, en: (periódico) *El Tiempo*, edición de domingo 4 de mayo de 2014, sección *debes saber*, p.10.

el medio informativo *Ámbito Jurídico*, señaló que entre 1993 y 2013 los ingresos anuales de expedientes: *"crecieron el 303%, mientras que el número de despachos permanentes subió el 22% en el mismo período"*[237].

Por su lado, el profesor, tratadista y ex magistrado Javier TAMAYO JARAMILLO, en su columna de opinión en el periódico *Ámbito Jurídico* (edición 397, del 7 al 20 de julio de 2014), comentó:

> *"(...) en 1980, un proceso ordinario tardaba, incluida la casación, unos cuatro años en promedio, y la población era de unos 26 millones de habitantes. Otros procesos demoraban entre seis meses y dos años. Pero la cantidad de litigios aumentó por la simple explosión demográfica y la multiplicación de las leyes. En 1991, sin que el número de jueces aumentara proporcionalmente a la cantidad de litigios, un proceso ordinario tardaba, incluida la casación, un promedio de ocho años. Vino luego la tutela contra sentencias judiciales, sin que se nombraran jueces que fallaran las mismas, con lo cual la cantidad de procesos se desbordó casi hasta doblar el número de causas"*[238].

En época más reciente (agosto de 2020), en artículo de

---

[237] MOLINA, Pedro Antonio, *Cargos de descongestión, ¿alternativa ideal para una justicia pronta?*, en: (periódico) Ámbito Jurídico, año XVII, N° 402 (15 al 28 de septiembre de 2014), p. 16.

[238] TAMAYO JARAMILLO, Javier, *La oralidad o la ruina de la justicia*, en: (periódico) Ámbito Jurídico, año XVII, N° 397 (7 al 20 de julio de 2014), p. 12.

prensa intitulado *La reforma de la justicia que plantea Fedesarrollo y que apunta a modernizar la rama*, publicado en el periódico El Tiempo[239], quedó consignado que *"Colombia tiene una congestión de más del 50 por ciento en la mayoría de las jurisdicciones"* y *"un déficit de más de 50 jueces por cada 100.000 habitantes"*.

En el aludido artículo se registró que, según estudios de la OCDE (Organización para la Cooperación y el Desarrollo Económicos)[240], Colombia tiene apenas 11 jueces por cada 100.000 habitantes, siendo lo recomendable *"por lo menos 65 jueces para esa cantidad de personas"*[241].

No se comparte aquí la creación de *Juzgados de Descongestión*, por la sencilla –y franca– razón de que la calidad de las providencias de los jueces de descongestión suele no ser satisfactoria, lo que se traduce en mayor congestión en la medida en que tal tipo de pronunciamientos suele –también– originar mayor número de recursos, ordinarios y extraordinarios, amén de acciones de tutela.

Con razón, y con autoridad, el tratadista y columnista Horacio GÓMEZ ARISTIZÁBAL comentaba:

---

[239] En: (periódico) *El Tiempo*, edición de domingo 16 de agosto de 2020, p. 1.6.

[240] La OCDE es una organización internacional de carácter intergubernamental, con sede en París, Francia, creada oficialmente en 1948. En la actualidad está conformada por los siguientes países miembros: Australia, Austria, Bélgica, Canadá, Chile, República Checa, Dinamarca, EEUU, Eslovenia, España, Estonia, Finlandia, Francia, Alemania, Grecia, Hungría, Islandia, Irlanda, Israel, Italia, Japón, Corea del Sur, Luxemburgo, Méjico, Holanda, Nueva Zelanda, Noruega, Polonia, Portugal, Reino Unido, República Eslovaca, Suecia, Suiza y Turquía.

"A la hora de la verdad la ley no es lo que ordena el legislador, sino lo que el tribunal o el juez decide en su sentencia. Este hecho real hace pensar muy en serio, sobre lo inconveniente de improvisar funcionarios para decidir pleitos de gran valor y complejidad, so pretexto de agilizar despachos y evacuar montañas de expedientes. La sabiduría, el dominio de la ley y el manejo de la prueba no están al alcance de cualquier empírico. Administrar justicia es algo problemático, complejo y muy difícil. Nadie confiaría una peligrosa ametralladora a un niño, a un demente o a un ignorante e irresponsable. La injusticia ha originado revoluciones"[242].

A su turno y en su momento, el Presidente Nacional de Asonal Judicial, Fredy MACHADO LÓPEZ, sostuvo ante el medio informativo *Ámbito Jurídico* que en la descongestión no se fijan criterios de excelencia y que por ello *"termina convertida en una bolsa de empleo"*[243].

En igual forma, TAMAYO JARAMILLO, en la misma columna de opinión atrás citada, y frente la implantación del *proceso oral*, exteriorizó la siguiente reflexión –entre otras no menos importantes– en punto a los inconvenientes que suscita el referido proceso:

---

[241] *El Tiempo*, edición de domingo 16 de agosto de 2020, p. 1.6 citada.
[242] GÓMEZ ARISTIZÁBAL, Horacio, *El enriquecimiento injusto*, en: (periódico) *El Nuevo Siglo*, edición de 2 de marzo de 2012.

[243] MOLINA, Pedro Antonio, *Cargos de descongestión, ¿alternativa ideal para una justicia pronta?*, en: (periódico) *Ámbito Jurídico*, año XVII, N° 402 (15 al 28 de septiembre de 2014), p. 16.

"(...) Llevamos 25 años desarrollando y enseñando la doctrina de la argumentación jurídica como método de racionalidad y justicia objetiva de las decisiones judiciales. Pero para poder argumentar en caliente se requieren jueces como Hércules, el juez magnífico de Dworkin. Por ello, cuando se interpone un recurso, el juez, si es sensato y no tiene absoluta claridad para decidir, debe suspender la audiencia"[244].

Y líneas más adelante, de manera certera remató:

"(...) el principio de oralidad en Colombia destruyó de un plumazo el principio de la argumentación y de paso el derecho de defensa.

La solución es nombrar los jueces formados, necesarios para poner los juzgados al día, y volver al sistema que teníamos anteriormente, pues el problema no era el tipo de proceso, sino la desbordada congestión judicial"[245].

A dicho propósito es preciso distinguir entre actuaciones judiciales orales *con* registro escrito (como lo eran –incluso– las adelantadas en el proceso verbal regulado en el derogado C.P.C.), y actuaciones judiciales orales *sin* registro escrito, como lo son ahora varias de las regladas en el C.G.P., concretamente las audiencias realizadas durante el trámite del proceso y el acto de

---

[244] TAMAYO JARAMILLO, Javier, Op. Cit., p. 12.

[245] Ibíd., p. 12.

proferimiento de la sentencia, incluida ésta.

Si lo tratado en las aludidas diligencias pudiere quedar consignado en documento impreso, se facilitarían enormemente los trámites subsiguientes del proceso. Se ahorrarían las considerables porciones de tiempo que demandan en la actualidad, ya las transcripciones de las grabaciones, ya las simples audiciones de ellas, pues son labores que suelen realizarse por igual número de veces al de las instancias y eventuales trámites extraordinarios, y autoridades judiciales correspondientes, por las cuales circule el expediente.

A manera de ejemplo, la importante inversión de tiempo que acostumbra destinársele a la lectura y audición de una sentencia, podría ser empleada por los distintos sujetos procesales (jueces y magistrados, partes e intervinientes) y el personal de apoyo de todos ellos, en el avance de otras actividades y menesteres propios de su quehacer diario.

Ahora bien, en punto a las decisiones orales, principalmente las sentencias, habría sido lo ideal que se hubiere consagrado la libertad —ojalá así se dispusiere mediante norma con fuerza de ley— de emitirlas por escrito, de modo que el operador judicial contare con la oportunidad de redactar la decisión de la manera más serena, sosegada y reposada posible (como es lo deseable), contemplando, además, la factibilidad de notificarla, no en estrados, sino por edicto o por estado, según corresponda.

Lo anterior por cuanto la realidad práctica ha venido demostrando que el solo acto de lectura de la sentencia tiende a ser dispendioso –amén de incómodo– para las partes y demás intervinientes, inclusive para los directos favorecidos con la decisión al tener que observar –cuando menos– las reacciones y naturales e inevitables gestos (a veces de desaprobación) de los demás contendientes y partícipes.

En resumen, el sistema o proceso oral, en la forma como está implementado en el C. G. P., entorpece la labor judicial y suscita congestión por razón de los aspectos antes señalados.

Hay que decir que no se pretende aquí desaprobar y mucho menos rechazar la implantación y utilización de las TICS o *Nuevas Tecnologías de la Información y las Comunicaciones* en los procesos judiciales, principalmente en lo atinente a la presentación de memoriales mediante mensajes de datos, la práctica de pruebas, la comunicación entre los despachos y usuarios del servicio, la remisión de oficios y despachos comisorios, la notificación electrónica, etc.[246]. Es indiscutible que tales medidas responden a las necesidades de facilitar y agilizar el acceso a la administración de justicia, de modo que ésta cuente con la infraestructura técnica y la logística informática requerida para el recto cumplimiento de las atribuciones y responsabilidades asignadas por la Constitución (Sentencia C-037 de 1996).

---

[246] Sobre el particular versan, entre otros, el artículo 95 de la Ley 270 de 1996 (*Estatutaria de la Administración de Justicia*); los artículos 103, 109 y 111 del C. G. P.; y el Decreto Legislativo 806 de 2020 (adoptado como legislación permanente mediante la Ley 2213 de 13 junio de 2022).

Se procura, sí, acreditar, promover y difundir la idea de que para lograr el aludido cometido (*facilitar y agilizar el acceso a la administración de justicia*) no es menester (y en cambio sí tiende a ser contraproducente) que las decisiones, en particular las sentencias, se profieran de manera oral.

En consonancia con lo anterior y enhorabuena la CSJ, SC, ha venido promoviendo, desde hace algún tiempo, un proyecto de reforma al Código General del Proceso, que propende en cierta medida por el retorno al proceso escrito y más exactamente a la sentencia impresa.

Otro aspecto que llama la atención –y se manifiesta con el mayor respeto– es que, a efectos de reducir los grandes cúmulos de procesos pendientes de decisión, el Consejo Superior de la Judicatura acostumbre adoptar sistemáticamente la práctica de nombrar jueces y magistrados de descongestión, que suelen ser prorrogados en sus encargos o sustituidos paulatinamente (lo que confirma la necesidad de crear nuevos cargos en propiedad y no en interinidad).

Justo es reconocer que, como *Mecanismo de Descongestión*, es plausible que se trabaje en forma permanente, como lo viene haciendo el Consejo Superior de la Judicatura, en tópicos inherentes a la *Optimización del Talento Humano*. En la actualidad, por ejemplo, se está impulsando la implementación del *expediente digital*[247]. No obstante, mal puede descuidarse el *Factor Humano*

---

[247] *La reforma de la justicia que plantea Fedesarrollo y que apunta a modernizar la* rama, en: (periódico) El Tiempo, edición de domingo 16 de agosto de 2020. Mismo

mismo, toda vez que no es solo con talento humano que se supera la congestión judicial, sino que es imperiosa, como se indicó antes, la creación constante de Despachos Judiciales en propiedad, cuyo número responda siempre a las exigencias logísticas y de personal que marcan los índices demográficos, económicos y socio-jurídicos.

Las presentes consideraciones se exponen de manera muy respetuosa por parte de quien estas líneas escribe, que, como se anotó atrás y a efectos de enfrentar la frustrante demora judicial, ve perfectamente posible trabajar: i) en la estructura de un proceso único o uniforme para el trámite de los varios tipos de pretensiones propios de cada modalidad jurisdiccional, de tal suerte que se supriman lo procesos especiales, o éstos sean realmente excepcionales, y ii) en la elaboración de leyes que contemplen la asignación precisa de competencias judiciales no solo en punto a la *naturaleza del asunto y de la calidad las partes* involucradas, sino también en función de lo que es *objeto de decisión* en cada caso concreto.

Así, por ejemplo, si en el ámbito de la seguridad social se pretende la nulidad de un acto administrativo, no es razonable asignarle el conocimiento del asunto a la jurisdicción ordinaria en su especialidad laboral, que regularmente carece de competencia para declarar la nulidad de actos administrativos. Y si lo discutido es, no el derecho a una prestación *económica, de salud, o de servicios complementarios* inherentes a la seguridad social, sino la *responsabilidad por la calidad del servicio,* aun en el terreno de la

---

artículo de prensa ya citado, p. 1.6.

seguridad social, lo indicado es que se asigne el conocimiento del asunto, ya a la jurisdicción ordinaria en su especialidad civil, ya a la jurisdicción de lo contencioso administrativo, según ocurra que la parte pasiva sea un particular o un ente estatal. Esto es justamente lo que parece desprenderse de la sentencia de 4 de mayo de 2009 de la CSJ, C (M. P. William NAMÉN VARGAS), en la cual se precisó:

> *"Naturalmente, la jurisdicción ordinaria laboral y de seguridad social, conoce de los asuntos en los cuales se involucre la responsabilidad inherente a la seguridad social integral en los términos concebidos por el legislador y, es el derecho a la seguridad social la materia disciplinada en la Ley 100 de 1993 y son las controversias sobre el régimen de prestaciones económicas, de salud y servicios complementarios, las de conocimiento de los jueces laborales, sin extenderse a aspectos diversos reservados privativamente a otros, desde luego que la responsabilidad médica legal civil, estatal o incluso penal, ontológica y funcionalmente, es diferente de la dimanada de la seguridad social.*

> *(...)*

> *En suma, la Sala, reitera íntegra su jurisprudencia sobre la competencia privativa, exclusiva y excluyente de la jurisdicción civil para conocer de los asuntos atañederos a la responsabilidad médica, con excepción de los atribuidos a la jurisdicción de lo contencioso administrativo y a la jurisdicción ordinaria laboral en materia de seguridad social integral, en cuanto hace exclusivamente al régimen económico prestacional*

y asistencial consagrado en la Ley 100 de 1993 y sus disposiciones complementarias".

En fin, con el diseño y puesta en funcionamiento de un proceso uniforme al interior de cada especialidad jurisdiccional y con la elaboración de leyes que contemplaren la más precisa asignación de competencias judiciales, se propiciaría no solo la optimización del proceso y la efectividad del principio de la economía procesal, sino que se propendería por un mecanismo eficaz para la descongestión de los despachos judiciales, dado que muchos son los meses que suelen transcurrir cuando se desata la discusión acerca de cuál es el trámite a seguir en un asunto determinado (si el de un proceso **ordinario –ahora verbal–** o el de uno especial), o si el asunto debe tramitarse ante un juzgado de **X** o de **Y** especialidad.

No se ve (ni es) razonable que distintas acciones no puedan acumularse, bien como subsidiarias, o bien como alternativas entre sí, por el simple hecho de ser diferentes los términos y/o trámites establecidos para cada una de ellas. Aun en las circunstancias actuales, sería de gran utilidad –como se dice coloquialmente– un *articulito*, en el cual se dispusiera que si se acumulan varias pretensiones no inconexas entre sí (salvo que se propongan como principales y subsidiarias, respectivamente), y el juez es competente para conocer de todas ellas, sin importar la cuantía, fueren uniformes los términos para contestar la demanda, el probatorio, el de alegatos y el de sentencia. Eso sí, con las variables consiguientes según se propusieren o no excepciones, o según se solicitaren o no pruebas, o según se renunciare o no a los aludidos términos.

Paradojas de la vida: hay propuestas que por parecer complejas no convencen, y las hay también que, por ser sencillas (como la que antecede), o por no provenir de calificadas fuentes o de autorizados proponentes, no son creíbles. Lo que aquí se plantea quizás se demore en ser observado, o peor aún, quizás nunca lo sea, pero lo que sí es seguro es que con el diseño y puesta en funcionamiento de un *proceso único o uniforme* (en los términos ya referidos) se contribuiría a la mejor realización de los principios constitucionales y generales del derecho procesal, a la par que se garantizaría el debido proceso, el derecho de defensa, la igualdad de las partes y los demás derechos fundamentales, como lo ordenan, precisamente, los artículos 4 del Código de Procedimiento Civil y 11 del Código General del Proceso.

A propósito de cuando se desata la discusión de si el asunto debe tramitarse ante un juzgado de **X** o de **Y** especialidad, no son pocos los operadores judiciales que, a efectos de remitir el expediente al juzgado que estiman competente, optan por *decretar la nulidad de todo lo actuado* sin importar el estado o etapa del proceso y muy a pesar de que el inciso final del artículo 139 del Código General del Proceso (inciso final del artículo 148 del Código de Procedimiento Civil) es concluyente al disponer que *"La declaración de incompetencia no afecta la validez de la actuación cumplida hasta entonces"*.

Lo indicado en tales casos es que, como *Plan de Acción, Estrategia de Descongestión* y *Mejor Práctica Judicial*, el operador judicial correspondiente se abstenga de decretar la nulidad (medida nefasta que desencadena la interposición de recursos, nuevos trámites y por ende más congestión) y se limite solo a disponer el envío del expediente al juez que considere competente.

Justamente, en el anterior sentido lo estableció el Consejo de Estado, Sección Primera, en el auto de 17 de abril de 2008, proferido dentro del expediente 2003-00295 (M. P. Marco Antonio VELILLA MORENO), parámetro jurisprudencial al cual es lo ideal se acojan todos los funcionarios judiciales en casos como los citados, *"ya que* –precisa el Consejo de Estado– *no se descarta la posibilidad de que el juez a quien se envía el asunto para su conocimiento no comparta los fundamentos de esa decisión y a su vez remita el expediente al Consejo Superior de la Judicatura, entidad que, en teoría, puede decidir que el asunto debe resolverlo quien inicialmente venía conociéndolo, **caso en el cual la declaratoria de nulidad perdería todo sentido**"*[248]. (Resaltado fuera de texto).

Preciso es reconocer aquí que la causal de nulidad por trámite indebido de la demanda (consagrada en el numeral 4 del artículo 140 del Código de Procedimiento Civil), insubsanable a la luz del inciso final del artículo 144 ibídem, no fue reproducida en el artículo 133 del Código General del Proceso. Y en cuanto a la nulidad por falta jurisdicción o de competencia, el numeral 1 del artículo 133 citado dispone que la misma se produce *"Cuando el juez actúe en el proceso después de declarar la falta de jurisdicción o de*

---

[248] Publicada en: *Jurisprudencia y Doctrina*, t. XXXVII, N° 438, junio de 2008, Legis, pp. 953 y 954.

competencia", en tanto que el inciso 1° del artículo 138 ibídem agrega: *"Cuando se declare la falta de jurisdicción, o la falta de competencia por el factor funcional o subjetivo, lo actuado conservará su validez y el proceso se enviará de inmediato al juez competente; pero si se hubiere dictado sentencia, ésta se invalidará".*

En todo caso, hay que insistir en que, con el diseño y puesta en funcionamiento de un proceso único, se evitaría considerable número de nulidades procesales, tales como las originadas en la supuesta falta de jurisdicción o competencia, o cuando menos se evitaría que muchas nulidades afectaren la totalidad del proceso, lo que suele acontecer en la praxis judicial.

Lo anterior para no hablar de los casos de sentencias inhibitorias por indebida o inepta demanda y puntualmente por *indebida acumulación de pretensiones*, fenómeno que puede darse en eventos en que las pretensiones, aunque conexas, no excluyentes y de conocimiento de un mismo juez, no sean susceptibles de tramitarse por un mismo procedimiento. Tal era el caso (bajo la vigencia del Código de Procedimiento Civil), de los conflictos en los que se discutía la existencia o perfeccionamiento de un contrato de arrendamiento respecto del cual el arrendador pretendía la restitución del bien arrendado. La pretensión declarativa de existencia o perfeccionamiento del contrato, que no tenía (ni tiene en la actualidad), señalado trámite especial (por lo que habría de tramitarse en un proceso ordinario según lo establecía el artículo 396 del Código de Procedimiento Civil, hoy verbal según los artículos 21 de la Ley 1395 de 2010, y 368 del Código General del Proceso), no era posible impetrarla de manera acumulada con las de incumplimiento del arrendatario, terminación del contrato, decreto y orden de restitución del bien al arrendador, para las cuales estaba dispuesto el proceso *abreviado* regulado en los artículos 408 y 424 del Código de Procedimiento Civil. Y si bien era factible solicitar, junto con las declaraciones de incumplimiento del arrendatario, terminación del contrato, decreto y orden de restitución del bien al arrendador, el reconocimiento de las indemnizaciones a que hubiere lugar, esto era posible de manera excepcional y por autorización expresa de la ley (numeral 9 del mencionado artículo 408), que de no haberse dispuesto así, habría llevado a que las aludidas indemnizaciones tuvieran que tramitarse por vía de proceso ordinario (hoy verbal).

Es ineludible acotar que, no obstante lo antes expuesto, MORALES MOLINA, citado por LÓPEZ BLANCO, comentaba: *"(...) la ley dispone que cuando la pretensión principal de la demanda es el lanzamiento, debe seguirse el proceso abreviado autorizado por el C. P. C., que es diferente a cuando consiste en la declaración de terminación del contrato de arrendamiento con o sin indemnización de perjuicio, que sigue la vía ordinaria, que si logra éxito, a petición de actor y aun de oficio y para que las cosas vuelvan al estado anterior, implica que se condene al arrendatario a restituir, cual ocurre también con la declaratoria de nulidad o simulación del contrato"*[249].

Contra el referido parecer, y con acierto, LÓPEZ BLANCO argumentaba:

---

[249] LÓPEZ BLANCO, Hernán Fabio, Op. Cit., p. 180.

*"(....) tratándose de controversias atinentes a la restitución de la tenencia por arrendamiento, cualquiera que fuere la causa, siempre se aplica el proceso **declarativo abreviado**, cuya competencia y modalidades están previstas en los artículos 20, numeral 7, 23, numeral 10, 408, numeral 9, y 424 del C. P. C., por las siguientes razones:*

(...) cualquiera que sea el motivo que determine la orden de restitución el contrato termina por razones obvias.

¿A caso se puede sostener con lógica que, si se ordena la restitución, v. gr. porque el propietario requiere el inmueble para habitarlo, el contrato no termina con la declaración judicial? ¿Podrá afirmarse que para que termine el contrato es menester que ello se haya solicitado en la demanda y que el juez expresamente así lo declare? La respuesta negativa a los dos interrogantes se impone.

*(...) El art. 2005 del C. C. dispone que el arrendatario está obligado a restituir la cosa al término del arrendamiento, oportunidad que se presenta cuando ocurre cualquiera de las circunstancias previstas en el Código Civil, en el Código de Comercio o en los decretos y leyes especiales sobre la materia que tipifican diversas causales para que pongan **fin al arrendamiento**, si ello sucede el contrato termina, y si el arrendatario no cumple la orden se procede a la restitución mediante la diligencia"* [250].

---

[250] Ibíd., pp. 181 y 182.

No se presentaba el problema de la improcedencia de la acumulación (como no se presenta en la actualidad) cuando lo pretendido era (como sigue siendo hoy), la declaración de existencia de un contrato de compraventa, seguida de la declaración de su incumplimiento y la consiguiente resolución del mismo junto con las restituciones y/o indemnizaciones correspondientes. En tales casos las varias pretensiones, por no ser inconexas ni excluyentes entre sí, eran (y continúan siendo en la actualidad)[251] susceptibles de acumularse en una misma demanda y de ventilarse por el mismo procedimiento: el *ordinario* (verbal a partir de la vigencia el artículo 21 de la Ley 1395 de 2010), al cual estaba sujeta la *resolución de la compraventa* (artículo 406 del Código de Procedimiento Civil), y *"todo asunto contencioso que no esté sometido a trámite especial"* (artículo 396 ibídem), siendo uno de tales asuntos no sometidos a trámite especial el inherente a la declaración de existencia del referido tipo de contrato.

En fin, con solo adecuar en un proceso único-general los distintos trámites procesales imperantes al interior de cada jurisdicción o especialidad, se evitarían no solo innumerables nulidades procesales, sino eventuales sentencias inhibitorias por indebida acumulación de pretensiones, lo que contribuiría de paso a la cada vez más urgente y apremiante descongestión judicial.

---

[251] Esto de conformidad con el numeral 1 del artículo 88 del Código General del Proceso (numeral 1 del artículo 82 del Código de Procedimiento Civil).

BIBLIOGRAFÍA

ABELIUK MANOSEVICH, René, *Las Obligaciones y sus Principales Fuentes en el Derecho Civil Chileno*, Editores López-Vianco, Santiago de Chile, 1971.

AGUIAR LOZANO, Hugo Fernando: *Tratado sobre la Teoría del Enriquecimiento Injustificado Sin Causa en el Derecho Civil de las Obligaciones, Historia, Legislación, Doctrina, Jurisprudencia y Derecho Comparado*, Biblioteca Virtual del Derecho, Economía y Ciencias Sociales, edición Electrónica gratuita, en: www.eumed.net/libros/2010c/748/.

ARCILA GONZÁLEZ, Antonio: *El Cheque y la Acción Cambiaria*, Bogotá, Ecoe, 1989.

ASCARELLI, Tullio: *Teoría General de los Títulos de Crédito*, Traducción de René Cacheaux Sanabria, Editorial Jus, México 1947.

BELTRÁN M., Manuel: *El Enriquecimiento Sin Causa*, en *Revista Universitas* N° 59 Universidad Javeriana, Facultad de Ciencias Jurídicas y Socioeconómicas, 1980.

CONSEJO DE ESTADO, Sala de lo Contencioso Administrativo, Sección Tercera, Sentencia de 8 de mayo de 1995, expediente 8118, en *Jurisprudencia y Doctrina*, t. XXIV., num. 283, jul. de 1995.

_____ Sección Tercera, sentencia de 7 de junio de 2007, expediente 14469, *Jurisprudencia y Doctrina*, t. XXXVI, núm. 430, oct. de 2007.

_____ Sección Tercera, sentencia de 22 de julio de 2009, expediente 35026, en *Jurisprudencia y Doctrina*, t. XXXVIII., num. 453, sep. de 2009.

_____ Sección Tercera, Sala Plena, sentencia de 19 de noviembre de 2012, expediente 24897, en *Jurisprudencia y Doctrina*, t. LXII., num. 497, may. de 2013.

CORTE CONSTITUCIONAL, Sentencia C-333 del 1° de ago. de 1996, en *Jurisprudencia y Doctrina*, t. XXV, núm. 298, Legis, oct. de 1996.

_____ Sentencia C-333 de 1° de agosto de 1996.

_____ Sentencia C-287 de 5 de diciembre de 2001.

_____ Sentencia C-471 de 14 de junio de 2006.

_____ Sentencia T-466 de 5 de junio de 1992.

CORTE SUPREMA DE JUSTICIA, Sala de Casación, Sentencia de Casación de 28 de febrero de 1933, en G. *J.*, t. XLI, núm. 1893.

_____ Sala de Casación Civil, Sentencia de 19 de septiembre de 1936, en *G. J.* t. XLIV.

_____ Sala de Casación Civil, Sentencia de Casación de 19 de noviembre de 1936, en *G. J.*, t. XLIV.

_____ Sala de Casación Civil, Sentencia de 17 de octubre de 1945, en *G. J.*, t. LIX.

_____ Sala de Casación Civil, Sentencia de 28 de agosto de 1958, en *G. J.*, t. LXXXVIII, y en *Jurisprudencia y Doctrina*, t. XLV, núm. 530, feb. de 2016.

_____ Sala de Casación Civil, Sentencia de 25 de agosto de 1966, en G. J., t. CXVII.

____ Sala de Casación Civil, Sentencia de 9 de junio de 1971, en *G. J.*, t. CXXXVIII.

____ Sala de Casación Civil, Sentencia de 8 de agosto de 1972, en *G. J.*, t. CLIII, y en *Jurisprudencia y Doctrina*, t. XLV, núm. 530, feb. de 2016.

____ Sala de Casación Civil, Sentencia número 300 de 18 de agosto de 1989, en *Jurisprudencia y Doctrina*, t. XVIII, núm. 214, oct. de 1989.

____ Sala de Casación Civil, Sentencia número 328 de 5 de octubre de 1989, G. J., t. CXCVI.

____ Sala de Casación Civil, Sentencia número 338 de 17 de octubre de 1989, no publicada.

____ Sala de Casación Civil, Sentencia número 138 de 3 de abril de 1990, *G. J.* t. CC.

____ Sala de Casación Civil, Sentencia número 076 de 9 de marzo de 1992, no publicada.

____ Sala de Casación Civil, Sentencia número 038 de 31 de marzo de 1993.

____ Sala de Casación Civil, Sentencia de Casación de 19 de abril de 1993, en *G. J.*, t. CCXXII.

____ Sala de Casación Civil, Sentencia de 6 de diciembre de 1993, *G. J.*, t. CCXXV, y en *Jurisprudencia y Doctrina*, t. XXIII, núm. 266, feb. de 1994.

____ Sala de Casación Civil, Sentencia de Casación número 120 de 18 de septiembre de 1995, *G. J.*, t. CCXXXVII.

___ Sala de Casación Civil, Sentencia de 31 de marzo de 1998, rad. 4674.

___ Sala de Casación Civil, Sentencia de Casación de 22 de noviembre de 1999.

___ Sala de Casación Civil, Sentencia número 001 de 11 de enero de 2000, no publicada.

___ Sala de Casación Civil, Sentencia número 197 de 25 de octubre de 2000, no publicada.

___ Sala de Casación Civil, Sentencia número 034 de 14 de marzo de 2001 no publicada.

___ Sala de Casación Civil, Sentencia número 145 de 30 de julio de 2001, en *Jurisprudencia y Doctrina*, t. XXX, núm. 357, sep. de 2001.

___ Sala de Casación Civil, Sentencia número 093 de 21 de mayo de 2002 no publicada.

___ Sala de Casación Civil, Sentencia número 103 de 7 de junio de 2002 no publicada.

___ Sala de Casación Civil, Sentencia de 30 de octubre de 2003, no publicada.

___ Sala de Casación Civil, Sentencia número 238 de 16 de diciembre de 2004 no publicada.

___ Sala de Casación Civil, Sentencia número 054 de 6 de abril de 2005 no publicada.

___ Sala de Casación Civil, Sentencia de 16 de diciembre de 2005, no publicada.

___ Sala de Casación Civil, Sentencia número 066 de 26 de junio de 2007, en *Jurisprudencia y Doctrina*, t. XXXVI, núm. 428, ago. de 2007.

____ Sala de Casación Civil, Sentencia número 147 de 19 de diciembre de 2007, en *Jurisprudencia y Doctrina*, t. XXXVII, núm. 435, mar. de 2008.

____ Sala de Casación Civil, Sentencia número 057 de 26 de junio de 2008, no publicada.

____ Sala de Casación Civil, Sentencia número 073 de 21 de julio de 2008, no publicada.

____ Sala de Casación Civil, Sentencia de 7 de octubre de 2009, en *Jurisprudencia y Doctrina*, t. XXXVIII, núm. 456, dic. de 2009.

____ Sala de Casación Civil, Sentencia de 13 de octubre de 2009, no publicada.

____ Sala de Casación Civil, Sentencia de 18 de diciembre de 2009, no publicada.

____ Sala de Casación Civil, Sentencia de 14 de diciembre de 2011, no publicada.

____ Sala de Casación Civil, Sentencia de 4 de julio de 2012, en *Jurisprudencia y Doctrina*, t. LXI, núm. 490, oct. de 2012.

____ Sala de Casación Civil, Sentencia de 9 de septiembre de 2013, en Jurisprudencia *y Doctrina*, t. XLIII, núm. 505, ene. de 2014.

____ Sala de Casación Civil, Sentencia de Tutela 8909 de 10 de julio de 2015.

____ Sala de Casación Civil, Sentencia de 19 de agosto de 2015, en Jurisprudencia *y Doctrina*, t. XLV, núm. 530, feb. de 2016.

___ Sala de Casación Civil, Sentencia de 8 de junio de 2017, en Jurisprudencia *y Doctrina*, t. XLVII, núm. 560, ago. de 2018.

___ Sala de Casación Civil, Sentencia 2343 de 26 de junio de 2018.

___ Sala de Casación Civil, Sentencia de 4 de junio de 2019, en *Jurisprudencia y Doctrina*, t. XLVIII, núm. 576, dic. de 2019.

DE LA CALLE LOMBANA, Humberto: *La Acción Cambiaria y Otros Procedimientos Cambiarios*, 1a. ed., Medellín, Editorial Jurídica Diké, 1987.

DÍAZ R., Carlos J.: *El Enriquecimiento Sin Causa*, en *Revista Universitas* N° 59, Universidad Javeriana, Facultad de Ciencias Jurídicas y Socioeconómicas, 1980.

DÍEZ PICAZO Y PONCE DE LEÓN, Luis: *La doctrina del enriquecimiento sin causa*, Grupo Editorial Ibáñez, Bogotá, D. C., 2011.

EL TIEMPO (periódico), edición de domingo 4 de mayo de 2014, sección: *debes* saber.

EMILIANI ROMÁN, Raimundo: *El Enriquecimiento Sin Causa Como Fuente de Obligaciones*, Institución Universitaria Sergio Arboleda, Serie Minor – 7, Bogotá, D. C., 1996.

GÓMEZ ARISTIZÁBAL, Horacio: *El enriquecimiento injusto*, en: (periódico) *El Nuevo Siglo*, edición de 2 de marzo de 2012.

GÓMEZ CONTRERAS, César Darío: *Títulos-Valores*, Parte General, Bogotá, Temis, 1996.

HELO KATTAH, Luis S.: *De los Títulos Valores en General*, Bogotá,

1973.

HINESTROSA, Fernando, *Tratado de las obligaciones, Concepto, Estructura, Vicisitudes*, t. I, Bogotá, D. C., Universidad Externado de Colombia, 2ª Edición, 2003.

LEY GENERAL DE TÍTULOS Y OPERACIONES DE CRÉDITO MEXICANA DE 1932, LTOCM.

LÓPEZ BLANCO, Hernán Fabio, *Procedimiento Civil, Parte Especial*, t. II, DUPRÉ Editores, Octava Edición, Bogotá, D. C., año 2004.

MIRANDA, Luis Gabriel, *No se pueden volver a repetir tutelones*, en: (periódico) *El Tiempo*, edición de domingo 4 de mayo de 2014, sección *debes saber*.

MOLINA, Pedro Antonio, *Cargos de descongestión, ¿alternativa ideal para una* justicia pronta?, en: (periódico) Ámbito Jurídico, año XVII, N° 402 (15 al 28 de septiembre de 2014).

NOGUERA, Rodrigo: *Estudio de las Obligaciones Naturales, Monografías Jurídicas N° 12*, Bogotá, Temis, 1980.

ORTEGA TORRES, Jorge: Código de *Comercio Terrestre*, 5ª ed., Temis, Bogotá, 1956.

PEÑA CASTRILLÓN, Gilberto: Algunas Falacias Interpretativas de los Títulos Valores, en *Monografías Jurídicas*, núm. 47, Temis, 1985.

PROYECTO DE CÓDIGO DE COMERCIO, elaborado por la Comisión Revisora del Código de Comercio, t. I, Bogotá, julio de 1958.

RAMÍREZ BAQUERO, Augusto: Efectos de la Emisión o Transferencia de un Título Valor de Contenido Crediticio sobre la Relación Causal en Derecho Colombiano, en *Revista de Derecho Mercantil*, num. 7, Colegio de Abogados Comercialistas, Bogotá, Temis, 3 de diciembre de 1986.

ROBLEDO URIBE, Emilio: *Instrumentos Negociables,* editorial Pax, 1945.

ROSSI B, Eleonora: *El Enriquecimiento Sin Causa*, en *Revista Universitas* N° 59, Universidad Javeriana, Facultad de Ciencias Jurídicas y Socioeconómicas, 1980.

SANÍN ECHEVERRY, Eugenio: *Títulos Valores*, 5a. ed., Bogotá, D. C., Ediciones Librería del Profesional, 1993.

TAMAYO JARAMILLO, Javier: *La oralidad o la ruina de la justicia*, en: (periódico) *Ámbito Jurídico*, año XVII, N° 397 (7 al 20 de julio de 2014).

TRUJILLO CALLE, Bernardo: *De los Títulos-Valores*, t. I., Parte General, 16ª ed., Leyer, 2008.

____ "El enriquecimiento sin causa y especialmente el enriquecimiento sin causa en un título valor", en *Las transformaciones del derecho mercantil moderno,* Medellín, Cámara de Comercio de Medellín, Biblioteca Jurídica Diké y Colegio de Abogados de Medellín, 1988.

URIBE HOLGUÍN, Ricardo, *Teoría General de las Obligaciones*, Ediciones Rosaristas, 1973.

VANEGAS R., Guillermo, *El Enriquecimiento Sin Causa*, en *Revista Universitas* N° 59, Universidad Javeriana, Facultad de Ciencias Jurídicas y Socioeconómicas, 1980.

VIVANTE, César: *Tratado de Derecho Mercantil* (versión española de la quinta edición italiana, corregida, aumentada y reimpresa), v. III, *Las Cosas* (Mercancías y Títulos de Crédito, incluida la Letra de Cambio); traducido por Miguel Cabeza y Anido, 1a. ed., Madrid, Reus (S. A. A.), 1936.